U0959200

民法典

继承编释论

条文缕析、法条关联与案例评议

王仰光　朱呈义◎著

中国法制出版社
CHINA LEGAL PUBLISHING HOUSE

前 言

我国法律历来强调保护公民的私有财产权和继承权，所以作为调整自然人生活的百科全书的民法典，自然将继承问题纳入其中。随着我国国力的提升，人民群众拥有的财产越来越多，而《民法典》不仅保护所有人生前自由地享有其财富，而且尊重财富的所有人对其身后财产的处理。尊重被继承人的遗嘱自由，并规范继承的相关事宜，不仅是《继承法》的立法宗旨，也是民法典继承编的使命。民法典继承编不仅对《继承法》的优良传统进行了贯彻，而且还作出了较大的创新。概括而言，民法典继承编对《继承法》作出了如下9大创新：

（一）改变了遗产范围的界定方式，从列举式转向了概括式。我国《继承法》第3条列举规定了自然人死亡时遗产的范围。但是随着社会生活的发展，生活方式的变化，人们财富的类型也呈现出多样性的特征。为了适应新财富的出现，民法典继承编对遗产的范围进行了概括规定，而未采取之前的列举式立法方式，避免了挂一漏万。

（二）完善了继承权恢复制度。我国《继承法》仅仅规定了继承权丧失制度，并没有规定继承权恢复制度。只有《最高人民法院关于贯彻执行〈中华人民共和国继承法〉若干问题的意见》中规定了继承人虐待被继承人情节严重的，或者遗弃被继承人的，继承人在丧失继承权后，可以恢复继承权。民法典继承编完善了这一制度，规定遗弃被继承人的，或者虐待被继承人情节严重；伪造、篡改、隐匿或者销毁遗嘱，情节严重以及以欺诈、胁迫手段迫使或者妨碍被继承人设立、变更或者撤回遗嘱，情节严重这三种情形下都可以恢复继承权，建构了完整的继承权恢复制度，有利于尊重被继承人的意愿。

（三）扩大了法定继承人范围。在代位继承制度中，民法典继承编新增规定，“被继承人的兄弟姐妹先于被继承人死亡的，由被继承人的兄弟姐妹的子女代位继承。”规定被继承人的兄弟姐妹的子女可以代位继承，扩大了法定继承人的范围，在一定程度上减少了财产无人继承的情形。

（四）丰富了遗嘱的类型。在遗嘱的形式方面，增加了打印遗嘱这一新的类型，并将录音遗嘱修改成录音录像遗嘱。随着计算机在现代社会中的广泛应用，实践中人们采用打印遗嘱的方式来处理自己身后财产的继承问题也变得越来越常见。但是打印遗嘱的性质属于自书遗嘱还是代书遗嘱，其合法性与效力问题一直在司法实践中备受争议。民法典继承编适应当前的时代需求，规定了打印遗嘱这一新的遗嘱形式。另外，随着手机等电子设备的普及，人们也常常使用录像的方式设立遗嘱，表达自己真实的意思，所以将录音遗嘱修改为录音录像遗嘱，也更为贴合人们的生活。

（五）废除了公证遗嘱效力优先的规定，尊重遗嘱人真实的意思表示。《继承法》规定，存在数份遗嘱，内容相抵触的，以公证遗嘱优先。尽管公证遗嘱具有真实、不易造假等优点，但是这一规定也面临诸多批评。比如，当事人设立公证遗嘱需要交纳各种费用，增加处理遗产的成本。更重要的是遗嘱人可能面临的情况极其复杂多变，其一旦设立公证遗嘱，撤销或者变更该公证遗嘱，可能需要面临多种挑战而无法成功，最终导致无法按照自己的意愿来处理遗产。为了纠正这一现象，民法典继承编规定，立有数份遗嘱，内容相抵触的，以最后的遗嘱为准。

（六）创设了遗产管理人制度。我国《继承法》仅规定在遗嘱中可以设立遗嘱执行人，但是对于遗嘱执行人的职责、责任等问题都没有规定，而法定继承中也同样没有规定处理遗产事务的人员，这不仅不利于继承人继承事务的进行，同样也不利于遗产价值的最大化，并可能引起继承人之间不必要的纷争。在现代社会财富类型化越来越丰富，遗产的管理事务也呈现出专业化的趋势下，单个占有遗产的继承人可能只是为了自己的利益而不是全体继承人的利益处分遗产，在这种情况下有必要规定遗产管理人制度，为了全体遗嘱人的利益处理这些问题。我国《民法典》设置了5个条款规范了遗产管理人的选任、职责和责任问题。在选任遗产管理人有争议时，还可以由人民法院予以指定，遗产管理人还可以依照法律规定或者按照约定获得报酬。遗产管理人制度的创设，必将减少继承人之间的纷争，增大遗产的价值。

（七）明确了转继承制度。民法典继承编规定，除了遗嘱另有安排的除外，继承开始后，继承人于遗产分割前死亡，并没有放弃继承的，该继承人应当继承的遗产转给其继承人。虽然在现实生活中，我国法院一直按照转继承的规则处理相关问题，但是毕竟没有法律的明确规定，《民法典》将这一问题予以明确，将更有利于这类纠纷的处理。

（八）增加了遗赠扶养人的范围。在遗赠扶养协议中，《继承法》只是允许自然人和集体所有制组织作为扶养人，现在《民法典》允许继承人以外的组织均可作为扶养人，不再局限于集体所有制组织。在我国即将步入老年社会之际，民法典继承编特别关注这一问题，增加扶养人的范围，将会促进社会化家庭养老行业的发展，给老年人的晚年生活提供另一种选择。

（九）放宽了可以酌情分得遗产的主体的条件。《继承法》中规定，对继承人以外的依靠被继承人扶养的缺乏劳动能力又没有生活来源的人，或者继承人以外的对被继承人扶养较多的人，可以分配给他们适当的遗产。但是与《继承法》的规定不同，民法典继承编可以酌情分得遗产的主体更为宽松。对继承人以外的依靠被继承人扶养的主体即可分得适当的遗产，而不像《继承法》那样，还要求依靠此类主体属于缺乏劳动能力又没有生活来源这一条件。

民法典继承编不仅适应我国不断变化的社会生活，而且还对相关优良的制度予以坚守，现举例说明如下：

（一）保护自然人的继承权。我国《宪法》第13条第2款规定："国家依照法律规定保护公民的私有财产权和继承权。"宪法作为我国的根本大法确立了公民私有财产权和继承权受法律保护的规则。此外，我国《民法通则》第76条规定："公民依法享有财产继承权。"《继承法》第1条也指出，"为保护公民的私有财产的继承权，制定本法。"由此可见，保护自然人的继承权，不仅是我国宪法的规定，也体现在民法通则、继承法中，其不仅是我国继承法的基本原则，并且也是继承法的立法目的和任务。这次民法典继承编将《继承法》中的立法目的转变为单独的条款，不仅作为立法原则，也将作为司法原则，在司法实践中发挥出重要的作用。

（二）继承权男女平等原则。我国民法典继承编在诸多方面坚守这一原则性规定，主要表现在以下方面：第一，遗产继承不分男女，男性与女性具有平等的继承权，性别差异不作为遗产继承的考虑因素；也不考虑女子是否婚嫁。第二，在法定继承中，在继承人的范围和法定继承的顺序上，男女相同。在遗产分配同一顺序的法定继承人一般均分遗产，不因男女性别的差异而有不同。第三，在代位继承中，男女享有平等的代位继承权。第四，在遗嘱继承中，被继承人无论男女都可以以遗嘱方式处分自己的财产。第五，除了双方另有约定外，夫妻在婚姻存续期间所得的财产为夫妻共同财产，而且夫妻相互之间有相互继承遗产的权利。考虑到夫妻之间利害关系的紧密，相互继承遗产不仅是男女平等原则的贯彻，而且有利于家庭和谐。而且即使夫妻一方死亡后另一方再婚的，其依然有权处分所继承的财产。第六，丧偶儿媳和丧偶女婿的继承权平等。法律规定，丧偶儿媳对公婆，丧偶女婿对岳父母，尽了主要赡养义务的，作为第一顺序继承人。丧偶儿媳和丧偶的上门女婿再婚的，均有权处分所继承的财产。

（三）保护弱者利益原则。在法定继承中，民法典继承编规定，对继承人以外的依靠被继承人扶养的人可以分给适当的遗产。在遗嘱继承中，民法典继承编规定，遗嘱应当为缺乏劳动能力又没有生活来源的继承人保留必要的遗产份额。在遗产分割时，《民法典》规定应当保留胎儿的继承份额，应当为缺乏劳动能力又没有生活来源的继承人保留适当的遗产，即使在遗产不足以清偿被继承人的债务和税款时，也需要给此类主体保留适当的份额。

民法典继承编的坚守保留了我国优良的传统，而创新体现了《民法典》的时代性。将传统和时代结合起来的民法典继承编必将更符合广大人民群众的最根本的利益。

当然，民法典继承编对《继承法》的坚守之处颇多，现仅仅试举几例；而其创新之处也不限于作者所举。在《民法典》通过之后，让我们好好学习《民法典》，方有可能真正体会立法者的苦心孤诣。但是作者水平有限，如有谬误，欢迎指正。邮箱：wygsir@126. com

另外，民法典继承编涉及草案说明如下：

（一）《民法典草案》

本书中的《民法典草案》，是指2018年8月27日十三届全国人大常委会第五次会议首次审议的《民法典各分编（草案）》（全国人大常委会委员长会议审议稿），其中《民法典各分编（草案）》中的“继承编”即为本书中的民法典草案。

（二）《第一稿》

本书中第一稿，是指2019年6月25日由十三届全国人大常委会第十一次会议进行审议的《民法典婚姻家庭编（草案）》。在民法典草案的第二次审议中，没有像第一次审议那样对民法典草案全文同时进行审议，而是分编进行的二次审议，其中《民法典合同编（草案）》《民法典侵权责任编（草案）》则于2018年12月23日由十三届全国人大常委会第七次会议进行了审议；《民法典物权编（草案）》《民法典人格权编（草案）》则于2019年4月20日由十三届全国人大常委会第十次会议进行了审议；《民法典婚姻家庭编（草案）》《民法典继承编（草案）》则于2019年6月25日由十三届全国人大常委会第十一次会议进行了审议（即本书中的第一稿）。

（三）《第二稿》

本书中《第二稿》，是指2019年6月25日全国人民代表大会宪法和法律委员会关于《民法典继承编（草案）》修改情况的汇报。在民法典草案的第三次审议中，没有像第一次审议和第二次审议那样对民法典草案全文进行审议，而是对其中三编进行了审议，其中《民法典侵权责任编（草案）》和《民法典人格权编（草案）》一起，于2019年8月22日由十三届全国人大常委会第十二次会议进行了审议。

（四）《征求意见稿》

2019年12月23日，十三届全国人大常委会第十五次会议审议了“合体”而成的完整版民法典草案，并于2019年12月28日向全社会发布了《中华人民共和国民法典（草案）》以征求意见，此为本书中的民法典继承编的《征求意见稿》。

2020年5月

目　录*

* 带★号条文为实质修改条文或新增条文。

第一章　一般规定

本章概要

本章是对继承权基本理论问题进行介绍，规定了继承的开始及数人同时死亡时继承的问题。自然人死亡时的个人合法财产都可以继承，但是遗产的范围在《继承法》中采取的是抽象规定加举例说明的方法，而《民法典》并未采用这一立法模式，而是采取了抽象规定和排除规则，依照法律规定或者根据其性质不得继承的遗产除外，其余个人合法财产均为遗产，可以继承。这一立法模式适应了社会发展过程中可能出现的新型的财产种类，防止列举规定可能出现的挂一漏万的现象。但是列举规定可能更容易理解，两种立法例并无本质上的优劣之分。既然采取了抽象立法的模式，对于《继承法》专门规定的承包关系与继承的规定就没有了单独规定的必要，因此这一条款也就没有出现在《民法典》的射程范围之内。但是这并不意味着此类关系的处理法律没有规定，而是选择根据我国《农村土地承包法》等相关法律的规定进行规范。不再沿用《继承法》对这一问题进行规定，能较好地适应我国农村承包制度有可能出现较大的法律政策变化的现实。如果规定在《民法典》中，在其发生变化时可能导致《民法典》的修改，这不利于法典的稳定性。对于继承方式的优先顺序，《民法典》的规定与《继承法》相同，其适用顺序是，遗赠扶养协议优先适用，存在此类协议就按照此协议办理；其次是遗嘱继承，存在有效的遗嘱就按照遗嘱继承或者遗赠办理；最后是法定继承。这一规定尊重了被继承人的意思，兼顾各方利益，较为合适。关于继承权的丧失，除了《继承法》规定的四种事由外，《民法典》增加了第（5）项规定，以欺诈、胁迫手段迫使或者妨碍被继承人设立、变更或者撤回遗嘱，情节严重丧失继承权。并对第（4）项进行了微调，增加隐匿遗嘱，情节严重也丧失继承权。但是对继承权的丧失，变化最大的是完善了继承权丧失后的恢复制度，除了故意杀害被继承人或者为争夺遗产而杀害其他继承人外，其他丧失继承权的，如果有悔改表现，被继承人表示宽恕的，该继承人可恢复继承权。虽然《最高人民法院关于贯彻执行〈中华人民共和国继承法〉若干问题的意见》（以下简称《执行〈继承法〉的意见》）第13条规定虐待被继承人或者遗弃被继承人，可以宽恕，但是并没有完整的继承权恢复制度。当然，也有学者将后3项称为继承权的相对丧失。本章也明确了受遗赠人具备丧失继承权的情形的，也丧失受遗赠权。而且《民法典》将放弃继承的问题从遗产的处理章节提到此处，也较为妥当；因为这本就不是遗产处理问题。这一章中重申了自然人的继承权受法律保护的规定，这一宣示性的规定是否具有存在的意义尽管备受争议，但是从法律条款的适用来看，并没有太大的问题。

第一千一百一十九条　【继承编的调整范围】①

本编调整因继承产生的民事关系。

本条来源

在《继承法》中并没有规定类似的条款，但是《执行〈继承法〉的意见》中的前言部分有类似的表述："第六届全国人民代表大会第三次会议通过的《中华人民共和国继承法》，是我国公民处理继承问题的准则，是人民法院正确、及时审理继承案件的依据。人民法院贯彻执行继承法，要根据社会主义的法制原则，坚持继承权男女平等，贯彻互相扶助和权利义务相一致的精神，依法保护公民的私有财产的继承权。"

条文释义

本条规范了民法典继承编的调整对象，明确了本编调整的民事关系的范围是因继承而发生的民事关系，当然并不限于继承问题，还包括因遗赠和遗赠扶养协议等引起的遗产处理问题。②

---

① 条文主旨为编者所加，下同。

② 房绍坤：《继承制度的立法完善——以〈民法典继承编草案〉为分析对象》，《东方法学》2019年第6期。

第一千一百二十条　【继承权受法律保护】

国家保护自然人的继承权。

本条来源

我国《宪法》第13条第2款规定，国家依照法律规定保护公民的私有财产权和继承权。这一条款明确了我国法律对公民私有财产权和继承权进行保护。《宪法》的这一规定也体现在了《民法通则》和《继承法》中，《民法通则》第76条规定："公民依法享有财产继承权。"《继承法》第1条规定："根据《中华人民共和国宪法》规定，为保护公民的私有财产的继承权，制定本法。"之后《民法总则》也吸收了这一思想，第124条规定，自然人依法享有继承权。自然人合法的私有财产，可以依法继承。这些都可以看作这一条款的法律来源。

立法演变

这一条款确立了保护自然人继承权的原则，我国《宪法》第13条第2款规定："国家依照法律规定保护公民的私有财产权和继承权。"作为我国根本大法的宪法，明确确立了国家保护公民私有财产权和继承权，也使得继承权与私有财产权处于并列的位置。此外，我国《民法通则》第76条规定："公民依法享有财产继承权。"《继承法》第1条也指出，为保护公民的私有财产的继承权，制定本法。但是从《民法总则》开始，自然人的概念取代了公民这一术语，该法第124条规定，自然人依法享有继承权。自然人合法的私有财产，可以依法继承。由此可见，保护自然人的继承权，不仅是我国根本大法的规定，也在民法总则、继承法中具体体现，应当是我国继承法的首要基本原则，而且还是《民法典》的目的和任务。但是这次继承编的变化从立法目的转变为单独的条款，就不仅作为立法原则，也将作为司法原则，在司法实践中将发挥重要的作用。杨立新教授、杨震教授等起草的《〈继承法〉修正草案建议稿》（以下简称《杨稿继承法草案》）第2条［继承的原则］这一条款，也将保护私有财产继承权作为原则之一。只是《民法典》将保护的主体规定为自然人，予以明确化而已。

条文释义

保护自然人的继承权，是我国继承立法的基础和根据。我国《民法典》自始至终贯穿了保护自然人继承权这一原则。这一基本原则主要包含两方面的内容：一是法律保护自然人继承遗产的权利，任何人不得干涉；二是自然人的继承权受到他人非法侵害时，有权依照法律的规定请求国家予以救济，予以保护。

但是需要注意的是，该条法律规定保护自然人的继承权，相较于之前《继承法》规定的保护公民私有财产继承权的原则，具有较大的进步。民法为私法，调整平等主体之间的民事关系。在我国境内，一切自然人的私有财产权均受到保护，而不仅仅限于公民。随着社会的发展，在继承事务中，有的情况下继承人是外国籍，有的被继承人是外国籍，有的当事人都是外国籍，但是被继承财产在中国境内。所以，《民法典》规定的“自然人”这一术语显然比“公民”更加准确和全面。[①] 另外，民法强调主体平等，而平等原则不仅要求本国公民之间平等，也包括外国人和无国籍人之间以及他们相互之间的平等。《民法典》将继承法律关系的主体由“公民”改为“自然人”，不仅体现了民法平等的精神，而且与《民法典》中的民事主体部分相互印证。

在法律适用方面，该条款作为《民法典》的基本原则，与继承法学者对继承法的认识较为一致。比如《杨稿继承法草案》[②] 第 2 条［继承的原则］，也将保护私有财产继承权作为继承应当遵循的基本原则。但是这一条款作为《民法典》的基本原则，并没有行为模式和法律后果的内容，所以其必须和其他条款共同适用才能作为裁判的规范。

这条规定也可以看作是对《民法典》民事权利章节部分继承权的回应。《民法典》第 124 条规定，自然人依法享有继承权。自然人合法的私有财产，可以依法继承。民法典的这一规定，确定了自然人可以依法享有继承权这一民事权利。该条款承上启下，使得民法典的继承编与总则编相互呼应。这一条款不论对处理法定继承还是遗嘱继承，均具有较强的指导意义。

---

① 草案说明。

② 杨立新、杨震等：《〈中华人民共和国继承法〉修正草案建议稿》，《河南财经政法大学学报》2012 年第 5 期。

法条关联

◆《宪法》

第十三条　公民的合法的私有财产不受侵犯。

国家依照法律规定保护公民的私有财产权和继承权。

国家为了公共利益的需要，可以依照法律规定对公民的私有财产实行征收或者征用并给予补偿。

◆《民法典》

第三条　民事主体的人身权利、财产权利以及其他合法权益受法律保护，任何组织或者个人不得侵犯。

第一百一十三条　民事主体的财产权利受法律平等保护。

第一百二十四条　自然人依法享有继承权。

自然人合法的私有财产，可以依法继承。

◆《未成年人保护法》

第五十二条　人民法院审理继承案件，应当依法保护未成年人的继承权和受遗赠权。

人民法院审理离婚案件，涉及未成年子女抚养问题的，应当听取有表达意愿能力的未成年子女的意见，根据保障子女权益的原则和双方具体情况依法处理。

◆《妇女权益保障法》

第三十四条　妇女享有的与男子平等的财产继承权受法律保护。在同一顺序法定继承人中，不得歧视妇女。

丧偶妇女有权处分继承的财产，任何人不得干涉。

◆《老年人权益保障法》

第二十二条　老年人对个人的财产，依法享有占有、使用、收益和处分的权利，子女或者其他亲属不得干涉，不得以窃取、骗取、强行索取等方式侵犯老年人的财产权益。

老年人有依法继承父母、配偶、子女或者其他亲属遗产的权利，有接受赠与的权利。子女或者其他亲属不得侵占、抢夺、转移、隐匿或者损毁应当由老年人继承或者接受赠与的财产。

老年人以遗嘱处分财产，应当依法为老年配偶保留必要的份额。

◆《归侨侨眷权益保护法》

第十六条 归侨、侨眷有权接受境外亲友的遗赠或者赠与。

归侨、侨眷继承境外遗产的权益受法律保护。

归侨、侨眷有权处分其在境外的财产。

◆《台湾同胞投资保护法》

第五条 台湾同胞投资者投资的财产、工业产权、投资收益和其他合法权益，可以依法转让和继承。

◆《香港特别行政区基本法》

第一百零五条 香港特别行政区依法保护私人和法人财产的取得、使用、处置和继承的权利，以及依法征用私人和法人财产时被征用财产的所有人得到补偿的权利。

征用财产的补偿应相当于该财产当时的实际价值，可自由兑换，不得无故迟延支付。

企业所有权和外来投资均受法律保护。

第一百二十二条 原旧批约地段、乡村屋地、丁屋地和类似的农村土地，如该土地在一九八四年六月三十日的承租人，或在该日以后批出的丁屋地承租人，其父系为一八九八年在香港的原有乡村居民，只要该土地的承租人仍为该人或其合法父系继承人，原定租金维持不变。

◆《澳门特别行政区基本法》

第一百零三条 澳门特别行政区依法保护私人和法人财产的取得、使用、处置和继承的权利，以及依法征用私人和法人财产时被征用财产的所有人得到补偿的权利。

征用财产的补偿应相当于该财产当时的实际价值，可自由兑换，不得无故迟延支付。

企业所有权和外来投资均受法律保护。

第一百二十八条 澳门特别行政区政府根据宗教信仰自由的原则，不干预宗教组织的内部事务，不干预宗教组织和教徒同澳门以外地区的宗教组织和教徒保持及发展关系，不限制与澳门特别行政区法律没有抵触的宗教活动。

宗教组织可依法开办宗教院校和其他学校、医院和福利机构以及提供其他社会服务。宗教组织开办的学校可以继续提供宗教教育，包括开设宗教课程。宗教组织依法享有财产的取得、使用、处置、继承以及接受捐献的权利。

宗教组织在财产方面的原有权益依法受到保护。

案例评议①

原告崔某先与被告安某文、安某秦、安某生、安莲某、安玉某、安某西、安某亭继承纠纷案②

◆ **裁判规则**

国家保护自然人的继承权，但继承的遗产必须是自然人合法所有的、属于遗产范围内的私有财产。被继承人用遗嘱处分他人财产的，该遗嘱无效。

◆ **评议**

本案的争点问题是遗嘱人用遗嘱处分了不属于他的财产。虽然我国法律保护自然人的继承权，尊重被继承人的遗嘱处分权，但前提是其只能处分属于自己的财产，不能将他人财产作为遗产进行处分，否则这一遗嘱的效力将会受到法律的否定。具体到本案中，当事人争议房屋系被继承人承租的国有房屋，不属于其私有财产，其没有权利在遗嘱中处分这一财产。这一财产属于国家所有，所以该份遗嘱因属于对非私有财产的处分，与继承相关法律规定相违背而无效，当事人无权按照遗嘱进行继承。

第一千一百二十一条　【继承开始的时间及死亡先后的推定】

继承从被继承人死亡时开始。

相互有继承关系的数人在同一事件中死亡，难以确定死亡时间的，推定没有其他继承人的人先死亡。都有其他继承人，辈份不同的，推定长辈先死亡；辈份相同的，推定同时死亡，相互不发生继承。

---

①　“案例评议”中的完整案例详情，请按照封面前勒口处的操作步骤，登录数据库逐一查阅，全书同。

②　西安市碑林区人民法院（2008）碑民一初字第00276号。

本条来源

《继承法》第 2 条规定，继承从被继承人死亡时开始。

《执行〈继承法〉的意见》第 2 条规定，相互有继承关系的几个人在同一事件中死亡，如不能确定死亡先后时间的，推定没有继承人的人先死亡。死亡人各自都有继承人的，如几个死亡人辈份不同，推定长辈先死亡；几个死亡人辈份相同，推定同时死亡，彼此不发生继承，由他们各自的继承人分别继承。

《民法典》相较于《继承法》和《执行〈继承法〉的意见》的规定，仅仅在死亡时间推定的规则中，将《执行〈继承法〉的意见》中的“几个人”修改为“数人”，意思没有变化，但是用语更为简洁。将“不能确定死亡先后时间”修改为“难以确定死亡时间”，更符合这一推定规则的适用。

立法演变

该条款在民法典历次草案中没有变化。

关于数人在同一事件中死亡先后的推定的规定，《民法典》几稿之间没有什么变化，保留了《执行〈继承法〉的意见》的规定。对此，我国有些学者认为我国目前采用的“推定强者长活主义”兼采“同时死亡主义”，不仅遵循了自然法则，保护了继承人的利益，而且符合民族习惯。[①]《杨稿继承法草案》第 4 条的内容也与《民法典》的规定相同。

但是也有学者提出不同的建议，如梁慧星老师主编的《中国民法典草案建议稿》（以下简称《梁稿民法典草案》）[②] 第 1837 条［数人在同一事故中死亡先后的推定］规定，相互有继承关系的人在同一事故中死亡，如不能确定死亡先后时间的，推定没有继承人的人先死亡。各死亡人都有继承人的，若死亡人辈份相同，则推定同时死亡，彼此不发生继承；死亡人辈份不同的，若晚辈未成年，则推定晚辈先死亡，若晚辈已成年，则推定长辈先死亡。王利明老师主编的《中国民法典学者建议稿及立法理由·人格权编、婚姻家庭编、继承编》

---

① 陈玮主编：《外国继承法比较与中国民法典继承编制定研究》，北京大学出版社 2011 年版，第 129 页。

② 梁慧星主编：《中国民法典草案建议稿》，法律出版社 2003 年版。

（以下简称《王稿民法典草案》）① 第544条规定，相互有继承权的人在同一事件中死亡，如不能确定死亡先后时间的，推定没有生存继承人的人先死亡。死者各自都有生存继承人的，如果死者辈份相同的，推定同时死亡；如死者辈份不同的，则推定成年晚辈后于长辈死亡，未成年晚辈先于长辈死亡。可见，在这一问题上，《王稿民法典草案》与《梁稿民法典草案》的规定基本相同，仅个别用词不同。《梁稿民法典草案》《王稿民法典草案》的规定与《民法典》的规定相同之处在于：其一，没有继承人的人先死亡；其二，辈份相同的，推定同时死亡，彼此不发生继承。不同之处在于，在死亡人辈份不同时，《民法典》推定长辈先死亡；而《梁稿民法典草案》则依据晚辈是否成年而作出不同推定；若晚辈未成年，则推定晚辈先死亡，若晚辈已成年，则推定长辈先死亡。

徐国栋教授主编的《绿色民法典草案》（以下简称《徐稿民法典草案》）② 第8条［同死推定规则］规定，如果两个或者更多的人死于同一事故，如船舶失事、火灾、建筑物倒塌或者战争，或死于其他原因，不能知晓他们的死亡发生的顺序，则在任何情况下，上述人被推定为同一时刻死亡，他们彼此间不发生继承。这一规定较为简单，但是没有充分考虑到是否方便继承和保护继承人利益的原则，并没有被立法接受。

条文释义

继承的起始时间需要法律明确规定，所以本条规定了继承开始的时间，这被认为是继承的重要原则。本条分为2款，第1款确定了继承开始的时间，第2款解决数人在同一事故中死亡时死亡先后的推定。现分别解释其含义。

一、继承开始的时间

继承开始的时间，是从被继承人死亡时开始。古罗马法中就有任何人不得为生存者的继承人的原则。③ 所以，这也是我国确立财产继承制度，而无身份继承制度的必然结论。自然人死亡包括自然死亡与宣告死亡。为了更好地理解自然人“死亡”一词，《执行〈继承法〉的意见》第1条规定，继承从被继承

① 王利明主编：《中国民法典学者建议稿及立法理由·人格权编、婚姻家庭编、继承编》，法律出版社2005年版。

② 徐国栋主编：《绿色民法典草案》，社会科学文献出版社2004年版。

③ 刘春茂主编：《中国民法学·财产继承》，中国人民公安大学出版社1990年版，第510页。

人生理死亡或被宣告死亡时开始。这一规定可以作为对本条款“死亡”一词的理解。既然自然人死亡包括自然死亡和宣告死亡，那么对被继承人死亡时间的确定也需要根据这两种情形确定。

（一）自然死亡时间的确定

自然死亡又称生理死亡，① 是指自然人生命的终结。如何认定生理死亡时间，历来有不同学说。在我国司法实践中，一般以呼吸停止和心脏搏动停止为生理死亡的时间。根据《民法典》第15条的规定，继承开始的时间具体可按下列情况确定：

1. 有死亡证明记载的，以死亡证明记载的时间为准。

2. 没有死亡证明的，以户籍登记或者其他有效身份登记记载的时间为准。

3. 有其他证据足以推翻以上记载时间的，以该证据证明的时间为准。

（二）宣告死亡时间的确定

宣告死亡，是指自然人离开自己的住所，下落不明达到法定期限，经利害关系人申请，由人民法院依法宣告失踪人死亡的法律制度。根据我国《民法典》第46条的规定，宣告死亡须具备下列条件：第一，自然人下落不明满4年；因意外事件，下落不明满2年。因意外事件下落不明，经有关机关证明该自然人不可能生存的，申请宣告死亡不受2年时间的限制。第二，须由利害关系人提出申请；第三，须由人民法院宣告。宣告死亡的时间应当根据《民法典》第48条规定，分两种不同的情况确定宣告死亡人的死亡时间。因意外事件下落不明宣告死亡的，意外事件发生之日视为其死亡的日期。除此之外，被宣告死亡的人，依人民法院宣告死亡的判决作出之日视为其死亡的日期。

二、数人在同一事件中死亡时死亡先后的推定

两个以上相互有继承权的人在同一事件中死亡，如果不能确定死亡先后时间，则对继承人的利益影响重大。如何确定各死亡人的死亡时间，各国立法采取的方法不尽相同，概括起来有三种立法例：

---

① 有时学者会使用生理死亡代替自然死亡，二者含义基本相同。参见梁慧星主编：《中国民法典草案建议稿》，法律出版社2003年版。第七编第1836条规定，继承开始的时间：继承从被继承人死亡时开始。前款所称“死亡”包括生理死亡和宣告死亡。

1. 死亡在后和死亡在先相结合的推定制

罗马法采取这种立法例。按罗马法的规定，数人同时遇难而不能确定死亡先后的，推定成年子女后于父母而死亡，未成年子女先于父母而死亡。

2. 同时死亡推定制

日本、瑞士、德国和我国台湾地区“民法”采取这种立法例。例如，《日本民法典》第32条之2［同时死亡的推定］规定，死亡的数人中，某一人是否于他人死亡后尚生存不明时，推定该数人同时死亡。《瑞士民法典》第32条第（2）项规定，如不能证明多数人死亡的先后顺序时，推定其为同时死亡。这一立法例在我国也得到有关学者的认可。如《徐稿民法典草案》第8条就规定了同死推定规则，该条规定，如果两个或者更多的人死于同一事故，如船舶失事、火灾、建筑物倒塌或者战争，或死于其他原因，不能知晓他们死亡发生的顺序，则在任何情况下，上述人被推定为同一时刻死亡，他们彼此间不发生继承。这一规定较为简单，但是没有充分考虑到是否方便继承和保护继承人利益的原则，并没有被立法接受。

3. 死亡在后推定制（生存推定制）

英国、法国采取这种立法例。英国1925年《财产法法案》第184条规定，两人同时遇难，不能确定谁先死亡的，年轻者视作较年长者后死亡。法国是采取死亡在后推定制的典范。《法国民法典》第720条规定，如相互有继承权的数人在同一事件中死亡，何人死亡在先无法辨明时，根据事实情况确定，如无此种情形，依年龄与性别确定。第721条规定，在同一事件中死亡的数人均不满15岁，推定其中年龄最大的最后死去；死亡的数人年龄均在60岁以上，推定其中年龄最小的最后死去。死亡的数人中有的年龄不满15岁，有的年龄在60岁以上，推定年幼者后死去。第722条规定，同一事件中死亡的数人中年龄在15岁以上、60岁以下而且年龄相同，或者年龄相差不到1岁，推定男性为后死者。同一事件中死去的数人性别相同时，应当采用能够使继承按照自然顺序开始的推定，来确定后死亡者。即推定年轻者后死于年长者。

但是，《法国民法典》并没有规定如下情形，比如在同死亡者之中，有的属于15岁以下，其他属于15岁以上、60岁以下，或者有的属于15岁以上、60岁以下，其他属于60岁以上的如何推定死亡的先后顺序。判例认为，应当推定

15 岁以上、60 岁以下的人后死亡。①

我国《继承法》对相互有继承权的数人在同一事件中死亡，应如何确定其死亡的先后顺序，并没有作出规定。但《执行〈继承法〉的意见》中作出了明确的解释，确定了死亡在先和同时死亡相结合的推定制。该法第 2 条规定，互有继承权的几个人在同一事件中死亡，如不能确定死亡先后时间的，推定没有继承人的人先死亡。死亡人各自都有继承人的，如几个死亡人的辈份不同，推定长辈先死亡；几个死亡人辈份相同的，推定同时死亡，彼此不发生继承，由他们各自的继承人继承。这一规定基本上被《民法典》接受。这一规定对没有继承人的死亡人实行同时死亡的原则，有利于保护继承人的利益。因为如果推定有继承人的人先死亡，则没有继承人的死者继承了有继承人的人的财产后也在事故中死亡，但遗产将因为没有继承人而成为无主遗产。对于都有继承人且辈份相同的继承人，推定他们同时死亡，彼此不发生继承，则是为了平等地保护各个继承人的利益。因为在这种情况下，如果推定一部分先死亡，被推定为后死亡的人就会继承先死亡人的财产，那么后死亡人的继承人就会比先死亡的继承人继承更多的遗产。而在被继承人辈份不同的情况下，推定长辈先死亡，不仅符合遗产向后辈流转的宗旨，也在一定程度上遵循了自然法则。

关于数人在同一事件中死亡先后的推定规则，《民法典》几稿之间没有什么变化，保留了《执行〈继承法〉的意见》的规定。对此，我国有些学者认为我国目前采用的“推定强者长活主义”兼采“同时死亡主义”较好，不仅遵循了自然法则，保护了继承人的利益，而且符合民族习惯。②

司法实践中适用这一条款进行判断时，需要首先分析死者之间是否存在长辈、晚辈等关系，比如父母子女关系，一旦确定这一关系，则长辈先死。当然，适用这一条的前提是，同一事故中死亡的被继承人之间没有先后的死亡顺序，如果存在先后的死亡顺序，则不适用。

三、法律适用

《保险法》第 42 条第 2 款规定，受益人与被保险人在同一事件中死亡，且

---

① 参见史尚宽：《民法总论》，中国政法大学出版社 2000 年版，第 91 页。

② 陈玮主编：《外国继承法比较与中国民法典继承编制定研究》，北京大学出版社 2011 年版，第 129 页。

不能确定死亡先后顺序的，推定受益人死亡在先。《保险法》为特别法，《民法典》为一般法，应适用特别法优于一般法的原则，推定受益人先死亡。

《民法典》的这一条款结合了《继承法》和《执行〈继承法〉的意见》的规定，在《民法典》通过后，因为《民法典》吸收了两者的规定，所以在法律适用上不用再继续适用《继承法》和《执行〈继承法〉的意见》的规定。

但是需要注意的一点是，此处的死亡包括生理死亡和宣告死亡。这一点不仅在《梁稿民法典草案》第1836条予以了明确，《执行〈继承法〉的意见》第1条也将继承开始的时间解释为被继承人生理死亡或被宣告死亡时。当然，对宣告死亡时，继承开始的时间，《执行〈继承法〉的意见》规定为法院判决中确定的失踪人的死亡日期。这一规定与《最高人民法院关于贯彻执行〈中华人民共和国民法通则〉若干问题的意见（试行）》（以下简称《执行〈民法通则〉的意见》）第36条的规定存在冲突，因为该法第36条规定“判决宣告之日为其死亡的日期”。因为二者的规定不同，就如何确定被宣告死亡的时间，学者有不同的主张。有学者认为，两个司法解释都是最高人民法院作出的，但是先后时间不同，根据《执行〈民法通则〉的意见》第200条规定：“最高人民法院以前的有关规定，与民法通则和本意见抵触的，各级人民法院今后在审理一、二审民事、经济纠纷案件中不再适用。”而《执行〈继承法〉的意见》颁布在前，所以应当以《执行〈民法通则〉的意见》第36条的规定确定宣告死亡的时间，即判决宣告之日为失踪人死亡的时间。但是，如果判决书中已经确定了失踪人的死亡时间，则以判决书确定的死亡时间为宣告死亡人的死亡时间。① 虽然也有学者认为，应该以人民法院在判决中确定的失踪人的死亡时间为被宣告死亡人的死亡时间；判决中没有确定死亡时间的，以判决生效的日期为死亡宣告日期。② 从而认定《执行〈继承法〉的意见》的规定更为合理。③ 但是，《民法典》采纳了《民法总则》的规定，该规定第48条分两种不同的情况确定宣告死亡人的死亡时间：“被宣告死亡的人，人民法院宣告死亡的判决作出之日视为其死亡的日期；因意外事件下落不明宣告死亡的，意外事件发生之日视为

---

① 杨立新、朱呈义：《继承法专论》，高等教育出版社2006年版，第240页。

② 佟柔主编：《中国民法》，法律出版社1990年版，第83页。

③ 陈玮主编：《外国继承法比较与中国民法典继承编制定研究》，北京大学出版社2011年版，第129页。

其死亡的日期。”基于此，关于宣告死亡时间的确定问题，应根据《民法典》第48条的规定来确定。

法条关联

◆《保险法》

第四十二条 被保险人死亡后，有下列情形之一的，保险金作为被保险人的遗产，由保险人依照《中华人民共和国继承法》的规定履行给付保险金的义务：

（一）没有指定受益人，或者受益人指定不明无法确定的；

（二）受益人先于被保险人死亡，没有其他受益人的；

（三）受益人依法丧失受益权或者放弃受益权，没有其他受益人的。

受益人与被保险人在同一事件中死亡，且不能确定死亡先后顺序的，推定受益人死亡在先。

◆《最高人民法院关于贯彻执行〈中华人民共和国继承法〉若干问题的意见》

1. 继承从被继承人生理死亡或被宣告死亡时开始。

失踪人被宣告死亡的，以法院判决中确定的失踪人的死亡日期，为继承开始的时间。

2. 相互有继承关系的几个人在同一事件中死亡，如不能确定死亡先后时间的，推定没有继承人的人先死亡。死亡人各自都有继承人的，如几个死亡人辈份不同，推定长辈先死亡；几个死亡人辈份相同，推定同时死亡，彼此不发生继承，由他们各自的继承人分别继承。

◆《最高人民法院关于适用〈中华人民共和国保险法〉若干问题的解释（三）》

第十五条 受益人与被保险人存在继承关系，在同一事件中死亡且不能确定死亡先后顺序的，人民法院应根据保险法第四十二条第二款的规定推定受益人死亡在先，并按照保险法及本解释的相关规定确定保险金归属。

◆《信托法》

第十五条 信托财产与委托人未设立信托的其他财产相区别。设立信托后，委托人死亡或者依法解散、被依法撤销、被宣告破产时，委托人是唯一受益人的，信托终止，信托财产作为其遗产或者清算财产；委托人不是唯一受益人的，信托存续，信托财产不作为其遗产或者清算财产；但作为共同受益人的委托人死亡或者依法解散、被依法撤销、被宣告破产时，其信托受益权作为其遗产或者清算财产。

第十六条 信托财产与属于受托人所有的财产（以下简称固有财产）相区别，不得归入受托人的固有财产或者成为固有财产的一部分。

受托人死亡或者依法解散、被依法撤销、被宣告破产而终止，信托财产不属于其遗产或者清算财产。

案例评议

一、王某1与张某及李某1、李某2、李某3、李某4法定继承纠纷案①

◆ 裁判规则

相互有继承关系的几个人在同一事件中死亡，难以确定死亡时间的，而且被继承人都有其他继承人，辈份不同的，推定长辈先死亡；辈份相同的，推定同时死亡，相互不发生继承。

◆ 评议

数人在同一事件中死亡时，难以确定死亡时间的，适用法律规定的推定规则。但是从这一表述本身可以发现，适用这一规定的前提是在同一事件中死亡，而且难以确定死亡的先后顺序。所以，在处理此类案件时，我们必须从这一前提进行分析，方可正确适用条款。

一、同一“事件”中死亡，难以确定死亡时间

（一）事件的界定

事件不仅是指我们通常理解的意外事故，比如发生交通事故，被他人杀害，这种非基于被继承人意思发生的事件，当然这也是此类案件最经常发生的。但是事件并不能仅仅局限于此，还包括人为事件，比如被继承人自杀，也属于这一条款界定的事件，这也是司法实践中的做法②。

（二）难以确定死亡时间

被继承人在同一事故中死亡，难以确定死亡时间，既包括当事人未能提供

---

① 参见伊春市中级人民法院（2018）黑07民申8号民事裁定书。

② 李某与鲍某2、黄某房屋买卖合同纠纷一审民事判决书，珠海横琴新区人民法院（2018）粤0491民初873号。

证据证实被继承人死亡的先后顺序，[①]也包括当事人虽然提供证据，但现有证据无法确定其死亡的先后顺序。[②]现有的证据无法确定死亡的先后顺序，既可能是现有政府机关（比如公安机关）不能确认被继承人死亡的先后顺序，[③]也可能是医院等组织无法出具被继承人死亡时间的证明材料，[④]还有可能是因为某些特殊原因，比如在交通事故中无法找到被继承人的尸体，交通事故认定书中只能注明被继承人为失踪，死亡时间只能适用推定规则。[⑤]而当事人没有提供证据证明，既包括其积极的不作为，也包括法院或者当事人积极查找证据，但是无法找到相关证据，比如死亡证明没有保存或者无法在公安机关查询到被继承人的死亡证明资料。[⑥]以上情形发生时，均适用死亡顺序先后的推定规则。

二、死亡时间的确定

本案中当事人争议的主要焦点是被继承人的死亡顺序。首要的问题是能否确定死亡的先后时间顺序。再审申请人认为应当根据刑事判决书中犯罪分子供述的杀人顺序和医学理论来确定被继承人的死亡顺序。而法院认为，公安局并没有对被继承人死亡时间做司法鉴定，因此属于无法确定死者死亡的先后顺序。从本案来看，是否能够以犯罪分子供述的杀人顺序并借助医学理论来判断死亡顺序是关键点。但可惜的是，法院并未对这一问题展开说理论证，而是认为再审申请人的证据不充分，其仅仅认可医学司法鉴定的效力。但是本案也提出了一个问题，即一方提出证据来证明被继承人死亡的先后顺序时，其证据具有何种证明效力。对此，根据我国《民法典》第15条的规定，继承开始的时间具体可按下列情况确定：

---

① 杨某与时某亮所有权确认纠纷二审民事判决书，日照市中级人民法院（2015）日民一终字第857号。

② 苏某与贺某、李某1继承纠纷一审民事判决书，滨州市滨城区人民法院（2016）鲁1602民初5233号。

③ 秦某甲、谭某与秦某乙继承纠纷一审民事判决书，长阳土家族自治县人民法院（2013）鄂长阳民初字第00118号。

④ 魏某化、孙某军等与中国人寿财产保险股份有限公司镇江市中心支公司保险纠纷一审民事判决书，镇江经济开发区人民法院（2017）苏1191民初1008号。

⑤ 赵某才、梁某春与张某共有财产纠纷一案，益阳市中级人民法院（2008）益法民一终字第279号。

⑥ 周某与张某甲、蒋某继承纠纷一审民事判决书，宜兴市人民法院（2011）宜徐民初字第0039号。

1. 有死亡证明记载的，以死亡证明记载的时间为准。

2. 没有死亡证明的，以户籍登记或者其他有效身份登记记载的时间为准。

3. 有其他证据足以推翻以上记载的，以该证据证明的时间为准。

这样规定将会在一定程度上减少法院及当事人对被继承人死亡时间的先后推定的争议，有利于纠纷的解决。

三、不能确定死亡先后顺序，推定长辈先死亡

相互有继承关系的数人在同一事件中死亡，难以确定死亡时间的，推定没有其他继承人的人先死亡。都有其他继承人，辈份不同的，推定长辈先死亡；辈份相同的，推定同时死亡，相互不发生继承。因为我国法律采取的是推定没有继承人的人先死亡，所以对于此类案件，首先需要确定的是被继承人是否存在继承人，如果没有继承人，就被推定为先死亡。如果被继承人均有继承人，则根据其辈份来确定。辈份相同的，推定为同时死亡，相互不发生继承；辈份不同的，推定长辈先死亡。因此，相互有继承关系的 3 个人死亡，推定长辈先死亡。本案的张某 1、李某、张某 2 均有继承人，张某 2 系张某 1 与李某之女，所以推定张某 1 与李某夫妻二人同时死亡，且二人先于其女儿张某 2 死亡。

二、上诉人刘某与被上诉人宋某 1、宋某 2、陈某继承纠纷案①

◆ 裁判规则

相互有继承关系的几个人在同一事件中死亡，死亡人各自都有继承人的，如几个死亡人辈份不同，推定长辈先死亡；几个死亡人辈份相同，推定同时死亡，彼此不发生继承，由他们各自的继承人分别继承。

◆ 评议

本案中争议问题很多，但是本书引用本案例的目的在于分析数人在同一事件中死亡时，如何适用死亡顺序的推定规则，所以对于其他问题不再予以关注。本案完整地适用了该条款的全部规则。因为本案中死亡人各有继承人，且不仅存有辈份不同的问题，辈份相同的人也不仅仅一人，适用辈份相同的人同时死亡的推定规则。具体而言，在同一事件中互有继承关系的数人死亡，如果当事人辈份不同，推定长辈先死亡。剩余被继承人辈份相同，则适用同时死亡推定

---

① 参见攀枝花市中级人民法院（2018）川 04 民终 385 号民事判决书。

规定。本案中，刘某与宋某莉系夫妻，刘某学与阳某群系夫妻，刘某学、阳某群系刘某的亲生父母，上述四人一同出车祸死亡，应推定刘某学、阳某群先于刘某、宋某莉死亡。刘某、宋某莉辈份相同，应推定两人同时死亡，彼此不发生继承。

第一千一百二十二条　【遗产的范围】

遗产是自然人死亡时遗留的个人合法财产。

依照法律规定或者根据其性质不得继承的遗产，不得继承。

本条来源

《继承法》第3条规定，遗产是公民死亡时遗留的个人合法财产，包括：（一）公民的收入；（二）公民的房屋、储蓄和生活用品；（三）公民的林木、牲畜和家禽；（四）公民的文物、图书资料；（五）法律允许公民所有的生产资料；（六）公民的著作权、专利权中的财产权利；（七）公民的其他合法财产。第4条规定，个人承包应得的个人收益，依照本法规定继承。个人承包，依照法律允许由继承人继续承包的，按照承包合同办理。

《执行〈继承法〉的意见》第3条规定，公民可继承的其他合法财产包括有价证券和履行标的为财物的债权等。第4条规定，承包人死亡时尚未取得承包收益的，可把死者生前对承包所投入的资金和所付出的劳动及其增值和孳息，由发包单位或者接续承包合同的人合理折价、补偿，其价额作为遗产。

《民法典》第124条规定，自然人依法享有继承权。自然人合法的私有财产，可以依法继承。

相较于《继承法》和《执行〈继承法〉的意见》，《民法典》不仅沿袭了《民法总则》第124条第2款的规定，而且结合了《继承法》第3条对遗产范围的界定，但是对于《继承法》和《执行〈继承法〉的意见》对遗产范围的列举式立法方式并未采纳，而是仅采取概括式的立法方式，从正反两个方面来确定遗产的范围。第一，从正面确定自然人死亡时遗留的个人合法财产均属于遗产。第二，从反面强调，法律规定或者根据其性质不得继承的不能作为遗产。

立法演变

《民法典》关于遗产范围的条款基本没有什么变化，第一稿与征求意见稿相比仅对但是条款中个别字词进行了修改。第一稿为“但法律规定或者依其性质不得继承的除外”，征求意见稿为“但是法律规定或者按照其性质不得继承的除外”。《民法典》修改为：“依照法律规定或者根据其性质不得继承的遗产，不得继承”。可以看出仅仅调整个别用词，法条内涵没有发生变化。

但是学者对这一条款争议很大，认为这样规定过于概括。所以更多学者都使用较多的条款，列举了可以作为或者不能作为遗产的类型。比如《梁稿民法典草案》第 1843 条［遗产的范围］规定，遗产是自然人死亡时遗留的个人合法财产。前款规定的遗产包括自然人因其死亡而获得的未指定受益人的保险金、补偿金、赔偿金以及其他基于该自然人生前行为而应获得的财产利益。下列权利义务不得作为继承的标的：（一）与被继承人人身不可分离的人身权利；（二）与被继承人人身有关的专属性债权债务；（三）法律规定不得继承的其他财产。与《民法典》相比，《梁稿民法典草案》采取了抽象概括的立法方式规定遗产的范围，对于遗产概念的定义与《民法典》相同，但在该条的第 2 款列举了几种遗产的范围。对于不得作为遗产的范畴，较为详细地列举了 3 种情形，比《民法典》的规定更为详尽。

《杨稿继承法草案》第 7 条［遗产的范围］规定，遗产是被继承人死亡时遗留的个人财产，包括：（一）房屋、林木、牲畜、储蓄等不动产或动产的所有权；（二）个人享有的土地承包经营权和承包收益；（三）建设用地使用权；（四）可继承的财产债权及其担保；（五）有价证券载有的财产权利；（六）股权或合伙中的财产权益；（七）知识产权中的财产权益；（八）被继承人享有的人格权衍生的财产利益；（九）互联网络中的虚拟财产；（十）被继承人的其他财产权益。被继承人的专属性权利和法律规定不得继承的权利不属于遗产。涉及被继承人个人信息权、隐私权的互联网络虚拟财产不属于遗产。第 8 条［关于遗产的特殊规定］规定，经济适用住房的继承人不符合申购条件的，可以继承由政府回购所得价款，也可以按照规定标准向政府交纳土地收益等相关款项后，继承房屋。因被继承人死亡而获得，但未指定受益人的保险金，比照法定继承人的规定确定权利人。遗体、骨灰、灵牌、墓地等特殊遗产的继承不得违反公序良俗。无遗嘱的，由继承人协商处理；协商不成的，依习惯；无习惯的，可在继承人中合理确定管理人，不进行分割。祖传物的继承与分割，无遗嘱的，由继承人协商处理；协商不成的，依习惯；无习惯的，可在继承人中合理确定管理人，不进行分割。未经全体继承人同意，不能采取拍卖、变价等处分所有权的方式分割。

可见，《杨稿继承法草案》对遗产范围作出了更为详尽的规范，也明确了不得作为遗产的范围。但是需要说明的是，《民法典》将个人信息作为保护对象，并没有将其作为个人信息权对待，《杨稿继承法草案》将其界定为个人信息权并不妥当。此外，《杨稿继承法草案》专门规定了特殊遗产的处理规则，这一规范符合我国目前的法律制度，较为妥当。

《王稿民法典草案》第538条［遗产的范围］规定，遗产是被继承人死亡时遗留的个人合法财产，包括：（一）被继承人享有的财产所有权；（二）被继承人享有的用益物权和占有；（三）被继承人享有的债权、担保物权和债务；（四）被继承人享有的知识产权中的财产权益；（五）被继承人享有的股权和合伙权益中的财产权益；（六）因自然人死亡而获得的保险赔偿金、补偿金、赔偿金等，法律另有规定的除外；（七）被继承人的其他合法财产。专属于被继承人的权利、义务不属于遗产。第539条是对被继承人尸体、骨灰的处分的规定，规定了继承人不得采取违反善良风俗的方式或违背死者生前合法愿望处分被继承人的尸体、骨灰。第541条是对股权与合伙权益的继承规定，规定了继承人可以按照下列方式继承被继承人在企业中的权益：（一）继承人因继承取得无记名股票或合伙权利凭证所表征的股权或合伙人权利；（二）合伙协议或者公司章程有约定的，按照约定继承；（三）经全体企业成员同意，继承人溯及继承开始取得有限责任公司的股权或合伙人权利；继承人也可以不成为股东或合伙人而继承财产权益。

可见，《王稿民法典草案》对遗产范围的界定采取了列举加概括的方式，这一立法例显然是沿袭了《继承法》的立法模式，并未被《民法典》采纳。另外其也规定了特殊遗产的处分规则和特殊类型的财产的继承，虽然较为详尽，但是从立法方式来看，由各自的单行法对相应财产或者权益的继承问题予以规范显然更为合适。

《徐稿民法典草案》第38条是对遗产的主要类别的规定。规定了遗产是自然人死亡时遗留的个人财产，包括：1. 收入；2. 房屋、储蓄和生活用品；3. 林木、牲畜和家禽；4. 文物、图书资料；5. 农地和耕作用具、厂房和机器设备；6. 著作权、专利权、商标权和其他知识产品中的财产权利；7. 其他合法财产。第39条是对农地使用权收益和合同承包权的规定，自然人根据农地使用权转让合同应得的本分编规定的继承权。农地使用权转让合同由继承人承担的，应按本民法典第五分编第44条及以下数条的规定办理登记。第40条是对人寿保险的规定。规定履行以被继承人为当事人的人寿保险合同应得的款项，如果被继承人未指定受益人或保险合同是为了被继承人的全体继承人的利益订立的，构成遗产。第41条是对抚恤金和赔偿的规定，因被继承人的死亡应偿付给其家属或配偶的抚恤金和赔偿金，不构成遗产。从《徐稿民法典草案》可以发现，其最接近于《继承法》的立法方式和立法术语，但是增加了保险金、抚恤金和赔偿金的规范，比《继承法》认定的内容更为丰富。但是正如上文所言，考虑到我国财产类型可能日益增加且财产的形式不断丰富的现实，既然采用列举的方式无法涵盖遗产的全部范围，而且对于某些类型的财产的法律属性还可能引起争议，故《民法典》未再采取列举加概括的立法方式。①

学者建议稿对遗产范围的界定，特别是其列举规定的具体遗产的类型，没有争议的部分，可以作为我国法院在审判此类案件时，认定能否作为遗产的重要参考。

条文释义

遗产是自然人死亡时遗留的个人合法财产，② 但是法律规定或者根据其性质不得继承的遗产除外。从各国继承立法来看，都对遗产的范围作了规定，但对遗产的理解并不完全一致，目前存在两种立法例：一种立法例认为，遗产应包括两部分，即积极财产和消极财产，积极财产是指被继承人遗留下来的财产和财产权利，而消极财产是指被继承人所欠的债务。瑞士、日本等采此立法例，如《瑞士民法典》第560条第1款、第2款规定："继承人因被继承人死亡取得

① 杨立新：《民法典继承编草案修改要点》，《中国法律评论》2019年第1期。

② 财产并不限于指称有体物，有时也指称权利或者法律利益。虽然该词并没有明确或者稳定的内涵，但是并不妨碍我们借助这一词来理解遗产的范围。对于财产含义的模糊性论述，参见【美】霍菲尔德：《基本法律概念》，张书友编译，中国法制出版社2009年版，第13－17页。

全部遗产。除法律有特别规定外，被继承人的债权、所有权、其他物权及占有物，无例外地遗交给继承人。被继承人的债务即为继承人的债务。”《日本民法典》第896条规定：“继承人自继承开始时起承受属于被继承人财产的一切权利义务。但是，专属于被继承人本身者，不在此限。”另一种立法例认为，遗产不包括债务，仅为积极财产。英美法采此立法例，在继承开始后先由信托人清偿债务，剩余的财产才是遗产。同国外的立法例相比，我国《民法典》第1122条规定的遗产仅指积极财产，即财产和财产权利。这一概念具有以下含义：

一、遗产是自然人死亡时遗留下的财产，不在自然人死亡时遗留下的财产不是遗产，这是对遗产范围在时间上的限定。以自然人死亡作为时点，死亡时已经存在的财产才可能成为遗产，死亡后产生的财产不能作为遗产。因被继承人死亡之前具有民事权利能力，自己可以依法享有各种权利和承担各种义务，其个人财产不能为遗产，不发生继承。自然人死亡后，不再具有民事权利能力，不能享有权利和负担义务，所以在该自然人死亡时其财产才转变为遗产，由相应的民事主体继承或者承受。但是这并不意味着在被继承人死亡时该笔财产一定就已经存在。如果这笔财产虽然是被继承人死亡时尚未取得，但是根据法律或者相关政策的规定，即使在其死亡后才给予，也应将其视为遗产。比如中小学代课老师和民办教师遗留问题的政策给予被继承人的补偿金。①

二、自然人个人所有的财产，才能作为遗产，这是遗产个体性的要求。被继承人生前占有但不属于被继承人所有的他人的财产，如被继承人生前借用而在死亡时尚未返还给他人的财产，被继承人占有但不属于被继承人所有部分的财产，都不是遗产。但是必须注意到，我国社会发展过程中特殊政策导致的财产关系。比如婚姻关系存续期间参加房改，一方参加房改，配偶因房改政策无法享有房改优惠，这样取得的房屋属于夫妻共同财产，为其共同所有。在配偶一方死亡后，该房屋的一半属于遗产。

遗产必须是可以实现的财产，对于期待权，必须具有财产内容并具有可实现性才能作为遗产继承。比如公司给高管等经营管理人员的期权是否为遗产，要根据赋予期权的条件是否成就来确定。条件不成就，就没有股权，当然不能

---

① 陈某某、沈某甲、沈某乙、沈某丙诉高某某继承纠纷一案一审民事判决书，砚山县人民法院（2015）砚民初字第653号。

用于继承。

三、遗产是自然人的合法财产，不是被继承人合法取得和合法享有的财产，不是遗产，这是遗产合法性的要求。这一点要求将自然人没有合法根据而取得的财产排除在遗产范围之外，如非法侵占的其他民事主体的财产不属于遗产。对于可以作为遗产范围的财产或者财产权益的类型，我国《继承法》第3条作了规定，遗产是公民死亡时遗留的个人合法财产，包括：（一）公民的收入；（二）公民的房屋、储蓄和生活用品；（三）公民的林木、牲畜和家禽；（四）公民的文物、图书资料；（五）法律允许公民所有的生产资料；（六）公民的著作权、专利权中的财产权利；（七）公民的其他合法财产。其中第（6）项，因为立法原因，从立法精神出发，可以将其解释为包括各种知识产权中的财产权利，包括且不限于著作权、专利权中的财产权利，还应包括如商标专用权、发现权、发明权、科技成果权等知识产权中的财产权利。《继承法》第4条规定了承包关系和继承问题，个人承包应得的个人收益，依照本法规定继承。个人承包，依照法律允许由继承人继续承包的，按照承包合同办理。

《执行〈继承法〉的意见》第3条补充了公民可以继承的遗产范围，将公民可继承的其他合法财产扩大到有价证券和履行标的为财物的债权等。第4条明确了承包人死亡时尚未取得收益的计算方式及遗产性质，该条规定，承包人死亡时尚未取得承包收益的，可把死者生前对承包所投入的资金和所付出的劳动及其增值和孳息，由发包单位或者接续承包合同的人合理折价、补偿，其价额作为遗产。

2018年修订的《农村土地承包法》第32条规定："承包人应得的承包收益，依照继承法的规定继承。林地承包的承包人死亡，其继承人可以在承包期内继续承包。"该规定除进一步强调了承包收益可以继承外，还从立法上承认了林地承包经营权可以继承。《最高人民法院关于适用〈中华人民共和国婚姻法〉若干问题的解释（二）》第13条规定，军人的伤亡保险金、伤残补助金、医药生活补助费属于个人财产，可以继承。虽然我国《民法典》未罗列可以继承的财产范围，但是《继承法》列举了的可以继承的遗产范围，依然可以作为理解遗产范围的参考。

住房补贴、住房公积金、养老保险金、破产安置补偿费等可以作为遗产，《最高人民法院关于适用〈婚姻法〉若干问题的解释（二）》第11条将它们界定为夫妻之间“其他应当归共同所有的财产”，在夫妻一方死亡时，应把它们按夫妻共同财产先行分割；然后把属于死亡一方的部分作为遗产处理。

但是某些遗产，是否属于遗产的范围存在争议。比如，自然人的个人房屋为遗产并不存在争议，但个人房屋的宅基地使用权是否属于遗产，存在两种不同的观点。有学者认为宅基地使用权属于遗产，可以与房屋同时继承。[①] 也有学者认为，宅基地使用权不是遗产。[②] 我们认为，个人房屋为遗产，继承人继承房屋，同时也享有该房屋占有的宅基地范围内的土地使用权。但宅基地使用权不得转让，不具有流转性，不能作为遗产而进行继承。

但是有些动产，例如被继承人的尸体、骨灰，灵牌、墓地等，虽然可以作为遗产继承，但是对其处分不能违背被继承人生前的合法愿望，也不得违反公序良俗。再如经济适用房的继承，在经济适用住房的继承人不符合申购条件时，可以由政府回购所得价款，也可以按照规定标准向政府交纳土地收益等相关款项后，继承房屋。[③]

我国《保险法》第42条规定，被保险人死亡后，有下列情形之一的，保险金作为被保险人的遗产，由保险人依照《中华人民共和国继承法》的规定履行给付保险金的义务：（一）没有指定受益人，或者受益人指定不明无法确定的；（二）受益人先于被保险人死亡，没有其他受益人的；（三）受益人依法丧失受益权或者放弃受益权，没有其他受益人的。受益人与被保险人在同一事件中死亡，且不能确定死亡先后顺序的，推定受益人死亡在先。因此，保险赔偿金在有受益人享有受益权时，为受益人取得，不作为遗产继承；但是受益人与被保险人在同一事件中死亡，且不能确定死亡先后顺序时，因为推定受益人死亡在先，因此被保险人的保险金应作为遗产由其继承人继承；如果受益人不享有受益权，保险金也当然作为遗产继承。所以，有学者建议在人寿保险合同中规定，履行以被继承人为当事人的人寿保险合同应得的款项，如果被继承人未指定受益人或保险合同是为了被继承人的全体继承人的利益订立的，构成遗产。[④]

我国法律规定自然人可以依法取得某些国有资源的使用权，如矿业权、海

---

① 刘文编著：《继承法比较研究》，中国人民公安大学出版社2004年版，第336页。

② 郭明瑞、房绍坤：《继承法》（第二版），法律出版社2004年版，第87页。

③ 《杨稿继承法草案》第8条。

④ 《徐稿民法典草案》第42条。

域使用权等。这些权利在性质上属于用益物权，是否可以继承，存在争议。有学者认为，继承人要从事被继承人原来从事的事业，需要办理相应的变更登记手续，再加上矿业权的取得在法律性质上被界定为行政许可，所以此类财产权利不能继承。① 笔者认为，此类财产能不能作为遗产的范围，最有利的证据是现有的法律规定。从现有规范来看，我国《海域使用管理法》第 27 条第 3 款规定，海域使用权可以依法继承。《矿业权出让转让管理暂行规定》第 67 条规定，以赠予、继承、交换等方式转让矿业权的，当事人应携带有关证明文件至登记管理机关办理变更登记手续。这两个条款明确支持这两类国有资源使用权的可继承性。因此不能将办理相应的变更登记手续作为否定该类财产权利可以继承的依据，这与法律条款的明确规定明显相违背。至于继承该类财产权利，需要相关部门的重新审批，与现行法律规定相悖，则应该修改相关规定，而不是否定此类财产权利可以继承。

综上，遗产范围的抽象条款主要涉及《民法总则》第 124 条和《民法典》第 124 条。但是因为这两条过于抽象，在确定何种类型的财产属于遗产以及遗产的具体范围时，可以先依据民事特别法来确定继承范围，比如依据《公司法》《合伙企业法》《农村承包经营法》《海域使用权管理法》等，先予适用，之后再适用《继承编》。当然在具体理解遗产范围时，可以参考《继承法》第 3 条和第 4 条、《执行〈继承法〉的意见》第 3 条和第 4 条来确定遗产的范围。(如下图所示)

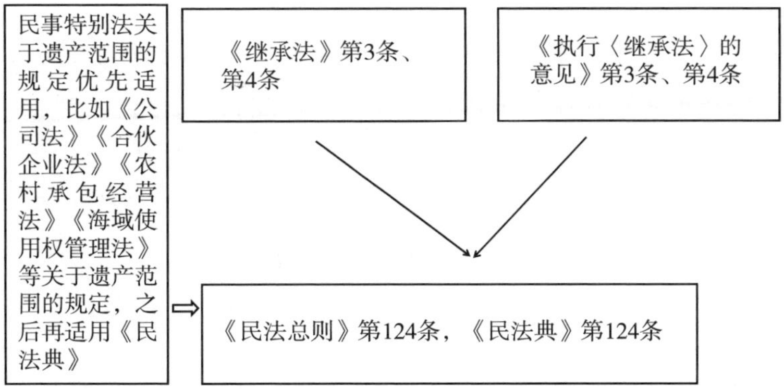

① 张玖霞：《个体工商户的实际合伙人不具备行政诉讼主体资格》，《人民法院报》2016 年 11 月 23 日第 6 版。

四、法律规定或者根据其性质不得继承的遗产除外。我国《继承法》并未规定不能继承的财产的范围，《民法典》也仅仅采取概括的规定，没有列举出除外规定。但是一般认为，以下财产不属于遗产的范围：

（一）专属于被继承人的权利。① 但是本书并没有将专属于被继承人的义务作为继承的标的，主要原因是我国《民法典》未采取与《日本民法典》相同的立法例，即将被继承人财产上的一切权利和义务作为继承的标的的立法例。我国将遗产的范围限于财产，并没有规定义务。杨立新老师也持这一观点，其主编的《杨稿继承法草案》第7条第2款规定，被继承人的专属性权利和法律规定不得继承的权利不属于遗产。该条款也是仅仅使用了“权利”一词，没有“义务”的字样。我国对遗产范围的这一界定也使《梁稿民法典草案》第1843条规定的“与被继承人人身不可分离的人身权利”不得作为继承的标的，成了没有意义的规范，理由是“合法财产”本身就不应包括人身权利。

某些财产可能具有复杂属性，比如被继承人的工资属于遗产，应该没有什么问题。但是，未签订劳动合同应支付2倍工资的债权是否也可以作为遗产？笔者认为，这取决于对用人单位与劳动者未签订书面劳动合同而应支付劳动者2倍工资规定的认识。这一规定应属于惩罚性规定，其中的1倍工资不以劳动者付出或者利益受损为前提，并不是劳动者付出劳动而产生的债权，其与工资的性质并不相同；该请求权具有身份属性，其属于法定权利，劳动者本人以外的主体不能主张这种惩罚性权利，其不能代位也不能继承。②

（二）抚恤金、补助金、残疾补助金、救济金等具有抚恤、救济性质的财产权利。在我国法律中，抚恤金、补助金、残疾补助金、救济金、农村低保、高龄补贴、残疾人生活补贴、玉米良种补贴、小麦良种补贴、粮食综合补贴资金等财产权利与自然人人身不可分离，具有抚恤、救济性质，这些财产权利随着该自然人死亡而终止，不能转移，也不能作为遗产继承。但是该自然人生前

---

① 《王稿民法典草案》第538条第2款规定的是“专属于被继承人的权利、义务”。这一规定与我国台湾地区“民法”第1148条继承的标的条款相同。该条款规定：继承人自继承开始时，除“本法”另有规定外，承受被继承人财产上之一切权利、义务。但权利、义务专属于被继承人本身者，不在此限。也与《日本民法典》相同，该法定第896条规定：“继承人自继承开始起承受被继承人财产的一切权利和义务。但是专属于被继承人本身者，不在此限”。

② 宁波市北仑区大碶江腾模具厂、张某花劳动合同纠纷二审民事判决书，宁波市中级人民法院（2018）浙02民终113号。

已经根据此种权利而取得或应取得的金钱，可以作为遗产进行继承。另外需要注意的是，在自然人因遭受侵权而死亡的案件中，虽然损害赔偿金作为遗产可以由其继承人予以继承，但是损害赔偿金中专属于某特定人的部分不能作为遗产，比如被扶养人的生活费用，应当作为个人财产直接给予需要扶养的人。基于此，有学者提议，因被继承人的死亡应偿付给其亲属或配偶的抚恤金和赔偿金，不构成遗产，在立法中应单独予以明确。①

一次性工亡补助金是基于死者死亡对死者近亲属所支付的赔偿，兼有对死者亲属的精神抚慰和经济补偿的双重性质，并非死者的遗产，但是享有一次性工亡补助金分割的权利主体可参照我国《民法典》规定的第一顺序继承人来确定，即死者的配偶、子女和父母。分配份额应考虑共同生活的紧密程度、情感程度、分配权利人的生活状况等情况合理分配。②

丧葬费也不属于遗产范围，是对死者近亲属精神痛苦的抚慰，是对死者近亲属一种经济方面的帮助，该费用应先支付完被继承人实际支出的丧葬费用，剩余部分可参照《民法典》中遗产处理规则予以分割。

（三）被继承人的人身权利。现代继承法仅为财产继承，所以被继承人的人身权利，比如自然人的生命权、健康权、肖像权等不能作为遗产范围由继承人继承。但是因某些人身权利具有一定的财产利益，比如利用被继承人的肖像权、隐私权可以产生一定的财产利益，这些财产利益，属于遗产范畴。

（四）被继承人个人信息、隐私权的互联网络虚拟财产不属于遗产范围。③首先，因为我国《民法典》在个人信息的保护方面，没有将其界定为权利，所以个人信息不能作为遗产继承，应该问题不大。但是隐私权中的互联网虚拟财产，本质为数据，如果使用人不当使用，给继承人造成损害，继承人可以要求侵权人停止侵害，造成损害的，可以要求赔偿。继承人的这一权利是否必须要求以其对被继承人的隐私权涉及的互联网虚拟财产的继承为基础，可能会存在争议。但是被继承人个人数据的维护和合法使用的权利，在其死亡后，其继承人有继承的权利，应该没有多大争议。所以，该类型的财产权利能否继承，除

---

① 《徐稿民法典草案》第 41 条。

② 吴某 3、吴某 1 等与吴某帝不当得利纠纷一审民事判决书，吴川市人民法院（2017）粤 0883 民初 2098 号。

③ 《杨稿继承法草案》第 7 条。

非相关法律明确规定不能继承，否则不能一概而论。

（五）法律规定不能继承的物。比如我国《文物保护法》第51条规定，公民、法人和其他组织不得买卖下列文物：（一）国有文物，但是国家允许的除外；（二）非国有馆藏珍贵文物；（三）国有不可移动文物中的壁画、雕塑、建筑构件等，但是依法拆除的国有不可移动文物中的壁画、雕塑、建筑构件等不属于本法第二十条第四款规定的应由文物收藏单位收藏的除外；（四）来源不符合本法第五十条规定的文物。因此，这四类文物不能继承。

当然，如果继承具有涉外因素，是否可以作为遗产，要根据《涉外民事关系法律适用法》来定。

法条关联

◆《民法典》

第一百二十四条 自然人依法享有继承权。

自然人合法的私有财产，可以依法继承。

第一千零六十三条 下列财产为夫妻一方的个人财产：

（一）一方的婚前财产；

（二）一方因受到人身损害获得的赔偿或者补偿；

（三）遗嘱或者赠与合同中确定只归一方的财产；

（四）一方专用的生活用品；

（五）其他应当归一方的财产。

◆《最高人民法院关于贯彻执行〈中华人民共和国继承法〉若干问题的意见》

3. 公民可继承的其他合法财产包括有价证券和履行标的为财物的债权等。

4. 承包人死亡时尚未取得承包收益的，可把死者生前对承包所投入的资金和所付出的劳动及其增值和孳息，由发包单位或者接续承包合同的人合理折价、补偿，其价额作为遗产。

◆《保险法》

第四十二条 被保险人死亡后，有下列情形之一的，保险金作为被保险人的遗产，由保险人依照《中华人民共和国继承法》的规定履行给付保险金的义务：

（一）没有指定受益人，或者受益人指定不明无法确定的；

（二）受益人先于被保险人死亡，没有其他受益人的；

（三）受益人依法丧失受益权或者放弃受益权，没有其他受益人的。

受益人与被保险人在同一事件中死亡，且不能确定死亡先后顺序的，推定受益人死亡在先。

◆**《最高人民法院关于适用〈中华人民共和国保险法〉若干问题的解释（三）》**

第十四条　保险金根据保险法第四十二条规定作为被保险人的遗产，被保险人的继承人要求保险人给付保险金，保险人以其已向持有保险单的被保险人的其他继承人给付保险金为由抗辩的，人民法院应予支持。

◆**《公司法》**

第七十五条　自然人股东死亡后，其合法继承人可以继承股东资格；但是，公司章程另有规定的除外。

◆**《社会保险法》**

第十四条　个人账户不得提前支取，记账利率不得低于银行定期存款利率，免征利息税。个人死亡的，个人账户余额可以继承。

◆**《农村土地承包法》**

第三十二条　承包人应得的承包收益，依照继承法的规定继承。

林地承包的承包人死亡，其继承人可以在承包期内继续承包。

第五十四条　依照本章规定通过招标、拍卖、公开协商等方式取得土地经营权的，该承包人死亡，其应得的承包收益，依照继承法的规定继承；在承包期内，其继承人可以继续承包。

◆**《个人独资企业法》**

第十七条　个人独资企业投资人对本企业的财产依法享有所有权，其有关权利可以依法进行转让或继承。

◆**《合伙企业法》**

第五十条　合伙人死亡或者被依法宣告死亡的，对该合伙人在合伙企业中的财产份额享有合法继承权的继承人，按照合伙协议的约定或者经全体合伙人一致同意，从继承开始之日起，取得该合伙企业的合伙人资格。

有下列情形之一的，合伙企业应当向合伙人的继承人退还被继承合伙人的财产份额：

（一）继承人不愿意成为合伙人；

（二）法律规定或者合伙协议约定合伙人必须具有相关资格，而该继承人未取得该资格；

（三）合伙协议约定不能成为合伙人的其他情形。

合伙人的继承人为无民事行为能力人或者限制民事行为能力人的，经全体合伙人一致同意，可以依法成为有限合伙人，普通合伙企业依法转为有限合伙企业。全体合伙人未能一致同意的，合伙企业应当将被继承合伙人的财产份额退还该继承人。

◆《国家赔偿法》

第六条 受害的公民、法人和其他组织有权要求赔偿。

受害的公民死亡，其继承人和其他有扶养关系的亲属有权要求赔偿。

受害的法人或者其他组织终止的，其权利承受人有权要求赔偿。

◆《最高人民法院关于审理行政赔偿案件若干问题的规定》

第十五条 受害的公民死亡，其继承人和其他有抚养关系的亲属以及死者生前抚养的无劳动能力的人有权提起行政赔偿诉讼。

第二十五条 受害的公民死亡，其继承人和有抚养关系的人提起行政赔偿诉讼，应当提供该公民死亡的证明及赔偿请求人与死亡公民之间的关系证明。

◆《最高人民法院、最高人民检察院关于办理刑事赔偿案件适用法律若干问题的解释》

第九条 受害的公民死亡，其继承人和其他有扶养关系的亲属有权申请国家赔偿。

依法享有继承权的同一顺序继承人有数人时，其中一人或者部分人作为赔偿请求人申请国家赔偿的，申请效力及于全体。

赔偿请求人为数人时，其中一人或者部分赔偿请求人非经全体同意，申请撤回或者放弃赔偿请求，效力不及于未明确表示撤回申请或者放弃赔偿请求的其他赔偿请求人。

◆《最高人民法院关于人民法院赔偿委员会审理国家赔偿案件程序的规定》

第十七条 有下列情形之一的，赔偿委员会应当决定中止审理：

（一）赔偿请求人死亡，需要等待其继承人和其他有扶养关系的亲属表明是否参加赔偿案件处理的；

（二）赔偿请求人丧失行为能力，尚未确定法定代理人的；

（三）作为赔偿请求人的法人或者其他组织终止，尚未确定权利义务承受人的；

（四）赔偿请求人因不可抗拒的事由，在法定审限内不能参加赔偿案件处理的；

（五）宣告无罪的案件，人民法院决定再审或者人民检察院按照审判监督程序提出抗诉的；

（六）应当中止审理的其他情形。

中止审理的原因消除后，赔偿委员会应当及时恢复审理，并通知赔偿请求人、赔偿义务机关和复议机关。

第十八条　有下列情形之一的，赔偿委员会应当决定终结审理：

（一）赔偿请求人死亡，没有继承人和其他有扶养关系的亲属或者赔偿请求人的继承人和其他有扶养关系的亲属放弃要求赔偿权利的；

（二）作为赔偿请求人的法人或者其他组织终止后，其权利义务承受人放弃要求赔偿权利的；

（三）赔偿请求人据以申请赔偿的撤销案件决定、不起诉决定或者无罪判决被撤销的；

（四）应当终结审理的其他情形。

◆**《最高人民法院关于国家赔偿监督程序若干问题的规定》**

第三条　赔偿委员会决定生效后，赔偿请求人死亡或者其主体资格终止的，其权利义务承继者可以依法提出申诉。

赔偿请求人死亡，依法享有继承权的同一顺序继承人有数人时，其中一人或者部分人申诉的，申诉效力及于全体；但是申请撤回申诉或者放弃赔偿请求的，效力不及于未明确表示撤回申诉或者放弃赔偿请求的其他继承人。

赔偿义务机关被撤销或者职权变更的，继续行使其职权的机关可以依法提出申诉。

◆**《文物保护法》**

第五十条　文物收藏单位以外的公民、法人和其他组织可以收藏通过下列方式取得的文物：

（一）依法继承或者接受赠与；

（二）从文物商店购买；

（三）从经营文物拍卖的拍卖企业购买；

（四）公民个人合法所有的文物相互交换或者依法转让；

（五）国家规定的其他合法方式。

文物收藏单位以外的公民、法人和其他组织收藏的前款文物可以依法流通。

◆《海域使用管理法》

第二十七条 因企业合并、分立或者与他人合资、合作经营，变更海域使用权人的，需经原批准用海的人民政府批准。

海域使用权可以依法转让。海域使用权转让的具体办法，由国务院规定。

海域使用权可以依法继承。

◆《农民专业合作社法》

第十五条 农民专业合作社章程应当载明下列事项：

（一）名称和住所；

（二）业务范围；

（三）成员资格及入社、退社和除名；

（四）成员的权利和义务；

（五）组织机构及其产生办法、职权、任期、议事规则；

（六）成员的出资方式、出资额，成员出资的转让、继承、担保；

（七）财务管理和盈余分配、亏损处理；

（八）章程修改程序；

（九）解散事由和清算办法；

（十）公告事项及发布方式；

（十一）附加表决权的设立、行使方式和行使范围；

（十二）需要载明的其他事项。

◆《国家勋章和国家荣誉称号法》

第十五条 国家勋章和国家荣誉称号获得者去世的，其获得的勋章、奖章及证书由其继承人或者指定的人保存；没有继承人或者被指定人的，可以由国家收存。

国家勋章、国家荣誉称号奖章及证书不得出售、出租或者用于从事其他营利性活动。

◆《船舶吨税法》

第九条　下列船舶免征吨税：

（一）应纳税额在人民币五十元以下的船舶；

（二）自境外以购买、受赠、继承等方式取得船舶所有权的初次进口到港的空载船舶；

（三）吨税执照期满后二十四小时内不上下客货的船舶；

（四）非机动船舶（不包括非机动驳船）；

（五）捕捞、养殖渔船；

（六）避难、防疫隔离、修理、改造、终止运营或者拆解，并不上下客货的船舶；

（七）军队、武装警察部队专用或者征用的船舶；

（八）警用船舶；

（九）依照法律规定应当予以免税的外国驻华使领馆、国际组织驻华代表机构及其有关人员的船舶；

（十）国务院规定的其他船舶。

前款第十项免税规定，由国务院报全国人民代表大会常务委员会备案。

◆《城镇国有土地使用权出让和转让暂行条例》

第四十八条　依照本条例的规定取得土地使用权的个人，其土地使用权可以继承。

◆《住房公积金管理条例》

第二十四条　职工有下列情形之一的，可以提取职工住房公积金账户内的存储余额：

（一）购买、建造、翻建、大修自住住房的；

（二）离休、退休的；

（三）完全丧失劳动能力，并与单位终止劳动关系的；

（四）出境定居的；

（五）偿还购房贷款本息的；

（六）房租超出家庭工资收入的规定比例的。

依照前款第（二）、（三）、（四）项规定，提取职工住房公积金的，应当同时注销职工住房公积金账户。

职工死亡或者被宣告死亡的，职工的继承人、受遗赠人可以提取职工住房公积金账户内的存储余额；无继承人也无受遗赠人的，职工住房公积金账户内的存储余额纳入住房公积金的增值收益。

◆《著作权法》

第十九条 著作权属于公民的，公民死亡后，其本法第十条第一款第（五）项至第（十七）项规定的权利在本法规定的保护期内，依照继承法的规定转移。

著作权属于法人或者其他组织的，法人或者其他组织变更、终止后，其本法第十条第一款第（五）项至第（十七）项规定的权利在本法规定的保护期内，由承受其权利义务的法人或者其他组织享有；没有承受其权利义务的法人或者其他组织的，由国家享有。

◆《著作权法实施条例》

第十三条 作者身份不明的作品，由作品原件的所有人行使除署名权以外的著作权。作者身份确定后，由作者或者其继承人行使著作权。

第十四条 合作作者之一死亡后，其对合作作品享有的著作权法第十条第一款第五项至第十七项规定的权利无人继承又无人受遗赠的，由其他合作作者享有。

第十五条 作者死亡后，其著作权中的署名权、修改权和保护作品完整权由作者的继承人或者受遗赠人保护。

著作权无人继承又无人受遗赠的，其署名权、修改权和保护作品完整权由著作权行政管理部门保护。

第十七条 作者生前未发表的作品，如果作者未明确表示不发表，作者死亡后50年内，其发表权可由继承人或者受遗赠人行使；没有继承人又无人受遗赠的，由作品原件的所有人行使。

◆《计算机软件保护条例》

第十五条 软件著作权属于自然人的，该自然人死亡后，在软件著作权的保护期内，软件著作权的继承人可以依照《中华人民共和国继承法》的有关规定，继承本条例第八条规定的除署名权以外的其他权利。

软件著作权属于法人或者其他组织的，法人或者其他组织变更、终止后，其著作权在本条例规定的保护期内由承受其权利义务的法人或者其他组织享有；

没有承受其权利义务的法人或者其他组织的，由国家享有。

◆《城镇集体所有制企业条例》

第四十二条　职工股金和集体企业吸收的各种投资，投资者可以依法转让或者继承。

◆《机关事业单位职业年金办法》

第九条　符合下列条件之一的可以领取职业年金：

（一）工作人员在达到国家规定的退休条件并依法办理退休手续后，由本人选择按月领取职业年金待遇的方式。可一次性用于购买商业养老保险产品，依据保险契约领取待遇并享受相应的继承权；可选择按照本人退休时对应的计发月数计发职业年金月待遇标准，发完为止，同时职业年金个人账户余额享有继承权。本人选择任一领取方式后不再更改。

（二）出国（境）定居人员的职业年金个人账户资金，可根据本人要求一次性支付给本人。

（三）工作人员在职期间死亡的，其职业年金个人账户余额可以继承。

未达到上述职业年金领取条件之一的，不得从个人账户中提前提取资金。

◆《企业债券管理条例》

第九条　企业债券可以转让、抵押和继承。

◆《集成电路布图设计保护条例》

第十三条　布图设计专有权属于自然人的，该自然人死亡后，其专有权在本条例规定的保护期内依照继承法的规定转移。

布图设计专有权属于法人或者其他组织的，法人或者其他组织变更、终止后，其专有权在本条例规定的保护期内由承继其权利、义务的法人或者其他组织享有；没有承继其权利、义务的法人或者其他组织的，该布图设计进入公有领域。

◆《最高人民法院关于审理人身损害赔偿案件适用法律若干问题的解释》

第十八条　受害人或者死者近亲属遭受精神损害，赔偿权利人向人民法院请求赔偿精神损害抚慰金的，适用《最高人民法院关于确定民事侵权精神损害赔偿责任若干问题的解释》予以确定。

精神损害抚慰金的请求权，不得让与或者继承。但赔偿义务人已经以书面方式承诺给予金钱赔偿，或者赔偿权利人已经向人民法院起诉的除外。

◆《最高人民法院关于适用〈中华人民共和国担保法〉若干问题的解释》

第六十八条 抵押物依法被继承或者赠与的，抵押权不受影响。

◆《最高人民法院关于贯彻执行〈中华人民共和国民法通则〉若干问题的意见（试行）》

135. 合著的作品，著作权（版权）应当认定为全体合著人共同享有；其中各组成部分可以分别独立存在的，各组成部分的著作权（版权）由各组成部分的作者分别享有。

136. 作者死亡后，著作权（版权）中由继承人继承的财产权利在法律规定的保护期限内受到侵犯，继承人依法要求保护的，人民法院应当予以支持。

137. 公民、法人通过申请专利取得的专利权，或者通过继承、受赠、受让等方式取得的专利权，应当予以保护。

转让专利权应当由国家专利局登记并公告，专利权自国家专利局公告之日起转移。

◆《最高人民法院关于高原生活补助费能否作为夫妻共同财产继承的批复》

青海省高级人民法院：

你院6月16日（83）青法研字第36号《关于退休费能否作为家庭共同财产来继承的请示报告》收阅。经研究，原则上同意你院意见。即肖桂兰的住房补助费应为夫妻双方共有，属于其夫赵泰部分，可由其合法继承人继承，高原生活补助费不属共同财产，应归肖个人所有。

◆《国务院办公厅关于保障性安居工程建设和管理的指导意见》

（四）健全退出机制。廉租住房、公共租赁住房承租人经济状况改善，或通过购置、继承、受赠等方式取得其他住房，不再符合相应的住房保障条件的，应当在规定期限内腾退；逾期不腾退的，应当按市场价格交纳租金。经济适用住房购房人通过购置、继承、受赠等方式取得其他住房，不再符合经济适用住房保障条件的，应当退出经济适用住房，或者通过补交土地收益等价款取得完全产权。对拒不服从退出管理的，可以依照规定或合同约定申请人民法院强制执行。

◆《国务院关于建立统一的企业职工基本养老保险制度的决定》

四、按本人缴费工资11%的数额为职工建立基本养老保险个人帐户，个人缴费全部记入个人帐户，其余部分从企业缴费中划入。随着个人缴费比例的提高，企业划入的部分要逐步降至3%。个人帐户储存额，每年参考银行同期存款利率计算利息。个人帐户储存额只用于职工养老，不得提前支取。职工调动时，个人帐户全部随同转移。职工或退休人员死亡，个人帐户中的个人缴费部分可以继承。

◆《国务院关于机关事业单位工作人员养老保险制度改革的决定》

三、实行社会统筹与个人账户相结合的基本养老保险制度。基本养老保险费由单位和个人共同负担。单位缴纳基本养老保险费（以下简称单位缴费）的比例为本单位工资总额的20%，个人缴纳基本养老保险费（以下简称个人缴费）的比例为本人缴费工资的8%，由单位代扣。按本人缴费工资8%的数额建立基本养老保险个人账户，全部由个人缴费形成。个人工资超过当地上年度在岗职工平均工资300%以上的部分，不计入个人缴费工资基数；低于当地上年度在岗职工平均工资60%的，按当地在岗职工平均工资的60%计算个人缴费工资基数。

个人账户储存额只用于工作人员养老，不得提前支取，每年按照国家统一公布的记账利率计算利息，免征利息税。参保人员死亡的，个人账户余额可以依法继承。

◆《国务院关于建立城镇职工基本医疗保险制度的决定》

四、健全基本医疗保险基金的管理和监督机制

基本医疗保险基金纳入财政专户管理，专款专用，不得挤占挪用。

社会保险经办机构负责基本医疗保险基金的筹集、管理和支付，并要建立健全预决算制度、财务会计制度和内部审计制度。社会保险经办机构的事业经费不得从基金中提取，由各级财政预算解决。

基本医疗保险基金的银行计息办法：当年筹集的部分，按活期存款利率计息；上年结转的基金本息，按3个月期整存整取银行存款利率计息；存入社会保障财政专户的沉淀资金，比照3年期零存整取储蓄存款利率计息，并不低于该档次利率水平。个人帐户的本金和利息归个人所有，可以结转使用和继承。

……

◆《中共中央、国务院关于稳步推进农村集体产权制度改革的意见》

（十一）保障农民集体资产股份权利。组织实施好赋予农民对集体资产股份占有、收益、有偿退出及抵押、担保、继承权改革试点。建立集体资产股权登记制度，记载农村集体经济组织成员持有的集体资产股份信息，出具股权证

书。健全集体收益分配制度，明确公积金、公益金提取比例，把农民集体资产股份收益分配权落到实处。探索农民对集体资产股份有偿退出的条件和程序，现阶段农民持有的集体资产股份有偿退出不得突破本集体经济组织的范围，可以在本集体内部转让或者由本集体赎回。有关部门要研究制定集体资产股份抵押、担保贷款办法，指导农村集体经济组织制定农民持有集体资产股份继承的办法。及时总结试点经验，适时在面上推开。

◆《国务院办公厅关于落实中共中央国务院关于全面深化农村改革加快推进农业现代化若干意见有关政策措施分工的通知》

（七十六）关于“推动农村集体产权股份合作制改革，保障农民集体经济组织成员权利，赋予农民对落实到户的集体资产股份占有、收益、有偿退出及抵押、担保、继承权，建立农村产权流转交易市场，加强农村集体资金、资产、资源管理，提高集体经济组织资产运营管理水平，发展壮大农村集体经济”的问题，由中央农办、农业部会同发展改革委、财政部、国土资源部、住房城乡建设部、人民银行、银监会、税务总局、水利部、林业局等部门负责落实。

◆《国务院关于创新重点领域投融资机制鼓励社会投资的指导意见》

（八）保障农业、水利工程投资合理收益。社会资本投资建设或运营管理农田水利、水土保持设施和节水供水重大水利工程的，与国有、集体投资项目享有同等政策待遇，可以依法获取供水水费等经营收益；承担公益性任务的，政府可对工程建设投资、维修养护和管护经费等给予适当补助，并落实优惠政策。社会资本投资建设或运营管理农田水利设施、重大水利工程等，可依法继承、转让、转租、抵押其相关权益；征收、征用或占用的，要按照国家有关规定给予补偿或者赔偿。

◆《国务院办公厅关于有序停止商业性加工销售象牙及制品活动的通知》

三、严格管理合法收藏的象牙及制品。禁止在市场摆卖或通过网络等渠道交易象牙及制品。对来源合法的象牙及制品，可依法加载专用标识后在博物馆、美术馆等非销售性场所开展陈列、展览等活动，也可依法运输、赠与或继承；对来源合法、经专业鉴定机构确认的象牙文物，依法定程序获得行政许可后，可在严格监管下拍卖，发挥其文化价值。

◆《涉外民事关系法律适用法》

第三十一条 法定继承，适用被继承人死亡时经常居所地法律，但不动产法定继承，适用不动产所在地法律。

◆《最高人民法院关于适用〈中华人民共和国婚姻法〉若干问题的解释（三）》

第十五条　婚姻关系存续期间，夫妻一方作为继承人依法可以继承的遗产，在继承人之间尚未实际分割，起诉离婚时另一方请求分割的，人民法院应当告知当事人在继承人之间实际分割遗产后另行起诉。

◆《阿坝藏族羌族自治州施行〈中华人民共和国继承法〉的变通规定》

第三条　遗产是公民死亡时遗留的个人合法财产，法律允许公民所有的家传珍宝和宗教用品可视为遗产。

案例评议

一、上诉人卢某、黄某芳与被上诉人王某法定继承纠纷案[①]

◆ **裁判规则**

遗产应属于公民死亡时遗留的个人合法财产，在其去世后因继承人的行为产生的财产，不属于遗产。搬迁奖励是当事人因积极配合拆迁工作所得到的奖励，并不是被继承人去世时遗留的个人合法财产，不属于被继承人的遗产范围。但是被继承人生前栽种的树木转化为的附属物补偿款，应属于被继承人的遗产，可由继承人继承。

◆ **评议**

遗产是自然人死亡时遗留的个人合法财产。这意味着属于遗产的财产必须在被继承人死亡前就已存在，以自然人死亡作为时点，死亡时已经存在的财产才可能成为遗产，死亡后产生的财产不能作为遗产。因此，就本案而言，被继承人生前栽种的树木，在被继承人死亡前已经存在，死后因为拆迁转化为附属物补偿款，这一部分显然属于遗产。而搬迁奖励金是因为相关的继承人积极配合拆迁工作而得到的奖励，这一奖励是被继承人死亡后取得的，显然不属于遗产。

---

① 上诉人卢某、黄芳某与被上诉人王某法定继承纠纷一案，漯河市中级人民法院（2015）漯民终字第88号。

二、上诉人张某友、潘某芬因与被上诉人张某亮、一审第三人钦州市钦南区沙埠镇桥坪村委蒌竹坪村民小组土地承包经营权继承纠纷案①

◆ 裁判规则

家庭承包经营权不属于自然人死亡时遗留的个人合法财产，不能依照继承法进行继承。国家因建设需要征收集体经济组织的土地包括已发包给本集体经济组织成员承包的承包地给予的征地补偿费一般包括3项：土地补偿费、安置补助费以及地上附着物、青苗补偿费。征地补偿费是为了给农户失地后提供基本生活保障，只有具有本集体经济组织成员资格的成员才能参与分配土地补偿费；只有放弃统一安置的农户才有权获得安置补助费；只有地上附着物、青苗的所有人才有权获得地上附着物、青苗的补偿费，附着物、青苗的所有人死亡的，其继承人才能继承。

◆ 评议

对于农村承包经营权的继承问题，学者多根据承包经营权的物权属性，主张将其纳入遗产范畴，由继承人予以继承。② 但是这一问题并未得到司法实务界的支持，最高法院的观点是农村土地承包经营权不属于个人财产，不发生继承问题。③

目前农村土地继承问题，主要涉及两个规范性问题。我国《农村土地承包法》第32条规定，承包人应得的承包收益，依照继承法的规定继承。林地承包的承包人死亡，其继承人可以在承包期内继续承包。第54条规定，依照本章规定通过招标、拍卖、公开协商等方式取得土地经营权的，该承包人死亡，其应得的承包收益，依照继承法的规定继承；在承包期内，其继承人可以继续承包。《最高人民法院关于审理涉及农村土地承包纠纷案件适用法律问题的解释》第25条规定，林地家庭承包中，承包方的继承人请求在承包期内继续承包的，应予支持。其他方式承包中，承包方的继承人或者权利义务承受者请求在承包期内继续承包的，应予支持。通过这两条规定可以发现：第一，区分家庭承包方

---

① 钦州市中级人民法院（2014）钦民一终字第1号。

② 麻昌华：《遗产范围的界定及其立法模式选择》，《法学》2012年第8期，第26－30页。

③ 李某祥诉李某梅继承权纠纷案，《中华人民共和国最高人民法院公报》2009年第12期，第37－39页。

式和其他按照招标、拍卖、公开协商等承包方式；第二，区分林地承包和其他耕地、草原等承包方式；第三，承包收益均可以继承；第四，林地家庭承包和按照招标、拍卖、公开协商等承包方式取得土地经营权，在承包期内，其继承人可以继续承包。对于前三点，无论是理论界还是实务界均没有争议，但是对于第四点，继承人可以继承还是继承承包，存在较大争议。从上述最高人民法院公报案例可以看出，其认为农村土地承包经营权不属于个人财产，不发生继承问题。但是也有学者认为，继续承包应理解为“继承”。①

笔者认为，根据我国《农村土地承包法》第 16 条第 1 款的规定“家庭承包的承包方是本集体经济组织的农户”以及我国《民法总则》第 55 条“农村集体经济组织的成员，依法取得农村土地承包经营权，从事家庭承包经营的，为农村承包经营户”的规定，从事农村土地家庭承包经营的主体为农村承包经营户，即家庭承包经营权的主体为农户而不是签订土地承包经营合同的个人，该签约人仅是该户的代表，在农村承包经营户内部，每位家庭成员共同享有土地承包经营权。采用家庭承包的土地承包经营权的取得需由集体经济组织作为发包方与农户作为承包方签订农村土地承包经营合同，来固定每户应当承包的土地亩数。对于是否属于承包经营户中的家庭成员的判断，以集体经济组织发包土地时的时间点为依据，以此时点判断该人员是否属于该农户中的一员。因为家庭承包的主体为户，所以，在承包农地的农户家庭中的一人或几人死亡，承包经营仍然是以户为单位，承包地仍由该农户的其他家庭成员继续承包经营；这样该家庭中的一人或者几人死亡，不发生继承。当承包经营农户家庭的成员全部死亡时，由于承包经营权的取得是以集体成员权为基础，所以这种情况下，该土地承包经营权归于消灭，由集体将其收回。

家庭承包的林地经营权以及按照招标、拍卖、公开协商等承包方式取得土地经营权，在承包期内，其继承人可以继续承包。但继续承包能否作为继承理解，并未影响继承人的合法权益，所以笔者认为，此种非家庭承包方式获得的承包权以及林地的承包人死亡，按照我国《农村土地承包法》的字面原意解释，应理解为继续承包，而不是继承，更符合法律的设定初衷。当然，在三权

① 刘敏：《土地承包经营权继承的解释论——兼评〈最高人民法院公报〉所载“李维祥诉李格梅继承权案”》，《政治与法律》2014 年第 11 期。

分置的背景下，认定承包权的归属需要具备集体成员资格，而经营权属于继承权的标的更为妥当。

国家因建设需要征收集体经济组织的土地给予的征地补偿费一般包括3项：土地补偿费、安置补助费以及地上附着物、青苗补偿费。其中，土地补偿费在性质上是对农村集体土地所有权的补偿，其分配主体应当是征地补偿安置方案确定时所有具有本集体经济组织成员资格的人，该征地补偿费只能分配给本集体经济组织内部的成员，非本集体经济组织成员不能参与分配和取得该补偿。

安置补助费是国家征收集体土地后，安置被征地单位由于征地造成的多余劳动力的补助费用。通过支付安置补助费，保障以土地为主要生产资料和生活来源的失地农民的基本生活，安置补助费具有很强的人身性质，其只能补助给失去土地的农村集体经济组织和农村集体经济组织成员，非农村集体经济组织成员不能成为安置补助费的给付对象。家庭承包户在土地被依法征收时，需要安置的对象一般为承包地被征收的家庭承包户。需要安置的人员由农村集体经济组织统一安置的，安置补助费支付给农村集体经济组织，由农村集体经济组织管理和使用。家庭承包户放弃统一安置，不需要农村集体经济组织安置的情况下，农村集体经济组织应当将安置补助费支付给该家庭承包户。

地上附着物、青苗补偿费归地上附着物、青苗的所有人所有，所有人死亡的，其继承人可以依照继承法进行继承。

但需要说明的是，农村承包经营权在我国各地的操作千差万别，法官在裁决这类案件时，一定要遵守当地合法的村规民约及惯例，如果被继承人所在村庄的一贯做法是，在被继承人死亡后，其承包土地由被继承人的亲属或关系近的人继承，管理到承包期结束。在这种情况下，法院应认定，被继承人的法定继承人有权继承被继承人死后其遗留承包土地的承包经营权。[①] 这一裁决才在合理合法的范畴之内。

具体到本案，由于张某军、余某姐已死亡，不再具有本集体经济组织的成员资格，所以其不能参与土地补偿费的分配。而地上附着物、青苗补偿费归地上附着物、青苗的所有人所有，与上诉人也没有关系，法院的案件裁决正确。

---

① 王某与刘某法定继承纠纷一审民事判决书，遵化市人民法院（2016）冀0281民初4753号。

三、侯某甲、马某甲与马某乙、王某法定继承纠纷、分家析产纠纷案[①]

◆ **裁判规则**

被继承人婚前所得的财产增值，可以根据增值的来源及时间长短来确定价值，并进而确定遗产的范围。被继承人死亡后其同学给付的金钱系因被继承人死亡而获得，属于对被继承人近亲属的补偿，虽不属于遗产，但是其近亲属均有分割该财产的权利。

◆ **评议**

本案有三个典型的法律问题。

第一，被继承人婚前购买，在婚姻存续期间转让，财产增值所得的性质认定。我国《婚姻法》第17条[②]规定了夫妻在婚姻关系存续期间所得的生产、经营的收益以及其他应当归共同所有的财产，归夫妻共同所有。《最高人民法院关于适用〈中华人民共和国婚姻法〉若干问题的解释（三）》第5条规定，夫妻一方个人财产在婚后产生的收益，除孳息和自然增值外，应认定为夫妻共同财产。《最高人民法院关于适用〈中华人民共和国婚姻法〉若干问题的解释（二）》第11条规定，婚姻关系存续期间，一方以个人财产投资取得的收益属于婚姻法第十七条规定的“其他应当归共同所有的财产”。所以，在婚姻存续期间，一方在婚前的财产所得的增值属于夫妻共有财产。

第二，财产增值中的价值分配。虽然我国《继承法》第26条[③]第1款规定，夫妻在婚姻关系存续期间所得的共同所有的财产，除有约定的以外，如果分割遗产，应当先将共同所有的财产的一半分出为配偶所有，其余的为被继承人的遗产。但是这条规定仅仅确认了没有财产约定制以外财产的分配问题。但就财产增值，特别是被继承人婚前所得的财产增值，如何在夫妻双方当事人之间进行分配，未作规定。该案中根据增值的来源及时间长短来确定价值。本案的被继承人马某强在2012年10月13日购买饭店后即开始经营，2013年5月27日侯某甲与马某强复婚，2014年1月28日马某强死亡，因侯某甲与马某强复婚之前马某强已经营饭店，该80000元的增值并非都为侯某甲与马某强夫妻关系

---

① 聊城市东昌府区人民法院（2014）聊东少民初字第33号。

② 现为《民法典》第1062条。

③ 现为《民法典》第1153条。

存续期间的获得，假设经营饭店所产生的收益具有稳定性，根据经营饭店到复婚的时间、复婚到马某强死亡的时间，应以认定马某强个人收益39000元、马某强与原告侯某甲夫妻共有财产41000元为宜。在41000元夫妻共有财产中，马某强应对其中的20500元享有权利。故该80000元中的59500元应认定为马某强的遗产。

第三，因被继承人死亡而获得的财产的性质及分配。遗产是自然人死亡时遗留的个人合法财产，被继承人死亡后其同学给付的金钱不属于被继承人的遗产。但因该款系因被继承人死亡而获得，属于对被继承人近亲属的补偿，近亲属均有分割该财产的权利。

第一千一百二十三条　【法定继承、遗嘱继承、遗赠和遗赠扶养协议的效力】

继承开始后，按照法定继承办理；有遗嘱的，按照遗嘱继承或者遗赠办理；有遗赠扶养协议的，按照协议办理。

本条来源

该条款完全来源于《继承法》第5条，该条是关于继承方式的规定。规定："继承开始后，按照法定继承办理；有遗嘱的，按照遗嘱继承或者遗赠办理；有遗赠扶养协议的，按照协议办理。"

立法演变

这一关于法定继承、遗嘱继承、遗赠、遗赠扶养协议间的效力的规定，在民法典历次草案中基本没有改变，与学者的建议稿也基本相同。《梁稿民法典草案》第1839条、《王稿民法典草案》第546条均规定了相同的条款。而《杨稿继承法草案》第62条［法定继承的适用范围］第1款规定，继承开始后，没有遗赠扶养协议和遗嘱的，按照法定继承办理。也是将法定继承顺序的适用范围排除在遗赠扶养协议和遗嘱之外。《徐稿民法典草案》第2条［继承发生的依据］规定，继承依据遗嘱或者法律进行。在无遗嘱或部分遗嘱的情况下，适用法定继承。允许存在部分遗嘱继承，部分法定继承的情形。后两个学者建议稿与民法典规定的含义也基本相同。

条文释义

继承开始后如何确定各项继承制度的效力是继承立法必须考虑的问题之一。法定继承与遗嘱继承何者优先，各国继承立法的通例是，遗嘱继承优先于法定继承。我国《继承法》就采取了这一立法例，而《民法典》延续了这一立法例。即在继承开始后，应当首先适用遗嘱继承；不能适用遗嘱继承方式的，按法定继承方式继承。被继承人生前与他人订有遗赠扶养协议，同时又立有遗嘱的，继承开始后，如果遗赠扶养协议与遗嘱没有抵触，遗产分别按协议和遗嘱处理；如果有抵触，按遗赠扶养协议处理，与协议抵触的遗嘱全部或部分无效。

当然，遗嘱优先适用的前提是，遗嘱、遗赠或者遗赠扶养协议有效，而且遗嘱人和受遗赠人后于遗嘱人死亡或者终止，且不存在丧失继承权或者丧失受遗赠权的情况。所以在遗嘱、遗赠或者遗赠扶养协议全部无效或者部分无效时，所涉及的全部财产或者无效部分所涉及的遗产要适用法定继承。对于遗嘱未处分的遗产，也当然适用法定继承。当然，遗嘱继承人依遗嘱取得遗产后，仍有权依法定继承方式取得遗嘱未处分的遗产。对于少数民族地区继承方式的法律适用顺序，适用其本地对于《继承法》的变通规定或者补充规定。只有其没有变通规定或者补充规定时，才适用《民法典》。比如，有的地方的少数民族自治法规规定，没有遗嘱、遗赠和扶养协议的，经继承人协商同意，也可以按照少数民族习惯继承。①

法条关联

◆**《最高人民法院关于贯彻执行〈中华人民共和国继承法〉若干问题的意见》**

5. 被继承人生前与他人订有遗赠抚养协议，同时又立有遗嘱的，继承开始后，如果遗赠扶养协议与遗嘱没有抵触，遗产分别按协议和遗嘱处理；如果有抵触，按协议处理，与协议抵触的遗嘱全部或部分无效。

6. 遗嘱继承人依遗嘱取得遗产后，仍有权依继承法第十三条的规定取得遗嘱未处分的遗产。

---

① 阿坝藏族羌族自治州施行《中华人民共和国继承法》的变通规定，第4条。

◆《阿坝藏族羌族自治州施行〈中华人民共和国继承法〉的变通规定》

第四条 继承从被继承人死亡时开始。

继承开始后，按照法定继承办理；有遗嘱的，按照遗嘱继承或者遗赠办理；有遗赠扶养协议的，按照协议办理；没有遗嘱、遗赠和扶养协议的，经继承人协商同意，也可以按照少数民族习惯继承。

◆《马边彝族自治县施行〈中华人民共和国继承法〉的补充规定》

第三条 继承从被继承人死亡时开始。

继承开始后，按照法定继承办理；有遗嘱的，按照遗嘱继承或者遗赠办理；有遗赠扶养协议的，按照协议办理；没有遗嘱和遗赠扶养协议的，经继承人协商同意，可按少数民族优良的传统继承习惯办理。

◆《峨边彝族自治县施行〈中华人民共和国继承法〉的补充规定》

第三条 继承从被继承人死亡时开始。

继承开始后，按照法定继承办理；有遗嘱的，按照遗嘱继承或者遗赠办理；有遗赠扶养协议的，按照协议办理；没有遗嘱和遗赠扶养协议的，经继承人协商同意，也可以由配偶或者与被继承人共同生活的子女继承。

案例评议

陈某、林某甲等遗赠纠纷案①

◆ **裁判规则**

遗赠扶养协议一方为遗赠人，相对方应为继承人之外的自然人或者集体所有制组织，是遗赠人与扶养人签订的、由遗赠人将自己的合法财产的一部分或全部于其死后转移给扶养人所有，而由扶养人承担遗赠人生养病葬义务的协议。如果当事人之间的协议名义上为遗赠扶养协议，但一方当事人系死者的继承人，这样的协议在性质上应属于“遗嘱”。

◆ **评议**

本案出现了三个名义上的《遗赠》《遗赠协议》及《遗赠扶养协议》，这三个遗赠的性质认定，涉及遗赠、遗嘱继承和遗赠扶养协议的区别，而这又将在

① 福建省高级人民法院（2015）闽民申字第1110号。

实质上影响当事人的权利和义务。

（一）遗赠与遗嘱继承的区别

我国《继承法》第16条规定，[①] 公民可以依照本法规定立遗嘱处分个人财产，并可以指定遗嘱执行人。公民可以立遗嘱将个人财产指定由法定继承人的一人或者数人继承。公民可以立遗嘱将个人财产赠给国家、集体或者法定继承人以外的组织、个人。根据这一规定，遗赠与遗嘱继承的区别主要有以下几点：

第一，受遗赠人和遗嘱继承人的范围不同。遗嘱继承人只能是法定继承人范围之内的人，而受遗赠人则是法定继承人以外的任何组织、个人，也可以是国家或者集体。这一点也是司法实践中认定遗赠和遗嘱继承区别的主要方式。

第二，受遗赠权与遗嘱继承权的行使方式不同。受遗赠人接受遗赠的，应于法定期间内作出接受遗赠的明示的意思表示。而遗嘱继承人自继承开始至遗产分割前未明确表示放弃继承的，即视为接受继承。

具体到本案中，因陈某凤与林某乙系父女关系。陈某凤去世后，林某乙系法定的第一顺位继承人。所以，陈某凤与林某乙在2009年12月4日签订的《遗赠协议》实质上为遗嘱。

（二）遗嘱与遗赠扶养协议的区别

自然人可以与扶养人签订遗赠扶养协议。按照协议，扶养人承担该自然人生养死葬的义务，享有受遗赠的权利。因为法定继承人与被继承人之间本来就有法定的扶养权利义务，所以，作为扶养人的自然人不能是法定继承人。而《民法典》第1158条规定，自然人可以与继承人以外的组织或者个人签订遗赠扶养协议。按照协议，该组织或者个人承担该自然人生养死葬的义务，享有受遗赠的权利。按照这一规定，明确了只有继承人以外的组织或者个人才可以作为扶养人。这与遗嘱继承人必须为法定继承人存在着根本性的区别。根据这一区别，虽然陈某凤与林某乙在2010年6月29日签订了《遗赠扶养协议》，但是因陈某凤与林某乙系父女关系，这一协议实质上也是遗嘱。

（三）遗赠与遗赠扶养协议的区别

遗赠扶养协议是自然人与扶养人（继承人以外的自然人或其他组织）签订的，扶养人承担该自然人的生养死葬的义务，享有受遗赠的权利。虽然遗赠可

---

① 参见《民法典》第1133条。

以负有义务，但是遗赠本质上属于单方民事法律行为，而遗赠扶养协议是一种双方的法律行为。具体到本案中，陈某和陈某凤属于没有血缘关系的自然人，其没有义务为陈某凤养老送终，但陈某多年对陈某凤生活上照顾，并对陈某凤进行送终。两人签订的《遗赠协议》的内容，符合法律规定遗赠扶养协议的实质要件。

（四）遗嘱与遗赠扶养协议并存时的法律适用

被继承人生前与他人订有遗赠扶养协议，同时又立有遗嘱的，继承开始后，如果遗赠扶养协议与遗嘱没有抵触，遗产分别按协议和遗嘱处理；如果有抵触，按协议处理，与协议抵触的遗嘱全部或部分无效。在本案中，陈某与陈某凤之间属于遗赠扶养协议，而陈某凤与林某乙签订的属于遗嘱，所以在遗嘱与遗赠扶养协议发生抵触时，应该以遗赠扶养协议为准。

第一千一百二十四条　【继承和遗赠的接受和放弃】

继承开始后，继承人放弃继承的，应当在遗产处理前，以书面形式作出放弃继承的表示；没有表示的，视为接受继承。

受遗赠人应当在知道受遗赠后六十日内，作出接受或者放弃受遗赠的表示；到期没有表示的，视为放弃受遗赠。

本条来源

本条来源于《继承法》第25条，该条是关于继承和遗赠的接受和放弃的规定：“继承开始后，继承人放弃继承的，应当在遗产处理前，作出放弃继承的表示。没有表示的，视为接受继承。受遗赠人应当在知道受遗赠后两个月内，作出接受或者放弃受遗赠的表示。到期没有表示的，视为放弃受遗赠。”

相比《继承法》的规定，《民法典》作出了不同的规范。第一，章节位置。《继承法》将这一条款放在“遗产的处理”部分；而《民法典》则将其放在处于通则性质的“一般规定”部分。第二，放弃继承的形式。《民法典》要求“以书面形式作出放弃的表示”。第三，关于受遗赠人接受或者放弃受遗赠的时间。《继承法》规定为2个月，而《民法典》规定为60日，其他的内容没有变化。

立法演变

《民法典》征求意见稿中对放弃继承的形式未作规定，但是《民法典》要求“以书面形式作出放弃的表示”。

受遗赠人接受或者放弃遗赠的变化。在《民法典》征求意见稿中为：“受遗赠人应当在知道受遗赠后两个月内，作出接受或者放弃受遗赠的表示。到期没有表示的，视为放弃受遗赠。”而《民法典》为：“受遗赠人应当在知道受遗赠后六十日内，作出接受或者放弃受遗赠的表示；到期没有表示的，视为放弃受遗赠。”将“2 个月”换成了“60 日”。其他条款没有什么变化。

但是学者建议稿基本上吸收了《执行〈继承法〉的意见》的规定，对放弃继承或者遗赠的各类问题，如方式、时间、溯及力、附条件或附期限的接受和放弃及部分的接受和放弃、接受或者放弃继承的无效或者撤销等进行了规范。

条文释义

本条款分别规定了继承权的承认与放弃以及受遗赠权的接受和放弃，现分别进行解释。

一、继承权的承认与放弃

（一）继承权的承认

本条第 1 款是关于继承权的承认与放弃问题的规定。就继承权的承认，存在四种不同的立法例，即当然继承主义、承认继承主义、法院交付主义和剩余财产交付主义。根据我国《民法典》的规定，继承人没有表示的，视为接受继承，所以我国采取的是当然继承主义。

（二）继承权的放弃

继承权的放弃，是指继承人于继承开始后、遗产分割前所作出的放弃其继承被继承人遗产的权利的意思表示。根据这一条款，我国继承权放弃的要件为：

第一，必须在继承开始后、遗产分割前放弃。在继承开始前，继承人并不享有可以处分的主观权利，仅享有客观权利，而客观权利仅是一种资格，是不得放弃的。又因为继承权的放弃是继承人对自己继承权的处分，而不是放弃遗产所有权，所以，继承权的放弃也只能在遗产分割前实施。在遗产分割后，继承人所作出的不接受遗产的意思表示，属于放弃遗产所有权。

第二，继承权的放弃不能损害第三人的利益。如果继承人放弃继承权会损害第三人的利益，则放弃无效。如果继承人因放弃继承权，致其不能履行法定义务的，放弃继承权的行为无效。

第三，我国继承权放弃必须采取明示的放弃方式，不得以默示的方式作出放弃继承的意思表示，否则不发生放弃的法律效果。继承人放弃继承，应当以书面形式向其他继承人表示。虽然在《民法典》颁布之前，继承人以口头方式表示放弃继承，其本人承认，或有其他充分证据证明的，也是可以的。[①] 但是《民法典》明确要求以书面形式才可以放弃继承，这意味着口头方式表示放弃继承将不发生放弃继承的意思表示。在诉讼过程中，继承人依然可以放弃继承，但是如果其向法院以口头方式表示放弃继承，法院需要制作笔录，由放弃继承的人签名。[②] 遗产处理前或在诉讼进行中，继承人对放弃继承反悔的，[③] 由人民法院根据其提出的具体理由，决定是否承认。但是遗产处理后，继承人就不能放弃继承，[④] 因为这属于放弃遗产的所有权。在继承开始后，继承人没有表示放弃继承，并于遗产分割前死亡的，其继承遗产的权利转移给他的合法继承人。[⑤] 继承人一旦放弃继承，其效力溯及至继承开始。[⑥]

第四，法定代理人代理被代理人行使继承权、受遗赠权，不得损害被代理人的利益。一般而言，法定代理人不能代理被代理人放弃继承权、受遗赠权。如果法定代理人代理被代理人行使继承权、受遗赠权，明显损害被代理人利益的，该代理行为无效。

二、受遗赠权的接受和放弃

本条第 2 款是关于受遗赠权的接受和放弃问题。这一条款强调了两方面的内容：第一，受遗赠权的接受或者放弃的期限。受遗赠人应当在知道受遗赠后 60 日内，作出接受或者放弃受遗赠的表示。60 日的起算点是从受遗赠人应当知

---

① 《最高人民法院关于贯彻执行〈中华人民共和国继承法〉若干问题的意见》第 47 条。

② 《最高人民法院关于贯彻执行〈中华人民共和国继承法〉若干问题的意见》第 48 条。

③ 此处的反悔实际上是指继承人放弃继承的撤销问题，但是因为反悔这一用法在《最高人民法院关于贯彻执行〈中华人民共和国继承法〉若干问题的意见》中已成约定俗成的用法，本书沿用这一用法。

④ 《最高人民法院关于贯彻执行〈中华人民共和国继承法〉若干问题的意见》第 50 条。

⑤ 《最高人民法院关于贯彻执行〈中华人民共和国继承法〉若干问题的意见》第 52 条。

⑥ 《最高人民法院关于贯彻执行〈中华人民共和国继承法〉若干问题的意见》第 51 条。

道受遗赠开始计算的。第二，接受遗赠必须采取明示的方式，默示视为放弃。受遗赠人知道受遗赠后两个月内必须表示接受遗赠，否则视为放弃遗赠。继承开始后，受遗赠人表示接受遗赠，并于遗产分割前死亡的，其接受遗赠的权利转移给他的继承人。①

法条关联

◆《最高人民法院关于贯彻执行〈中华人民共和国继承法〉若干问题的意见》

8. 法定代理人代理被代理人行使继承权、受遗赠权，不得损害被代理人的利益。法定代理人一般不能代理被代理人放弃继承权、受遗赠权。明显损害被代理人利益的，应认定其代理行为无效。

46. 继承人因放弃继承权，致其不能履行法定义务的，放弃继承权的行为无效。

47. 继承人放弃继承应当以书面形式向其他继承人表示。用口头方式表示放弃继承，本人承认，或有其他充分证据证明的，也应当认定其有效。

48. 在诉讼中，继承人向人民法院以口头方式表示放弃继承的，要制作笔录，由放弃继承的人签名。

49. 继承人放弃继承的意思表示，应当在继承开始后、遗产分割前作出。遗产分割后表示放弃的不再是继承权，而是所有权。

50. 遗产处理前或在诉讼进行中，继承人对放弃继承翻悔的，由人民法院根据其提出的具体理由，决定是否承认。遗产处理后，继承人对放弃继承翻悔的，不予承认。

51. 放弃继承的效力，追溯到继承开始的时间。

52. 继承开始后，继承人没有表示放弃继承，并于遗产分割前死亡的，其继承遗产的权利转移给他的合法继承人。

53. 继承开始后，受遗赠人表示接受遗赠，并于遗产分割前死亡的，其接受遗赠的权利转移给他的继承人。

◆《民法典》

第二百三十条　因继承取得物权的，自继承开始时发生效力。

---

① 《最高人民法院关于贯彻执行〈中华人民共和国继承法〉若干问题的意见》第53条。

◆《个人独资企业法》

第二十六条 个人独资企业有下列情形之一时，应当解散：

（一）投资人决定解散；

（二）投资人死亡或者被宣告死亡，无继承人或者继承人决定放弃继承；

（三）被依法吊销营业执照；

（四）法律、行政法规规定的其他情形。

◆《最高人民法院关于民事执行中变更、追加当事人若干问题的规定》

第十条 作为被执行人的公民死亡或被宣告死亡，申请执行人申请变更、追加该公民的遗嘱执行人、继承人、受遗赠人或其他因该公民死亡或被宣告死亡取得遗产的主体为被执行人，在遗产范围内承担责任的，人民法院应予支持。继承人放弃继承或受遗赠人放弃受遗赠，又无遗嘱执行人的，人民法院可以直接执行遗产。

作为被执行人的公民被宣告失踪，申请执行人申请变更该公民的财产代管人为被执行人，在代管的财产范围内承担责任的，人民法院应予支持。

◆《最高人民法院关于向勋珍与叶学枝房屋纠纷案的复函》

贵州省高级人民法院：

你院（90）民请字第 7 号《关于向勋珍与叶学枝房屋纠纷一案的请示报告》收悉。经研究认为：宁国锋夫妇于 1929 年、1946 年先后死亡，所遗房屋由三子宁让祥一家一直居住至今，其他子女宁福英、宁雪冰、宁让贤于 1986 年以前先后死亡，他们生前均未表示放弃继承。根据我国《继承法》第 25 条和我院《关于贯彻执行〈中华人民共和国民法通则〉若干问题的意见（试行）》第 177 条①的规定和该案具体情况，宁氏姐弟对其父母所遗房产可视为接受继承，并对未分割的房产享有共有权。据此，我们基本同意你院的第二种意见，即宁雪冰之妻向勋珍现提出分割的房屋，可按分割共同财产的诉讼请示处理。但鉴于叶学枝一家居住使用房屋达 40 多年等情况，为稳定住房秩序，可由叶学枝给予向勋珍等转继承人适当补偿。

以上意见，供参考。

---

① 目前，该条款已经被废止。

案例评议

一、吴某 1 与吴某 2 等法定继承纠纷案①

◆ 裁判规则

继承开始后，继承人放弃继承的，应当以书面形式向其他继承人表示。继承人放弃继承权，是一种单方法律行为，这种意思表示一旦作出，就发生继承人放弃继承的法律后果。

◆ 评议

现实生活中，继承人放弃继承及反悔问题时有发生。继承人放弃继承，需要在继承开始后遗产分割前进行。但是我国《继承法》并没有像《民法典》那样明确规定继承人放弃继承的形式要件。但《执行〈继承法〉的意见》第 47 条规定，继承人放弃继承，应当以书面形式向其他继承人表示。如果继承人用口头方式表示放弃继承，本人承认，或有其他充分证据证明的，也应当认定其有效。这一条款确认了两种放弃继承的方式：书面方式和口头方式。书面形式放弃继承的意思表示应当向其他继承人进行表示，而采用口头方式放弃继承，需要本人承认自己或者有其他充分证据证明，才可以发生放弃的法律效果。从这一条款可以发现，我国并未像其他国家或地区立法例规定的那样,② 放弃继承需要向法院和继承人同时进行通知，只需要通知其他继承人即可。但是在诉讼中，继承人放弃继承，法院需要制作笔录。具体到本案中，吴某 1 写给吴某 2 的信上表示“老爸的一切我都不要”，吴某 1、吴某 2 均为继承人，吴某 1 给写给吴某 2 的信属于书面形式，在信中进行了放弃的意思表示，完全符合继承人向其他继承人采用书面形式放弃继承的要件，发生了放弃继承的法律效果。

继承放弃后能否撤销，这一问题无论我国的《继承法》或者《执行〈继承法〉的意见》都没有规定，但是《执行〈继承法〉的意见》规定了放弃继承的反悔问题，实际上属于继承放弃的撤销问题。因为继承人放弃继承，属于单方法律行为，不需要相对方作出意思表示就会产生法律效果。所以在继承人作出放弃继承的意思表示后，在意思表示到达相对方之前，可以撤回自己的意思表

---

① 北京市海淀区人民法院（2014）海民初字第 20125 号。

② 我国台湾地区“民法”第 1174 条规定，要求向法院和其他继承人进行通知。

示。但是放弃继承的意思表示生效后，如果法律依然允许继承人撤销该意思表示，不但影响其他共同继承人和利害关系人的利益，而且会妨碍继承关系的稳定，所以一般国家都不允许继承人单方撤销放弃继承的意思表示。我国《执行〈继承法〉的意见》第50条规定，在遗产处理前或在诉讼进行中，继承人对放弃继承反悔的，由人民法院根据其提出的具体理由，决定是否承认。但是如果不存在《民法总则》规定的民事法律行为可撤销的情形，一般都不会允许继承人撤销其已经作出的放弃继承的意思表示。具体到本案中，吴某1现无合理理由撤销其放弃继承的意思表示，显然不利于继承关系的稳定。法院未支持其撤销已经生效的放弃继承的意思表示无疑是正确的。但是法院使用"撤回"一词，而撤回属于对未生效的意思表示的处分，此处应为"撤销"。

二、廖某、蔡某继承纠纷案①

◆ 裁判规则

继承开始后，继承人放弃继承的，应当在遗产处理前，作出放弃继承的表示。继承人放弃继承的权利无须征得配偶的同意，即发生放弃继承的法律效力。

◆ 评议

在夫妻即将离婚之时，一方有可能突然变成富有的继承人。在这种情况下，为了报复对方，有些继承人宁愿放弃继承，也不愿另一方多分得财产，这种行为在现实中时有发生，其效力也常常引起争议。问题的争点是在继承开始后遗产分割前，继承人放弃的是继承权还是继承标的物的所有权？如果属于放弃标的物的所有权，则显然属于处分夫妻共同财产，需要另一方的同意。如果是放弃继承权，则属于继承人放弃继承权，属于对自己权利的处分，在不违反法律或者法规的强制性规定的情况下，这一处分行为就是有效的。因此，明确放弃继承权与放弃继承标的物所有权之间的区别就较为重要。

一、放弃继承权与放弃所有权的区别

继承权分为客观意义上的继承权和主观意义上的继承权，在继承开始前，当事人仅存在主观意义上的继承权，此时当事人不能放弃。继承开始后，当事人可以放弃继承，此时放弃的继承权为客观意义上的继承权，也可以称为继承

① 福建省高级人民法院（2016）闽民申315号。

既得权。但是在遗产分割后，当事人因已经取得了遗产的所有权，所以此时放弃就是放弃所有权，而不是放弃继承权。放弃继承权和放弃所有权存在以下不同：

第一，时间不同。放弃继承权要求在继承开始后，遗产分割前。而放弃所有权则需要在遗产分割后，即继承人已经取得继承标的物的所有权后。

第二，对象不同。放弃继承权放弃的对象是继承既得权，而放弃所有权放弃的对象是遗产所有权。

第三，方式不同。放弃继承权必须向法院、其他继承人或者遗产管理人进行意思表示，而放弃所有权是对自己财产的一种处分，因为标的物和产权形式的不同而具有不同的方式。

第四，效力不同。放弃继承权具有溯及力，溯及至继承开始时。而放弃遗产标的物的所有权则没有溯及力。

就本案而言，蔡某作为继承人在继承开始后、遗产分割前放弃自己的继承权，属于放弃继承权。

二、问题解决：对《物权法》第29条的理解

（一）《继承法》优先适用

我国《物权法》第29条①规定，因继承或者受遗赠取得物权的，自继承或者受遗赠开始时发生效力。该条款作为非法律行为引起物权变动的规定，有学者认为，可以将该条款理解为：继承人在继承开始时即取得了物权，发生物权变动的效力；并不需要考虑遗产中不同标的物之间所有权转移方式的不同，即动产不需要交付，不动产也不需要登记。遗产自被继承人死亡时转归继承人所有，继承人为多人的，遗产归继承人共有。② 根据这一理解，根据《婚姻法》第17条、第18条的规定，③ 在遗产分割前，除非遗嘱指定遗产归继承人一人所有，否则遗产属于夫妻婚姻关系存续期间所得，应为夫妻共有财产。因此，继承人放弃继承，也就等于放弃了夫妻共同财产；而放弃夫妻共同财产需要征得

---

① 《民法典》第230条规定，因继承取得物权的，自继承开始时发生效力。

② 这一解释可在我国的法律中找到依据，比如《最高人民法院关于贯彻执行〈中华人民共和国民法通则〉若干问题的意见（试行）》第177条规定："……继承开始后，继承人未明确表示放弃继承的，视为接受继承，遗产未分割的，即为共同共有。"但需要注意的是，《物权法》颁布后，该条解释被废止，其理由为"与物权法有关规定冲突"，可见这一观点可能需要修正。

③ 现为《民法典》第1062条、第1063条。

配偶的同意。但这与继承人享有放弃继承权的权利存在冲突。[①] 因此，有学者提议，在这种情况下，应将《继承法》理解为《物权法》的特别法。按照法律适用的原则，优先适用《继承法》，只有在《继承法》没有作出规定时，才适用《物权法》。

（二）重新解读《物权法》第29条

将《物权法》第29条“因继承取得物权”解释为包括两个构成要件：一是继承人应享有继承权，二是继承人接受了继承。因此，如果继承人放弃了继承权，则无法满足两个构成要件，不发生因继承取得物权的问题。因此《婚姻法》中“因继承所得的财产”，其含义与《物权法》第29条规定的“因继承取得物权”的构成要件相同。即只有在继承人接受继承时，才会产生因继承所得的财产归夫妻共有的问题。在继承人放弃继承权，自继承开始时起，继承人就没有取得遗产所有权。[②]

因此，蔡某作为继承人，在遗产分割前放弃继承权，属于对自己权利的放弃，该权利的行使无须征得配偶的同意。而放弃继承的效力，追溯到继承开始之时，所以其没有侵害配偶一方的权利。

三、叶某、林某继承纠纷案[③]

◆ 裁判规则

我国《物权法》第29条规定，因继承或者受遗赠取得物权的，自继承或者受遗赠开始时发生效力。该条款适用的前提条件是继承人未丧失继承权也没有放弃继承权。我国法律并没有禁止继承人放弃继承权，而放弃继承权的效力溯及继承开始时，即从继承开始继承人就不对遗产享有权利。而如果夫妻一方放弃继承，则其在继承开始时就无法取得物权，遗产也无法变成夫妻共同财产。

◆ 评议

继承人放弃继承，是否会损害配偶的合法权益，这一问题在实践中争议较大。该问题实质上是由对《物权法》第29条与《继承法》第25条、《执行

---

① 房绍坤：《关于修订继承法的三点建议》，《法学论坛》2013年第2期。

② 房绍坤：《论继承导致的物权变动—兼论继承法相关制度的完善》，《政法论丛》2018年第6期。

③ 厦门市中级人民法院（2016）闽02民终1368号。

〈继承法〉的意见》第49条、第52条的理解不同导致的。

《执行〈继承法〉的意见》第49条规定，继承人放弃继承的意思表示，应当在继承开始后、遗产分割前作出。遗产分割后表示放弃的不再是继承权，而是所有权。这就产生一个问题，在继承开始后、遗产分割前，遗产的权利归属问题。因为被继承人已经死亡，显然无法对遗产享有所有权；而遗产管理人仅为管理人员，也不是遗产的所有权人；所以有些人认为此时遗产属于全体继承人。而这种观点也在一定时期得到了法院的支持。比如，《执行〈民法通则〉的意见（试行）》第177条规定："……继承开始后，继承人未明确表示放弃继承的，视为接受继承，遗产未分割的，即为共同共有……"该条款尽管在《物权法》颁布后实施，但因与"物权法有关规定冲突"而被废止。但该条中规定的"共同共有"显然被解释为数个继承人的共同共有，因此，有学者得出结论：被继承人死亡时，遗产的所有权就归属于继承人。

但是需要特别注意的是，遗产的所有权归属于继承人所有，实际上是存在前提条件的。第177条的适用也显然存在前提，即继承人未明确表示放弃继承。如果继承人表示放弃继承，我们就不能直接从法律条文本身推出遗产在分割前属于继承人共有。更何况这一条款还被废止了。因这一条款被废止，所以有人就转而求助于《物权法》第29条。《物权法》第29条规定，因继承或者受遗赠取得物权的，自继承或者受遗赠开始时发生效力。这一条款是否直接规定了自继承开始时，遗产的所有权归属于继承人呢？笔者认为，对于这一条款必须从整体上理解，而不能将其分为两个部分。这一条款强调的是因继承或者受遗赠取得物权，后半句阐明的是取得物权的时间自继承开始时发生效力。从整个条款来看，取得物权的时间应以继承人依法通过继承取得物权为前提；如果因继承人丧失继承权或放弃继承权，继承人或者受遗赠人没有取得物权，该条规定自然没有适用的前提条件。

因此，遗产在被继承人死亡后属于继承人所有，前提条件是其没有丧失或者放弃继承权。一旦其丧失或者放弃继承权，则效力溯及至继承开始时。即从继承开始时，继承人就对遗产不享有物权，也就不存在侵害配偶权利的情形。

四、王某1与王某2、王某3等继承纠纷案①

◆ **裁判规则**

继承人放弃继承的意思表示，应当在继承开始后、遗产分割前作出。本案中的协议不符合继承法的规定，且该协议的实质是各当事人在父母生前对父母财产的处分，所以其对当事人不具有约束力，争议财产应按法定继承处理。

◆ **评议**

在继承人有数人时，为了避免因为遗产的争夺发生争议，往往有可能在被继承人尚在时，就签订协议处理其财产，对于这一协议的性质和效力，现实中争议很大，本案即面临这一情况。一审、二审法院对于当事人签订的协议的效力认识完全相反，极大地影响到当事人的权益，所以需要对此类协议及类似协议的性质和效力予以区分，方可以减少此类纠纷。

从案情简介可以发现，二审法院认为，根据该协议内容，属于王某1、王某3、王某2放弃继承权，即将未来可能继承的房屋赠与王某4，但根据继承法的规定，继承人放弃继承的意思表示，应当在继承开始后、遗产分割前作出，因此该协议不符合继承法的规定，且该协议的实质是各当事人在父母生前对父母财产的处分，故该协议对当事人不具有约束力，争议房屋应按法定继承处理。从二审法院的审理意见可以看出，其认为该协议不属于遗嘱，而属于继承权放弃的意思表示，但是因为放弃继承的意思表示要在继承开始后、遗产分割前作出，所以应该无效。而一审法院认为，签订协议书时，继承尚未开始，双方签订协议书的行为应当视为附条件的民事法律行为，即双方约定父母去世后涉案房屋归被告王某4所有。该条件没有法律、行政法规规定的无效情形，且该协议书是双方当事人的真实意思表示，不违反法律、行政法规的强制性规定，合法有效。也就是说一审法院并未将该协议作为放弃继承的意思表示，或者处分他人所有权的合同，虽然其并没有明确界定这一协议的性质，但是不属于前两类无疑。所以，我们必须明确此类协议的性质，才能更好地理解法律的规定，为此类案件的审理提供帮助。为此，我们从二审法院认定的类型出发，来判断此类协议的性质。

① 淮安市中级人民法院（2016）苏08民终3299号。

一、协议内容：父母所有的房子归属于某一法定继承人

2010年1月4日《协议书》载明："人民北路xx号房（干休所）住房一套，两位老人死后归王某4所有，不得转卖、不得转租"。原告王某1在该协议书上签名，并书写"同意"；被告王某2、王某3、王某4亦在该协议书上签名，并书写"同意"。从二审法院查明的事实中，可以了解到这份协议是当事人母亲提议召集四个子女到场后签订的，但是只有四个子女在《协议书》上签字而无父母本人签字，且在签订协议时，其父亲王某5患有脑梗，卧床不起，不能说话。协议具体内容只是约定其父母所有的一套房屋的归属问题，其他三个法定继承人也同意了这一协议。

二、协议不属于继承人放弃继承的意思表示

我国《继承法》第25条第1款规定，① 继承开始后，继承人放弃继承的，应当在遗产处理前，作出放弃继承的表示。没有表示的，视为接受继承。从这一条款可以得出，放弃继承具有三个特征：第一，放弃继承属于单方民事法律行为，只要继承人有放弃继承的意思表示即可成立。第二，放弃继承的意思表示要在继承开始后作出才可生效，不能在继承开始前。当然这并不意味着继承人在继承开始前不能进行放弃继承的意思表示，而是指继承人在继承开始前进行的放弃继承的意思并不发生效力，其可以在继承开始前随时撤回。② 第三，放弃继承只能概括放弃，而不能放弃继承部分遗产而保留继承其他遗产的权利。本案中采取了协议的形式，这一协议显然属于双方法律行为，而不是单方法律行为；就协议的内容来看，本案仅仅对被继承人生前的一套房屋的归属进了约定，而没有对全部遗产进行处理；就协议的时间来看，是在被继承人生前所签。所以本案不属于放弃继承，二审法院从放弃继承需要在继承开始后来否定协议的效力，显然仅仅从时间上对这一协议进行了归类，而无视了协议本身的双方法律行为的性质，也没有注意到本案仅是对个别财产的处置，而不是继承人放弃全部遗产的规范。

三、协议不属于当事人处置他人财产的合同

二审法院的第二个观点是，协议是各当事人在父母生前对父母财产的处分，

① 现相关条款为《民法典》第1124条。

② 郭明瑞：《继承放弃行为辨析》，《东方法学》2018年第4期。

属于处分他人之物。但是从二审法院查明的事实中，我们可以了解到，这份协议实际上是由当事人母亲提议召集四个子女到场后签订的，虽然在签订协议时，其父亲王某5患有脑梗，卧床不起，不能说话。但是显然不能认为，这一协议属于处分他人财产的合同，因为其继承人的母亲很显然同意这一事情，即使其父亲不能说话，但是也未显示其属于无民事行为能力人或者限制民事行为能力人，在两被继承人均为完全民事行为能力人的情况下，其母亲召集四个当事人到场，即便认为这一协议为处分他人财产，但也得到了权利人的同意，不能将其作为影响协议效力的因素。

四、协议属于继承合同

继承合同是指被继承人与继承人、其他自然人、法人和其他组织等就继承权或受遗赠权的取得或消灭等而达成的协议。[①] 这一概念属于广义的继承合同的界定，不仅包括继承权取得合同，还包括继承权抛弃或者消灭合同。尽管继承合同的效力不同的国家存在不同的立法例，比如法国对此持否定态度。《法国民法典》第791条规定，任何人，即使通过订立夫妻财产契约，也不得放弃仍然活着的人将来的遗产，也不得让与可能对此种遗产享有的权利。但是也有国家对此持肯定态度，比如德国。《德国民法典》第1941条规定，[②] 被继承人可以以合同指定继承人以及指示遗赠和负担（继承合同）。订立合同的另一人和第三人都可以被指定为继承人。可见，德国继承合同是双方的死因行为，不但可以指定继承人，也可以指定继承人以外的第三人。

我国《继承法》并未明确规定继承合同，但是被继承人与继承人订立了以扶养义务的履行和遗产的归属为内容的协议，对于这一协议的效力问题存在不同的观点。一种观点认为，我国仅承认被继承人与法定继承人以外的主体签订遗赠扶养协议，而不能与法定继承人签订遗赠扶养协议。如果存在这一协议，则协议无效。第二种观点认为，虽然我国遗赠扶养协议的扶养方规定为法定继承人之外的主体，但是法律法规也没有限制法定继承人与被继承人签订此类协议，此类协议是否有效，需要根据法律来进行判断。如果法律没有限制此类协

① 陈苇主编：《外国继承法比较与中国民法典继承编制定研究》，北京大学出版社2011年版，第433页。

② 陈卫佐译注：《德国民法典》（第二版），法律出版社2006年版，第584页。

议，而且这类协议也不存在损害第三人或者社会公共利益的情形，则此类协议应当认定为有效。

但是，需要注意的是，继承合同虽属双方法律行为，较符合本案中协议的形式要求，但是继承协议的一方当事人为被继承人。本案中四个继承人之间签订协议，是其母亲召集的，可以认定其为当事人的一方，从而认为其符合继承合同主体要件的要求。虽然继承协议的内容不仅涉及遗产的归属问题，还涉及对被继承人的赡养事项。一般只有在继承人履行了赡养事项后，才能取得遗产。具体到本案中，虽然协议本身仅仅涉及某项财产的归属，但是四方当事人在其母亲召集下签订这一协议的前提是，王某4与被继承人长期共同生活在一起，在劳务方面给予了主要扶助，对父母照顾较多；而给予王某4这套房屋则是对其以往照顾老人的肯定，其隐含的前提是王某4继续与父母生活在一起，继续对被继承人进行照顾，才能将该套房屋归其所有。探究当事人的真意，“不得转卖，不得转租”的规定，应是担心王某4在协议签订后立即处置房屋从而导致继承人的父母没有地方住，只是表述得不够准确。虽然我国没有规定继承合同，但是被继承人既然可以设立遗嘱处分自己的遗产，也可以签订监护协议，所以在某一继承人对自己照顾较多时，将自己的某一部分财产分给该继承人，既体现了被继承人的意思自治，也符合权利义务相一致原则，法律没有必要否定这一协议的效力。

因此，从这个角度来看，一审法院的判决尊重了被继承人对自己财产的处置权，尊重了当事人的意思自治，符合权利义务相一致原则，判决具有较好的社会效果。二审判决显然也考虑到王某4的付出较多，因此，在认定协议无效后，就房屋的份额给予王某4更多的照顾，但是在继承案件中，探究当事人的真意，尊重被继承人对自己财产的处分，远较法官的自由裁量重要。因为如果当事人预想到法官将不按照自己的意思来分配自己的财产，其可能被迫采取其他手段，比如生前赠与的方式。但其他手段可能无法完美地解决这一问题。

至于被继承人的其他财产，因为并不在该协议的范围内，当然为法定继承。这从其母亲将存款分为四份可以看出，体现了被继承人的意思。

第一千一百二十五条　【继承权的丧失】

继承人有下列行为之一的，丧失继承权：

（一）故意杀害被继承人；

（二）为争夺遗产而杀害其他继承人；

（三）遗弃被继承人，或者虐待被继承人情节严重；

（四）伪造、篡改、隐匿或者销毁遗嘱，情节严重；

（五）以欺诈、胁迫手段迫使或者妨碍被继承人设立、变更或者撤回遗嘱，情节严重。

继承人有前款第三项至第五项行为，确有悔改表现，被继承人表示宽恕或者事后在遗嘱中将其列为继承人的，该继承人不丧失继承权。

受遗赠人有本条第一款规定行为的，丧失受遗赠权。

本条来源

本条第1款前4项来源于《继承法》第7条的规定。《继承法》第7条规定继承人有下列行为之一的，丧失继承权：（一）故意杀害被继承人的；（二）为争夺遗产而杀害其他继承人的；（三）遗弃被继承人的，或者虐待被继承人情节严重的；（四）伪造、篡改或者销毁遗嘱，情节严重的。

本条第（5）项来源于《继承法》第22条“遗嘱的无效”，无行为能力人或者限制行为能力人所立的遗嘱无效。遗嘱必须表示遗嘱人的真实意思，受胁迫、欺骗所立的遗嘱无效。伪造的遗嘱无效。遗嘱被篡改的，篡改的内容无效。第22条规定受胁迫、欺骗所立的遗嘱无效，但并没有将这一事由作为继承权丧失的情形。虽然遗嘱的效力与继承权的丧失分别属于不同的两个制度，不能互相代替。但是欺诈、胁迫或者妨碍被继承人设立、变更或者撤回遗嘱的行为，都属于严重违法行为，但凡有这种行为的继承人都应当丧失继承权；否则将会出现遗嘱无效，但是实施了欺诈、胁迫行为的继承人仍然可以依法定继承继承被继承人遗产的矛盾局面。所以《民法典》增加了这一丧失继承权的情形。

除了规定继承权丧失的情形外，本条第2款规定了丧失继承权的恢复制度。我国法律只在《执行〈继承法〉的意见》中规定了继承权恢复制度，《继承法》

并没有对此进行规定。《执行〈继承法〉的意见》第 13 条规定，继承人虐待被继承人情节严重的，或者遗弃被继承人的，如以后确有悔改表现，而且被虐待人、被遗弃人生前又表示宽恕的，可不确认其丧失继承权。但是《民法典》继承权恢复制度规定的内容显然较为丰富，增加了另外两种类型。

本条第 3 款规定，受遗赠人具备丧失继承权的情形，应丧失受遗赠权。这一条款为新增。

立法演变

这部分立法在民法典历次草案中基本上没有什么变化。但是对相关语词进行了调整。第一稿中第 2 款为："被继承人知道继承人有前款第三项至第五项行为，确有悔改表现，被继承人表示宽恕或者事后在遗嘱中将其列为继承人，该继承人不丧失继承权。"而征求意见稿中删除了"被继承人知道"这一词语，更显精练。《民法典》又将征求意见稿中"的"取掉。

继承权的丧失与恢复这一款，《民法典》与学者建议稿的差别不大，大同小异。比如《杨稿继承法草案》第 11 条中，增加了故意不法使被继承人丧失遗嘱能力的丧失继承权的规定，而且在故意杀害被继承人中，增加"不法"二字，该条款变成：故意不法杀害被继承人。《杨稿继承法草案》第 64 条规定了隐藏侵吞遗产。故意隐匿、侵吞遗产的，非经其他继承人宽恕，剥夺该继承人对此遗产继承的份额。这一立法例强调的是对此遗产继承份额的剥夺，而不是继承权的剥夺。

《王稿民法典草案》第 532 条关于继承权的丧失的规定，只有第（5）项规定的用语与民法典不同，以欺诈或者胁迫手段，迫使或者妨碍被继承人设立、变更或者撤销遗嘱，情节严重的。《民法典》是撤回，其余规定均相同。但是在继承权丧失后恢复的规定中，《王稿民法典草案》第 533 条［故意杀害行为的继承人的继承权不可恢复］规定，继承人故意杀害被继承人或者为争夺遗产而杀害其他继承人，无论既遂或未遂，均丧失继承权。按前款规定丧失继承权者，即使被继承人宽恕其行为，也不得恢复继承权。其余丧失继承权的，均可以恢复。而且《王稿民法典草案》第 534 条规定了继承人丧失继承权的效力即：继承人丧失继承权的，其效力溯及至继承开始之时。《梁稿民法典草案》第 1842 条继承权的丧失规定与民法典的不同有三点：第一，第（1）项与第（2）

项进行了互换；第二，故意杀害被继承人的情形中，增加了正当防卫的抗辩，与《杨稿继承法草案》故意不法杀害被继承人在效力方面异曲同工；第三，继承权恢复事由包括故意杀害被继承人，与《王稿民法典草案》规定相同。而《徐稿民法典草案》与《民法典》差别太大，不予评论。

条文释义

一、概述

本条为继承权、受遗赠权的丧失及宽宥。继承权或者受遗赠权的丧失是指继承人或者受遗赠人因其违反法律规定的行为而丧失其继承权或受遗赠权。这些违反法律的行为发生，如果法律不使继承人或者受遗赠人丧失继承权或者受遗赠权，则可能使当事人因违法行为而获得相应的利益。而这与任何人不能因为违法而获利的法律精神相违背。因此，不论我国继承法还是域外继承法，都设有继承权丧失的法律条款。我国《继承法》和《民法典》也设有此类条款，但是二者又有些不同。现根据民法典继承编的相关条文说明继承权丧失的含义。

二、继承权的丧失

（一）故意杀害被继承人

继承人故意杀害被继承人是一种严重的犯罪行为，不论其是否受到刑事责任的追究，也不论是既遂还是未遂，[①] 均丧失继承权。继承人故意杀害被继承人，一般需要法院判决宣告其构成犯罪，才发生丧失继承权的效力，而并不考虑继承人是否受到刑罚的执行。[②] 构成故意杀害被继承人的行为，须具备以下两个条件：

1. 必须是继承人实施了杀害被继承人的行为

杀害是以剥夺生命为目的的，因此，继承人实施的行为须是以剥夺被继承人生命为目的的行为，才能构成杀害行为。但是不能将杀害作扩大解释，认为其包括“杀”和“害”，也不能将其解释为既包括杀人，也包括伤害人。如果继承人对被继承人实施其他危害其人身安全的不法行为，但不是以剥夺其生命

---

① 《最高人民法院关于贯彻执行〈中华人民共和国继承法〉若干问题的意见》第 11 条。

② 翟云岭、刘耀东：《论继承权丧失制度—以我国《继承法》第 7 条的修改为中心》，《北方法学》2012 年第 5 期，第 76－86 页。

为目的，则不构成杀害行为。相反，只要继承人实施的行为有剥夺被继承人生命的图谋，不论其出于何种动机，也不论其采用何种手段，是直接杀害还是间接杀害，是亲手杀害还是教唆他人杀害，也不论杀害行为是既遂或未遂，均构成杀害被继承人。

对被继承人的故意杀害行为，必须是继承人实施的，如果是继承人之外的人实施的，不存在继承权丧失的问题。当然，此处的继承人应该采取广义的解释，不仅包括法定继承人，也包括遗嘱继承人。[①] 应予注意的是，因故意杀害被继承人丧失继承权的，不仅可以是法定继承人，还可以是遗嘱所指定的继承人，代位继承人等。如果代位继承人杀害被继承人，代位继承人也会丧失继承权。[②]。

杀害的对象必须是被继承人。如果继承人实施其他犯罪行为，虽然客观上具有导致被继承人死亡的危险，比如与商场的领导发生冲突而在商场内放火，虽然被继承人也在该商场上班，但是因为被公安机关介入而导致犯罪行为未遂。这种情况下，因行为人不具有杀害被继承人的故意，所以其不丧失继承权。

2. 继承人在主观上有杀害被继承人的故意

至于继承人的杀害故意是直接故意，还是间接故意，均无影响。但如果继承人主观上并无杀害被继承人的故意，则不丧失继承权。这也是我国司法实务界对这一问题的观点。例如，继承人故意伤害致被继承人死亡[③]，或者由于过失行为而致被继承人死亡的，因其并无杀害的故意，不构成故意杀害被继承人，不能认定其丧失继承权。

3. 在故意杀害被继承人丧失继承权方面，有以下两个问题应当注意：

（1）继承人因正当防卫而杀害被继承人的继承权丧失问题

正当防卫是在行为人受到他人不法侵害时对侵害人所实施的一种合法的正当的自救措施。我国《刑法》第20条规定，为了使国家、公共利益、本人或者他人的人身、财产和其他权利免受正在进行的不法侵害，而采取的制止不法侵

① 刘春茂主编：《中国民法学·财产继承》，中国人民公安大学出版社1990年版，第139页。

② 沈某1与沈某生、沈某霞、沈某波、沈某2、沈某3、孙某新法定继承纠纷再审审查民事裁定书，通化市中级人民法院（2017）吉05民申4号。

③ 麻某、希里某力、才布某格、爱某兵、宝某、红某与高某法定继承纠纷案一审民事判决书，乌兰县人民法院（2014）乌民初字第143号。

害的行为，对不法侵害人造成损害的，属于正当防卫，不负刑事责任。正当防卫明显超过必要限度造成重大损害的，应当负刑事责任，但是应当减轻或者免除处罚。对正在进行行凶、杀人、抢劫、强奸、绑架以及其他严重危及人身安全的暴力犯罪，采取防卫行为，造成不法侵害人伤亡的，不属于防卫过当，不负刑事责任。这说明正当防卫是一种合法行为，不具有违法性。因此，继承人因正当防卫而杀害被继承人的，不丧失继承权。但是，如果继承人实施的防卫行为过当而构成杀人罪时，继承人丧失继承权。① 在这种情况下，必须有法院的审判文书，才可认定其丧失继承权。

（2）未成年人故意杀害被继承人继承权丧失问题

未成年人故意杀害被继承人的，是否丧失继承权？存在三种观点，一种观点认为，凡故意杀害被继承人的，不论其是否成年，也不论是否追究其刑事责任，都应丧失继承权。但不满10周岁的未成年人杀害被继承人的，因其不能认识其行为的性质和后果，主观上也不存在故意、过失问题，其杀害行为也就构不成故意。因此，不满10周岁的继承人杀害被继承人的，没有故意这一要件，所以其不因此而丧失继承权。② 第二种观点认为，不满14周岁的未成年人故意杀害被继承人的，不应丧失继承权。③ 第三种观点认为，应该将继承权的丧失与故意杀害被继承人的继承人是否承担刑事责任相结合，判令继承人承担刑事责任，则丧失继承权。否则，不丧失继承权。④ 笔者认为，未成年人及多大年龄的未成年人实施故意杀害被继承人的行为从而丧失继承权的问题，既要考虑到对未成年人的保护，又要考虑设置这一制度的初衷及我国继承权丧失的事由与域外制度的不同。我国在规范这一制度时，并没有将刑事责任的承担作为要件，因为是否承担刑事责任，不应直接作为考虑这一问题的要件；而只能是判断是否具有故意这一要件的主观因素。现在未成年人发育状况呈现出较大的差异，我国民法典也将无民事行为能力人的年龄进行了降低，所以我们应该主要考虑继承人是否具有杀害的“故意”，从这一要件进行具体判断。

① 郭明瑞、房绍坤：《继承法》（第二版），法律出版社2004年版，第64页。

② 郭明瑞、房绍坤：《继承法》（第二版），法律出版社2004年版，第64—65页。

③ 陈苇主编：《外国继承法比较与中国民法典继承编制定研究》，北京大学出版社2011年版，第433页。

④ 杨立新、朱呈义：《继承法专论》，高等教育出版社2006年版，第74页。

（二）为争夺遗产而杀害其他继承人

构成继承人为争夺遗产杀害其他继承人的行为，因为其已经因为争夺遗产而起杀人之心，所以有学者认为，不仅天理不容，而且为人类所共弃，不论是否导致死亡，法律均应剥夺其继承权。[①] 从条款来看，须具备以下两个条件：

1. 继承人杀害的对象是其他继承人

继承人杀害其他继承人，是指继承人实施剥夺其他继承人生命的违法犯罪行为。这种行为的主体为继承人，只要是继承人实施该杀害行为，不论其亲自杀害还是教唆他人实施杀害行为，均可构成。但继承人的配偶或其他近亲属独立实施杀害行为的，因为不是继承人本人的行为，不发生继承人丧失继承权的后果。被杀害的对象只能是其他继承人（包括法定继承人和遗嘱继承人），而不能是继承人以外的其他人。继承人杀害继承人以外的其他人的，尽管构成犯罪，应受刑事责任追究，但不会因此而丧失继承权。继承人杀害其他继承人，对于继承人的类型并无限制，既包括法定继承人杀害遗嘱继承人的情形，也包括遗嘱继承人杀害法定继承人的情形；同时，也不考虑继承顺位问题，无论是后一顺序的继承人杀害前一顺序的法定继承人，还是前一顺序的继承人杀害后一顺序的继承人以及继承人杀害同一顺序的继承人，均包括在内。当然，这里的杀害是指剥夺其他继承人的生命，不包括伤害。如果继承人虽然实施了伤害其他继承人的行为，但是通过其他证据，比如刑事判决书，不能认定其具有直接剥夺其他继承人生命的故意时，不丧失继承权。但是如果继承人因为遗产分配，故意伤害其他继承人致死，行为性质较为恶劣，应当包括在内，丧失继承权。

2. 继承人杀害其他继承人的目的是争夺遗产

这是构成该行为的主观要件。继承人杀害其他继承人的目的是为了争夺遗产，因此，行为人必有主观上的故意。继承人实施这一行为是希望通过非法剥夺其他继承人生命的方式达到减少继承人数量从而多分得遗产的目的，行为人内心的主观故意表现为剥夺他人的生命。如果继承人杀害其他继承人，不是为了争夺遗产，而是出于其他的动机，为了其他目的，虽然也可能会承担刑事责任，但却不会因此而丧失继承权。即使因继承人杀害了其他继承人，从而使得

---

① 邵义：《民律释义》，王志华勘校，北京大学出版社2008年版，第555页。

继承人实际上可以分得较多的遗产，其继承权也不会因此而丧失。例如，继承人伤害其他继承人的行为发生在一审宣判后，客观上不可能达到剥夺其他继承人分得遗产的效果。此时对其他继承人的伤害行为，将不会导致丧失继承权。但是，只要继承人为了争夺遗产而杀害其他继承人，不论其杀害行为既遂或是未遂，也不论其是否被追究刑事责任，均丧失继承权。

（三）遗弃被继承人，或者虐待被继承人情节严重

继承人遗弃被继承人，是指继承人有扶养能力和扶养条件，而对缺乏劳动能力又无生活来源的被继承人拒不履行扶养义务。因此，构成遗弃行为的条件有二：第一，被遗弃的对象是没有独立生活能力的被继承人。例如，被继承人因为年老、年幼、患病、残疾或者其他原因没有独立生活能力的情形。如果被继承人有独立的经济收入，可以雇请他人照顾生活或进入社会养老中心或机构养老，不宜认定为遗弃被继承人。比如在继承人与被继承人具有赡养关系，继承人是否构成遗弃被继承人，应从具有赡养能力的继承人是否承担了具体的赡养义务来判断。如果被继承人有独立的生活能力，尽管继承人不尽扶养义务不合法，被继承人可以起诉继承人，但是不赡养或者扶养本身并不能说明遗弃被继承人，尚需要与其他要件结合才能判断是否构成遗弃。第二，继承人有能力尽扶养义务而拒不履行扶养义务。如果继承人本身也属于没有独立生活能力的人，其不尽扶养义务的原因是其能力不足而不是主观上不履行，则其不履行扶养义务，不能构成遗弃。

遗弃行为是一种置被继承人于危险境地而不管不顾的严重的不道德行为、违法行为，不限于积极的行为，消极的不作为也可构成。例如，父母将年幼的子女弃置于路旁或者其他地方；父或母在子女年幼生活不能自理需要照顾时离家出走；或者子女对其年老生活不能自理的父母置之不理，均可构成遗弃。另外，如果继承人不仅不抚养，而且性质更为恶劣，比如出卖子女等，或者私自送养导致子女身心健康受到严重损害，或者具有其他恶劣情节，也应认定为遗弃。

对于情节严重的认定，根据司法实践主要有以下情形：对被害人长期不予照顾、不提供生活来源；驱赶、逼迫被害人离家，致使被害人流离失所或者生存困难；遗弃患严重疾病或者生活不能自理的被害人；遗弃致使被害人身体严重损害或者造成其他严重后果等情形，属于《刑法》第 261 条规定的遗弃的

“情节恶劣”，应当依法以遗弃罪定罪处罚。这些更应成为继承权丧失中“遗弃”的判断标准。

如果继承人为了逃避扶养义务，并不希望或者放任被害人死亡，将生活不能自理的被害人弃置在福利院、医院、派出所等单位或者广场、车站等行人较多的场所，希望被害人得到他人救助的，一般也构成遗弃。如果继承人不履行必要的扶养义务，致使被继承人因缺乏生活照料而死亡，或者将生活不能自理的被继承人带至荒山野岭等人迹罕至的场所扔弃，使被害人难以得到他人救助的，应属于故意杀人，而不能仅作为遗弃对待。但是，对于由于家庭矛盾或被继承人的误解所引起的关系冷淡、联系不密切，继承人较长时间不去看望被继承人，一般不能认定为继承人遗弃被继承人。继承人遗弃被继承人的，均丧失继承权，而不问其是否被追究刑事责任。但是，继承人遗弃被继承人以后确有悔改表现，而且被继承人生前又表示宽恕的，可不确认其丧失继承权。

虐待被继承人，是指继承人对被继承人以各种手段进行身体上或者精神上的摧残、折磨。例如，对被继承人经常进行打骂，迫使其从事无力从事的劳动，限制其人身自由等。虐待行为与遗弃行为的后果不同。继承人有虐待被继承人的行为，并不立即丧失继承权；只有虐待情节严重的，才丧失继承权。因此，判断继承人虐待被继承人的行为是否属于情节严重，是认定继承人是否丧失继承权的关键。《执行〈继承法〉的意见》第 10 条第 1 款规定，继承人虐待被继承人情节是否严重，可以从实施虐待行为的时间、手段、后果和社会影响等方面认定。我国《刑法》第 260 条规定，虐待家庭成员，情节恶劣的，处二年以下有期徒刑、拘役或者管制。犯前款罪，致使被害人重伤、死亡的，处二年以上七年以下有期徒刑。第一款罪，告诉的才处理，但被害人没有能力告诉，或者因受到强制、威吓无法告诉的除外。第 260 条之一规定，对未成年人、老年人、患病的人、残疾人等负有监护、看护职责的人虐待被监护、看护的人，情节恶劣的，处三年以下有期徒刑或者拘役。单位犯前款罪的，对单位判处罚金，并对其直接负责的主管人员和其他直接责任人员，依照前款的规定处罚。有第一款行为，同时构成其他犯罪的，依照处罚较重的规定定罪处罚。因此，继承人虐待被继承人，情节严重的，构成虐待罪。而且虐待罪分为虐待罪和虐待被监护、看护人罪，并且规定了不同的处罚标准。虽然我们在此并不深究虐待罪的类型，但是从刑法的分类可以看出，虐待未成年人、老年人、患病的人、残疾人等主体与虐待其他家庭成员量刑不同，从而可以发现法律对其危害性程度的界定不同，这也需要在虐待被继承人情节严重的判断上有所区别，应该仿效《刑法》第 261 条和第 260 条之一的规定，根据被继承人的不同种类，分别设置不同的标准，来认定继承人丧失继承权。当然，只要继承人虐待被继承人情节严重，即使其行为不构成犯罪，没有被追究刑事责任，也不妨碍其丧失继承权。

根据我国司法实践，虐待持续时间较长、次数较多；虐待手段残忍；虐待造成被害人轻微伤或者患较严重疾病；对未成年人、老年人、残疾人、孕妇、哺乳期妇女、重病患者实施较为严重的虐待行为等情形，属于《刑法》第 260 条第 1 款规定的虐待“情节恶劣”，自然属于继承法继承权丧失的情形。

（四）伪造、篡改、隐匿或者销毁遗嘱，情节严重

遗嘱是指自然人在生前作出，在死亡后发生法律效力的单方民事法律行为，其内容主要是对自己的财产进行处分，并安排与此有关的事务。自然人享有设立遗嘱的自由，而遗嘱是遗嘱人的亲身行为，任何人不能代替被继承人设立遗嘱，也不能非法侵害被继承人的遗嘱自由。被继承人的合法遗嘱受法律的保护，伪造、篡改、隐匿或者销毁被继承人遗嘱的行为，都属于违法行为。下面分别针对这四类违法行为进行论述。

伪造遗嘱，是指被继承人生前根本未设立遗嘱，继承人以被继承人的名义制作假遗嘱。因为伪造的遗嘱不是被继承人生前真实的意思表示，完全无法体现被继承人生前的意志，所以伪造的遗嘱无效。但是继承人伪造遗嘱，可能损害其他继承人的利益，所以必须对这一行为进行处罚。继承人伪造遗嘱的目的一般是多得或独吞遗产，但继承人制作虚假遗嘱的动机或目的，并不是构成伪造遗嘱的要件，我国《继承法》及《民法典》都没有在继承人伪造遗嘱丧失继承权的规定中，要求动机或者目的这一要件。伪造遗嘱存在两种情形：第一，被继承人没有设立遗嘱，而继承人制作一份假遗嘱。第二，被继承人立有遗嘱，但是继承人将被继承人的遗嘱隐藏，而由自己制作一份假的遗嘱。在第二种情形下，继承人的行为既属于伪造遗嘱的行为，又属于隐匿遗嘱的行为。

篡改遗嘱，是指继承人改变被继承人所立遗嘱的内容。这种行为改变了被继承人生前的意志，限制了被继承人生前对其合法财产的处分，这一行为的实质是在明知的情况下利用假遗嘱。尽管继承人篡改遗嘱是为了使自己从中获得超过原来遗嘱所规定的利益，但从法律规定来看，只要继承人有改变被继承人

所立遗嘱的行为，无论改变的内容是对改变人有利或者不利，均不过问，不影响对继承人篡改遗嘱行为的定性。

隐匿遗嘱，是指继承人将被继承人所立的遗嘱隐藏起来，不被他人发现。这种行为虽然并没有使被继承人的遗嘱消失，但是因其隐藏行为可能导致被继承人死后遗产不按照遗嘱继承。对于被继承人的行为，法律也不考虑其隐匿或者隐藏遗嘱是为了自己多分遗产还是具有其他目的，只要其有隐匿遗嘱的行为，就符合这一行为。继承人虽然有隐匿行为，但是在遗产分割之前主动将隐匿的遗嘱交给遗产管理人，虽有隐匿行为，并不影响其继承权。

销毁遗嘱，是指继承人故意将被继承人所立的遗嘱完全破坏、毁灭。这是一种完全否定被继承人生前意愿的行为，是对被继承人生前对其财产处分权的一种剥夺。与前面的论述一样，只要继承人具有销毁遗嘱的行为，就满足这一要件。

但是需要提醒的是，如果继承人伪造、篡改、隐匿或者销毁的遗嘱，是遗嘱人已经撤销或无效的遗嘱，应认为继承人不丧失继承权。如遗嘱人生前所立的遗嘱，因不具备法定形式而归于无效，继承人改变遗嘱形式而使其形式上符合法律对遗嘱的规范，因继承人实施的行为符合被继承人真实的意思表示，这一行为也不应认定为构成继承权丧失的事由。另外，继承人伪造、篡改、隐匿或者销毁被继承人的遗嘱，主观要件是这类行为中继承人必须具有故意。如果继承人因为过失行为致使被继承人的遗嘱毁损灭失的，不能认定继承人的行为属于销毁遗嘱，其不应丧失继承权。①

《继承法》规定，继承人伪造、篡改或者销毁被继承人的遗嘱，情节严重的，才丧失继承权。《民法典》沿袭了这一规定，而对于情节严重的判断，可以参照《执行〈继承法〉的意见》第 14 条规定的“继承人伪造、篡改或者销毁遗嘱，侵害了缺乏劳动能力又无生活来源的继承人的利益，并造成其生活困难的，应认定其行为情节严重”。因此，如果继承人伪造、篡改、隐匿或者销毁被继承人的遗嘱，并未侵害缺乏劳动能力又没有生活来源的继承人的利益或者虽侵害其利益但未造成其生活困难的，则不丧失继承权。

---

① 翟云岭、刘耀东：《论继承权丧失制度——以我国〈继承法〉第 7 条的修改为中心》，《北方法学》2012 年第 5 期，第 76－86 页。

（五）以欺诈或者胁迫的手段，迫使或者妨碍被继承人设立、变更或者撤回遗嘱，情节严重的

我国《继承法》仅在第22条第2款规定，遗嘱必须表示遗嘱人的真实意思，受胁迫、欺骗所立的遗嘱无效。但是并没有将其作为丧失继承权的事由予以规定。而遗嘱的效力与继承权丧失属于截然不同的两个问题，对于欺诈或者胁迫被继承人设立、变更或者撤回遗嘱的问题并没有予以规范，《民法典》弥补了这一缺陷。欺诈被继承人设立、变更或者撤回遗嘱，是指继承人故意告知被继承人虚假情况或者故意隐瞒真实情况，诱使被继承人作出违背其真实意愿设立、变更或者撤回遗嘱的行为；胁迫是指继承人以给被继承人或其亲友的生命健康、荣誉、名誉、财产等造成损失为要挟，迫使被继承人作出违背其真实意思设立、变更或者撤回遗嘱的行为。设立遗嘱的权利是被继承人的基本权利和自由，受法律保护。以欺诈或者胁迫的手段，迫使或者妨碍被继承人设立、变更或者撤回遗嘱，严重侵犯了被继承人的遗嘱自由，使被继承人所立遗嘱违背其真实意思，但是继承人存在这一行为时并不当然丧失继承权，而是需要考虑具体情节，情节严重的，才丧失继承权。

应该注意的是，该条款中的“遗嘱”应理解为有效遗嘱，即继承人以欺诈、胁迫手段迫使、妨碍被继承人订立、撤回或变更的遗嘱仅限于有效遗嘱。如果其为无效的遗嘱，例如被继承人为无行为能力人或限制行为能力人，超出其行为能力所立的遗嘱或者其他违反法律法规强制性规定订立的遗嘱，即使继承人存在欺诈或胁迫的行为，也不丧失继承权。此外，继承人以欺诈或胁迫手段迫使、妨碍被继承人订立、撤回或变更遗嘱的行为，并不以自己图利为要件。

三、继承权的丧失及恢复

对于继承权的丧失，存在不同的分类。根据继承权丧失后能否得以恢复，可以将继承权的丧失分为继承权的绝对丧失和相对丧失。

（一）继承权的绝对丧失

继承权的绝对丧失，是指因发生某种使某继承人丧失继承权的法定事由时，该继承人对特定被继承人的继承权终局地丧失。继承权的绝对丧失，是不可改变的，不能依被继承人宽恕而恢复。

我国《继承法》并未规定可导致继承权绝对丧失的事由，不过根据《执行〈继承法〉的意见》第13条的规定，可以推定因故意杀害被继承人、为争夺遗

产而杀害其他继承人及因伪造、篡改或者销毁被继承人的遗嘱，情节严重丧失继承权的，都属于继承权的绝对丧失。但是这一规定并没有被《民法典》完全吸收。《民法典》仅仅规定故意杀害被继承人、为争夺遗产杀害其他继承人属于继承权的绝对丧失。

（二）继承权的相对丧失及恢复

继承权的相对丧失，是指继承人的继承权虽因发生某种法定事由丧失，但事后因继承人具有悔改表现，且被继承人表示宽恕或者事后将其列为继承人，该继承人就不再丧失继承权。法律规定继承权的相对丧失，并不是为了继承人的利益，而是为了尊重被继承人的意愿，促使继承人改恶从善，贯彻养老育幼的原则，所以法律规定了继承权的相对丧失及恢复。

1. 继承权相对丧失的情形

《执行〈继承法〉的意见》第13条规定，遗弃被继承人或者虐待被继承人情节严重的，继承人丧失继承权。但是如果继承人其后确有悔改的表现，而被继承人生前又表示宽恕的，可不确认继承人丧失继承权。因此，因遗弃被继承人或者虐待被继承人情节严重而丧失继承权的，即属于继承权的相对丧失。这一规定被《民法典》所吸收，但除了被继承人宽恕外，被继承人在事后将该继承人列为继承人，该继承人也不丧失继承权。另外，对于恢复继承权的事由，《民法典》增加了伪造、篡改、隐匿或者销毁遗嘱和以欺诈、胁迫手段迫使或者妨碍被继承人设立、变更或者撤回遗嘱等两大类型。对此三种情形下丧失继承权的继承人，确有悔改表现，在被继承人表示宽恕或者事后在遗嘱中将其列为继承人，则该继承人不丧失继承权。

2. 恢复的方式

我国《民法典》规定可以通过生前行为表示宽恕和以遗嘱表示宽恕。但对于宽恕的方式，法律并不限制，既包括以口头、文字等明示方式，也包括被继承人与继承人共同生活、接受扶养等默示方式。

四、受遗赠人受遗赠权的丧失

该条第3款规定，受遗赠人有本条第1款规定行为的，丧失受遗赠权。这说明受遗赠人具有本条第1款的行为时，也同样丧失受遗赠权。这一规定与我国台湾地区“民法”的规定基本相同，我国台湾地区“民法”规定，丧失继承权的规定准用于受遗赠人。但是被继承人对继承人宽恕的规范，是否适用于受遗赠人，其并没有作出规定。此外，因为这一条款仅仅规定的是继承权或者受遗赠权的丧失，如果被继承人在生前对继承人或者受遗赠人进行赠与，则除非存在无效的理由，否则不能否定赠与的效力。因此，即使我们否认受遗赠人不在宽恕之列，亦不能阻止被继承人生前对其的赠与，所以将其解释为可以宽恕，不仅符合被继承人的生前意思，也能较好地满足当事人的利益安排，使得被继承人不至于仅能在生前安排自己的财产，而在自己死后，生前对自己财产的处分将遭到法律的否定。

五、继承权丧失的效力

继承权丧失的效力是指继承权丧失引致的法律后果。继承权丧失的事由既可能发生在继承开始前，比如继承人故意杀害、遗弃、虐待被继承人，情节严重等，又可能发生在继承开始后，如继承人伪造、篡改、隐匿或者销毁遗嘱，情节严重的。但是无论继承权丧失的事由发生在继承开始前，还是继承开始后，因为继承权的丧失是继承人失去继承的资格，丧失的是继承期待权，所以继承权丧失的效力应从继承开始之时发生。

继承权的丧失因法定事由的发生当然发生丧失继承权的效力，并不以人民法院宣告为必要。因此，即使继承权丧失由人民法院确认，则人民法院对继承人继承权丧失的确认，也应溯及至继承开始之时。因为继承人丧失继承权，是丧失其继承权的资格，所以即使继承人在确认其丧失继承权前已经占有了遗产，其也应依不当得利的规定将该遗产予以返还。如果丧失继承权的继承人已经交易该遗产，第三人已经善意取得遗产，则只能要求该继承人返还不当得利，赔偿损失。如果第三人并非善意取得，比如属于无偿取得财产，或者其在取得财产时有恶意，则其他继承人可向第三人主张继承物的返还请求权，第三人应当返还。

继承人继承权的丧失，仅仅是指继承人对某特定被继承人继承权的丧失，而不是宽泛地指继承人对所有人继承权的丧失，继承人仅是丧失了对该被继承人的继承权，对于其他被继承人的继承权并没有丧失。例如，杀害自己子女的继承人虽然对于其子女的遗产丧失继承权，但是对于继承人父母的遗产，依然具有继承权。[①] 继承权的丧失对继承人的晚辈直系血亲是否产生影响，各国法

---

① 史尚宽：《继承法论》，中国政法大学出版社2000年版，第109页。

律对此规定并不相同。有两种相反的立法例：一种立法例规定，继承权的丧失对继承人的晚辈直系血亲不发生效力，继承人丧失继承权，其晚辈直系血亲仍然可以代位继承，如德国、瑞士、日本等国采此立法例；另一种立法例规定，继承人丧失继承权的，其晚辈直系血亲也不得代位继承，如法国民法典。我国《继承法》并未规定继承人丧失继承权时，其晚辈直系血亲可否代位继承。《执行〈继承法〉的意见》第28条规定，继承人丧失继承权的，其晚辈直系血亲不得代位继承。依此可见，我国继承法采取了第二种立法例，继承权丧失的，对继承人的晚辈直系血亲发生效力，其不得代位继承。虽然《民法典》没有对此进行规范，也应作同一解释，才符合法律规范稳定性的原则。但是继承权的丧失并不影响其他继承人的权利。继承人丧失继承权的，则其应继份额，无论是法定应继份额还是遗嘱应继份额都转归同顺序的或后顺序的法定继承人享有。而遗嘱继承人因为在遗嘱确定了其应继份额，则该部分遗产不受其他继承人丧失继承权的影响。另外，对于其他继承人丧失继承权的遗产，该遗嘱继承人还可以获得相应的份额。

法条关联

◆《民法典》

第一千零四十二条　禁止包办、买卖婚姻和其他干涉婚姻自由的行为。禁止借婚姻索取财物。

禁止重婚。禁止有配偶者与他人同居。

禁止家庭暴力。禁止家庭成员间的虐待和遗弃。

第一千零七十二条　继父母与继子女间，不得虐待或者歧视。

继父或者继母和受其抚养教育的继子女间的权利义务关系，适用本法关于父母子女关系的规定。

第一千一百一十四条　收养人在被收养人成年以前，不得解除收养关系，但是收养人、送养人双方协议解除的除外。养子女八周岁以上的，应当征得本人同意。

收养人不履行抚养义务，有虐待、遗弃等侵害未成年养子女合法权益行为的，送养人有权要求解除养父母与养子女间的收养关系。送养人、收养人不能达成解除收养关系协议的，可以向人民法院提起诉讼。

第一千一百一十八条 收养关系解除后，经养父母抚养的成年养子女，对缺乏劳动能力又缺乏生活来源的养父母，应当给付生活费。因养子女成年后虐待、遗弃养父母而解除收养关系的，养父母可以要求养子女补偿收养期间支出的抚养费。

生父母要求解除收养关系的，养父母可以要求生父母适当补偿收养期间支出的抚养费；但是，因养父母虐待、遗弃养子女而解除收养关系的除外。

◆**《最高人民法院关于贯彻执行〈中华人民共和国继承法〉若干问题的意见》**

10. 继承人虐待被继承人情节是否严重，可以从实施虐待行为的时间、手段、后果和社会影响等方面认定。

虐待被继承人情节严重的，不论是否追究刑事责任，均可确认其丧失继承权。

11. 继承人故意杀害被继承人的，不论是既遂还是未遂，均应确认其丧失继承权。

12. 继承人有继承法第七条第（一）项或第（二）项所列之行为，而被继承人以遗嘱将遗产指定由该继承人继承的，可确认遗嘱无效，并按继承法第七条的规定处理。

14. 继承人伪造、篡改或者销毁遗嘱，侵害了缺乏劳动能力又无生活来源的继承人的利益，并造成其生活困难的，应认定其行为情节严重。

28. 继承人丧失继承权的，其晚辈直系血亲不得代位继承。如该代位继承人缺乏劳动能力又没有生活来源，或对被继承人尽赡养义务较多的，可适当分给遗产。

◆**《刑法》**

第二百六十条 【虐待罪】

虐待家庭成员，情节恶劣的，处二年以下有期徒刑、拘役或者管制。

犯前款罪，致使被害人重伤、死亡的，处二年以上七年以下有期徒刑。

第一款罪，告诉的才处理，但被害人没有能力告诉，或者因受到强制、威吓无法告诉的除外。

第二百六十条之一 【虐待被监护、看护人罪】

对未成年人、老年人、患病的人、残疾人等负有监护、看护职责的人虐待被监护、看护的人，情节恶劣的，处三年以下有期徒刑或者拘役。

单位犯前款罪的，对单位判处罚金，并对其直接负责的主管人员和其他直接责任人员，依照前款的规定处罚。

有第一款行为，同时构成其他犯罪的，依照处罚较重的规定定罪处罚。

第二百六十一条　【遗弃罪】

对于年老、年幼、患病或者其他没有独立生活能力的人，负有扶养义务而拒绝扶养，情节恶劣的，处五年以下有期徒刑、拘役或者管制。

◆《最高人民法院关于印发〈全国法院维护农村稳定刑事审判工作座谈会纪要〉的通知》

（六）关于拐卖妇女、儿童犯罪案件

要从严惩处拐卖妇女、儿童犯罪团伙的首要分子和以拐卖妇女、儿童为常业的“人贩子”。

要严格把握此类案件罪与非罪的界限。对于买卖至亲的案件，要区别对待：以贩卖牟利为目的“收养”子女的，应以拐卖儿童罪处理；对那些迫于生活困难、受重男轻女思想影响而出卖亲生子女或收养子女的，可不作为犯罪处理；对于出卖子女确属情节恶劣的，可按遗弃罪处罚；对于那些确属介绍婚姻，且被介绍的男女双方相互了解对方的基本情况，或者确属介绍收养，并经被收养人父母同意的，尽管介绍的人数较多，从中收取财物较多，也不应作犯罪处理。

◆《最高人民法院、最高人民检察院、公安部、司法部印发〈关于依法惩治拐卖妇女儿童犯罪的意见〉的通知》

16. 以非法获利为目的，出卖亲生子女的，应当以拐卖妇女、儿童罪论处。

17. 要严格区分借送养之名出卖亲生子女与民间送养行为的界限。区分的关键在于行为人是否具有非法获利的目的。应当通过审查将子女“送”人的背景和原因、有无收取钱财及收取钱财的多少、对方是否具有抚养目的及有无抚养能力等事实，综合判断行为人是否具有非法获利的目的。

具有下列情形之一的，可以认定属于出卖亲生子女，应当以拐卖妇女、儿童罪论处：

（1）将生育作为非法获利手段，生育后即出卖子女的；

（2）明知对方不具有抚养目的，或者根本不考虑对方是否具有抚养目的，为收取钱财将子女“送”给他人的；

（3）为收取明显不属于“营养费”、“感谢费”的巨额钱财将子女“送”给他人的；

（4）其他足以反映行为人具有非法获利目的的“送养”行为的。

不是出于非法获利目的，而是迫于生活困难，或者受重男轻女思想影响，私自将没有独立生活能力的子女送给他人抚养，包括收取少量“营养费”、“感谢费”的，属于民间送养行为，不能以拐卖妇女、儿童罪论处。对私自送养导致子女身心健康受到严重损害，或者具有其他恶劣情节，符合遗弃罪特征的，可以遗弃罪论处；情节显著轻微危害不大的，可由公安机关依法予以行政处罚。

◆《最高人民法院、最高人民检察院、公安部、司法部印发〈关于依法办理家庭暴力犯罪案件〉的意见的通知》

17. 依法惩处虐待犯罪。采取殴打、冻饿、强迫过度劳动、限制人身自由、恐吓、侮辱、谩骂等手段，对家庭成员的身体和精神进行摧残、折磨，是实践中较为多发的虐待性质的家庭暴力。根据司法实践，具有虐待持续时间较长、次数较多；虐待手段残忍；虐待造成被害人轻微伤或者患较严重疾病；对未成年人、老年人、残疾人、孕妇、哺乳期妇女、重病患者实施较为严重的虐待行为等情形，属于刑法第二百六十条第一款规定的虐待“情节恶劣”，应当依法以虐待罪定罪处罚。

准确区分虐待犯罪致人重伤、死亡与故意伤害、故意杀人犯罪致人重伤、死亡的界限，要根据被告人的主观故意、所实施的暴力手段与方式、是否立即或者直接造成被害人伤亡后果等进行综合判断。对于被告人主观上不具有侵害被害人健康或者剥夺被害人生命的故意，而是出于追求被害人肉体和精神上的痛苦，长期或者多次实施虐待行为，逐渐造成被害人身体损害，过失导致被害人重伤或者死亡的；或者因虐待致使被害人不堪忍受而自残、自杀，导致重伤或者死亡的，属于刑法第二百六十条第二款规定的虐待“致使被害人重伤、死亡”，应当以虐待罪定罪处罚。对于被告人虽然实施家庭暴力呈现出经常性、持续性、反复性的特点，但其主观上具有希望或者放任被害人重伤或者死亡的故意，持凶器实施暴力，暴力手段残忍，暴力程度较强，直接或者立即造成被害人重伤或者死亡的，应当以故意伤害罪或者故意杀人罪定罪处罚。

依法惩处遗弃犯罪。负有扶养义务且有扶养能力的人，拒绝扶养年幼、年老、患病或者其他没有独立生活能力的家庭成员，是危害严重的遗弃性质的家庭暴力。根据司法实践，具有对被害人长期不予照顾、不提供生活来源；驱赶、逼迫被害人离家，致使被害人流离失所或者生存困难；遗弃患严重疾病或者生活不能自理的被害人；遗弃致使被害人身体严重损害或者造成其他严重后果等情形，属于刑法第二百六十一条规定的遗弃“情节恶劣”，应当依法以遗弃罪定罪处罚。

准确区分遗弃罪与故意杀人罪的界限，要根据被告人的主观故意、所实施行为的时间与地点、是否立即造成被害人死亡，以及被害人对被告人的依赖程度等进行综合判断。对于只是为了逃避扶养义务，并不希望或者放任被害人死亡，将生活不能自理的被害人弃置在福利院、医院、派出所等单位或者广场、车站等行人较多的场所，希望被害人得到他人救助的，一般以遗弃罪定罪处罚。对于希望或者放任被害人死亡，不履行必要的扶养义务，致使被害人因缺乏生活照料而死亡，或者将生活不能自理的被害人带至荒山野岭等人迹罕至的场所扔弃，使被害人难以得到他人救助的，应当以故意杀人罪定罪处罚。

◆《保险法》

第四十三条　投保人故意造成被保险人死亡、伤残或者疾病的，保险人不承担给付保险金的责任。投保人已交足二年以上保险费的，保险人应当按照合同约定向其他权利人退还保险单的现金价值。

受益人故意造成被保险人死亡、伤残、疾病的，或者故意杀害被保险人未遂的，该受益人丧失受益权。

◆《人口与计划生育法》

第二十二条　禁止歧视、虐待生育女婴的妇女和不育的妇女。

禁止歧视、虐待、遗弃女婴。

◆《未成年人保护法》

第十条　父母或者其他监护人应当创造良好、和睦的家庭环境，依法履行对未成年人的监护职责和抚养义务。

禁止对未成年人实施家庭暴力，禁止虐待、遗弃未成年人，禁止溺婴和其他残害婴儿的行为，不得歧视女性未成年人或者有残疾的未成年人。

◆《妇女权益保障法》

第二条　妇女在政治的、经济的、文化的、社会的和家庭的生活等各方面享有同男子平等的权利。

实行男女平等是国家的基本国策。国家采取必要措施，逐步完善保障妇女权益的各项制度，消除对妇女一切形式的歧视。

国家保护妇女依法享有的特殊权益。

禁止歧视、虐待、遗弃、残害妇女。

第三十八条 妇女的生命健康权不受侵犯。禁止溺、弃、残害女婴；禁止歧视、虐待生育女婴的妇女和不育的妇女；禁止用迷信、暴力等手段残害妇女；禁止虐待、遗弃病、残妇女和老年妇女。

◆《老年人权益保障法》

第三条 国家保障老年人依法享有的权益。

老年人有从国家和社会获得物质帮助的权利，有享受社会服务和社会优待的权利，有参与社会发展和共享发展成果的权利。

禁止歧视、侮辱、虐待或者遗弃老年人。

第三十一条 国家对经济困难的老年人给予基本生活、医疗、居住或者其他救助。

老年人无劳动能力、无生活来源、无赡养人和扶养人，或者其赡养人和扶养人确无赡养能力或者扶养能力的，由地方各级人民政府依照有关规定给予供养或者救助。

对流浪乞讨、遭受遗弃等生活无着的老年人，由地方各级人民政府依照有关规定给予救助。

◆《精神卫生法》

第九条 精神障碍患者的监护人应当履行监护职责，维护精神障碍患者的合法权益。

禁止对精神障碍患者实施家庭暴力，禁止遗弃精神障碍患者。

◆《预防未成年人犯罪法》

第四十一条 被父母或者其他监护人遗弃、虐待的未成年人，有权向公安机关、民政部门、共产主义青年团、妇女联合会、未成年人保护组织或者学校、城市居民委员会、农村村民委员会请求保护。被请求的上述部门和组织都应当接受，根据情况需要采取救助措施的，应当先采取救助措施。

◆《残疾人保障法》

第九条 残疾人的扶养人必须对残疾人履行扶养义务。

残疾人的监护人必须履行监护职责，尊重被监护人的意愿，维护被监护人的合法权益。

残疾人的亲属、监护人应当鼓励和帮助残疾人增强自立能力。

禁止对残疾人实施家庭暴力，禁止虐待、遗弃残疾人。

◆《治安管理处罚法》

第四十五条　有下列行为之一的，处五日以下拘留或者警告：

（一）虐待家庭成员，被虐待人要求处理的；

（二）遗弃没有独立生活能力的被扶养人的。

案例评议

一、原告王某丽、王某祥、王某梅诉被告沈某1、沈某2继承纠纷案[①]

◆ **裁判规则**

继承人故意杀害被继承人的，丧失继承权。公安机关出具《侦查意见书》，认定继承人具有杀害被继承人的行为，其丧失对被继承人的继承权。

◆ **评议**

继承人杀害被继承人的，丧失继承权。这一规定本身及其含义在本案中并没有引起争议。存在争议的是，认定继承人杀害被继承人的证据是否充分？在此类案件中，大多数继承人杀害被继承人，触犯故意杀人罪，均有受到处刑的确定判决。这种情况下，继承人丧失继承权，案件的当事人并没有争议。本案中继承人因为自杀，没有受到处刑判决，其是否丧失继承权就引起了争议。

在我国，继承人杀害被继承人属于继承权丧失的绝对丧失事由；而且在《执行〈继承法〉的意见》第11条中强调，继承人杀害被继承人，无论既遂还是未遂，均丧失继承权。这一认识符合罗马法及日耳曼古法中“染血之手不能取得遗产”的原则。但是需要注意的是，我国这一条款并不像其他国家或者地区的规定一样，强调继承人故意致被继承人死亡或者虽未致死但应受刑罚之宣告。因此，在解释上自不应直接遵循其他国家或者地区的解释，强调继承人必须因该行为而被处刑。具体到本案中，根据晋宁区公安局出具的《侦查意见书》，我们可以确定，继承人实施了杀害被继承人的行为，而且导致了被继承人死亡。而继承人未受刑罚宣告的原因是其在实施杀害被继承人的行为后，选择

---

① 昆明市晋宁区人民法院（2017）云0122民初1306号。

了自杀。根据《刑事诉讼法》第16条第（5）项，犯罪嫌疑人、被告人死亡的不追究刑事责任，已经追究的，应当撤销案件，或者不起诉，或者终止审理，或者宣告无罪。所以公安机关出具了侦查意见书，撤销了该案。但是在这种情况下，如果依然解释为继承人可以继承被继承人的遗产，不仅违背了“染血之手不能取得遗产”的原则，而且对被继承人显然不公平。我国继承权的丧失将导致代位继承人继承权的丧失，所以两被告也丧失继承权。

二、周某丙与姜某甲法定继承纠纷案①

◆ 裁判规则

继承人虐待被继承人情节严重的，或者遗弃被继承人的，如以后确有悔改表现，而且被虐待人、被遗弃人生前表示宽恕的，可不确认其丧失继承权。

◆ 评议

本案中涉及两个争议问题，分别是遗产范围的确定和离婚后未与子女生活的父或者母的继承权。

第一，遗产范围与债务清偿

本案涉及被继承人生前债务尚未清偿时，如何确定遗产范围的问题。按照《继承法》第33条的规定，继承遗产应当清偿被继承人依法应当缴纳的税款和债务，缴纳税款和清偿债务以他的遗产实际价值为限。超过遗产实际价值部分，继承人自愿偿还的不在此限。继承人放弃继承的，对被继承人依法应当缴纳的税款和债务可以不负偿还责任。因为本案的原告主张继承遗产，所以应当清偿被继承人依法应当偿还的债务。本案的遗产属于夫妻贷款购买，所以债务也应该由夫妻共同偿还。具体而言，被继承人周某凤、戴某乙夫妇于1996年5月3日向银行贷款，周某凤于1997年3月7日死亡，而戴某乙在1997年4月30日归还借款的本息。该笔债务发生于戴某乙、周某凤夫妻关系存续期间，应作为两者的共同债务，被继承人周某凤应承担二分之一的债务，戴某乙归还借款本息共计45741.32元，被继承人周某凤应承担的债务为22870.66元。因为该笔债务偿还是在周某凤死亡之后进行的，所以被继承人周某凤承担的债务份额应从其遗产内先予清偿。

---

① 江山市人民法院（2013）衢江民再字第1号。

第二，离婚后未与子女生活的父或者母的继承权

夫妻在子女年幼时离婚，受伤害最大的是未成年子女。但是当夫妻确实无法共同生活，不得不离婚，离婚之时未成年子女也只能跟随父母一方生活时，势必产生一个问题：未与未成年子女共同生活的父或者母是否享有继承权？对这一问题的判断，实际的判断标准是其是否存在丧失继承权的行为。而最容易引起争议的是是否构成对其子女的遗弃？需要明确的是，不能仅仅把未与未成年子女共同生活本身认定为构成遗弃，因为在离婚时未与一方共同生活是必然的，还需要考虑未共同生活的父或者母是否支付了抚养费，有没有进行过探望或者对其进行过照顾。如果其支付了抚养费用，并对未成年人子女进行了探望或者照顾，则不认作为其遗弃未成年子女。本案中，继承人毛某甲支付过子女抚育费，虽然其没有探望周某凤，但符合20世纪50、60年代的历史背景，不能认定为遗弃。所以其并没有丧失继承权。

三、韩某1与李某、杨某继承纠纷案①

◆ **裁判规则**

继承人伪造、篡改或者销毁遗嘱，情节严重的，丧失继承权。继承人伪造、篡改或者销毁遗嘱，侵害了缺乏劳动能力又无生活来源的继承人的利益，并造成其生活困难的，应认定其行为情节严重。

◆ **评议**

本案中涉及原告伪造遗嘱是否丧失继承权的问题。《继承法》第7条第（4）项规定，继承人伪造、篡改或者销毁遗嘱，情节严重的，丧失继承权。而判断情节是否严重的一个重要标准是，继承人伪造、篡改或者销毁遗嘱是否侵害了缺乏劳动能力又无生活来源的继承人的利益，并造成其生活困难。如果情节严重，法院可以认定其丧失继承权，否则一般被法院认为不属于情节严重，不丧失继承权。但是继承人伪造遗嘱的行为应予以否定评价，对其意图侵吞或争抢遗产的行为应予以惩戒，在分配遗嘱时要酌情减少其应继承的遗产。本案的法院酌定减少了伪造遗嘱的继承人应继承的遗产份额，并将其份额交由其他继承人享有，较为妥当。

---

① 天津市河北区人民法院2018津0105民初516号。

第二章　法定继承

本章概要

法定继承也称无遗嘱继承，是指继承人直接根据法律规定的继承人范围、顺序和遗产分配原则来继承被继承人遗产的继承方式。我国法律在法定继承部分规定了继承人的范围、继承顺序和遗产分配原则。第一顺位的法定继承人不仅包括配偶、子女、父母，还包括对公婆尽了主要赡养义务的丧偶儿媳和对岳父母尽了主要赡养义务的丧偶女婿。为了更好地维护继承人的利益，法律规定了代位继承制度，但是对代位继承的性质并未予以明确，如果采用《执行〈继承法〉的意见》，则为代表权说，但是这一学说饱受批判。① 对于遗产的分配原则，一般采取均等规则，同时考虑到生活有特殊困难又缺乏劳动能力的继承人、对被继承人尽了主要扶养义务或者与被继承人共同生活的继承人，对他们都应当给予照顾或者在分配遗产时给予多分。而对于有扶养能力和有扶养条件的继承人，不尽扶养义务的，则予以惩罚，少分或者不分。酌情分得遗产权的权利人可以分为两类：第一类是对法定继承人以外的依靠被继承人扶养的人，法律不再要求他们缺乏劳动能力又没有生活来源，扩展了此类主体的范围；第二类主体是继承人以外的对被继承人扶养较多的人。对于继承问题的解决，确立了继承人互谅互让、和睦团结的精神。在法定继承中，也体现了尊重继承人意思的原则，这不仅体现在遗产分配中各继承人可以协商确定各自的份额，而且对于遗产分割的时间、办法，也可由继承人协商确定。当然在继承人协商不成时，可以由人民调解委员会调解或者向人民法院提起诉讼。此外，男女两性平等作为一项基本原则也体现在法定继承中。

虽然法定继承作为一项重要的原则，诸多学者提出了扩大继承人的建议，

① 郭明瑞主编：《民法》，高等教育出版社 2003 年版，第 593 页。

但是继承作为一项具有浓厚国情的制度，《民法典》沿袭了《继承法》的规定，只有在代位继承中规定，被继承人的兄弟姐妹先于被继承人死亡的，由被继承人的兄弟姐妹的子女代位继承。这一规定增加了继承人的范围，防止出现无人继承遗产的现象。只是在独生子女制度实施多年后的今天，稍显诧异。总体而言，在法定继承中体现了深深的乡土色彩。

第一千一百二十六条　【男女平等享有继承权】

继承权男女平等。

本条来源

《继承法》第9条规定："继承权男女平等。"

立法演变

《杨稿继承法草案》第2条［继承的原则］中第（2）项也规定了继承权男女平等原则，与《民法典》不同的是，没有放在法定继承部分，而是放在通则部分。《徐稿民法典草案》在法定继承部分确立了包括男女平等在内的原则，该草案第494条［继承人平等原则］规定，法定继承不考虑性别、婚生与否和长子身份。

条文释义

继承权男女平等，是继承权平等原则的核心和基本表现。继承权男女平等，从根本上否定了封建社会等私有制社会中男女不平等的继承制度，是共产党和新中国在遗产继承问题上的一贯政策，也是宪法原则在民法中的具体化，这一规定完全被《民法典》吸收。

继承权男女平等具有多方面的含义，主要表现在以下几方面：第一，遗产继承不分男女，男性与女性具有平等的继承权，性别差异不作为遗产继承的考虑因素；也不考虑女子是否婚嫁。第二，法定继承中，继承人的范围和法定继承的顺序方面，男女相同。在遗产分配中，同一顺序的法定继承人一般均分遗产，不因男女性别的差异而有不同。第三，在代位继承中，男女享有平等的代位继承权。第四，在遗嘱继承中，被继承人无论男女都可以以遗嘱方式处分自己的财产。第五，除了双方另有规定外，夫妻在婚姻存续期间所得的财产为夫妻共同财产，而且夫妻之间有相互继承遗产的权利。考虑到夫妻之间紧密的利害关系，相互继承遗产不仅是男女平等原则的贯彻，而且有利于家庭和谐。而且即使夫妻一方死亡后另一方再婚的，其依然有权处分所继承的财产，对此我国《继承法》第30条和《民法典》第1153条均有明确的规定。第六，丧偶儿媳和丧偶女婿的继承权平等。法律规定，丧偶儿媳对公婆、丧偶女婿对岳父母尽了主要赡养义务的，作为第一顺序继承人。丧偶儿媳和丧偶的上门女婿再婚的，也均有权处分所继承的财产。

法条关联

◆《妇女权益保障法》

第三十四条 妇女享有的与男子平等的财产继承权受法律保护。在同一顺序法定继承人中，不得歧视妇女。

丧偶妇女有权处分继承的财产，任何人不得干涉。

◆《广东省实施〈中华人民共和国妇女权益保障法〉办法》

第二十六条 妇女享有与男子平等的财产继承权。在分配遗产时，同一顺序的法定继承人中，在同等条件下，对生活有特殊困难的缺乏劳动能力的妇女应当给予照顾。

离婚、丧偶妇女有权依法处置本人的合法财产，任何组织和个人不得干涉。

◆《北京市实施〈中华人民共和国妇女权益保障法〉办法》

第二十九条 妇女享有与男子平等的财产继承权。在同一顺序的法定继承人中，不得歧视妇女。对生活有特殊困难的缺乏劳动能力的妇女，分配遗产时，应当依法予以照顾。

丧偶妇女对公、婆尽了主要赡养义务的，作为公、婆的第一顺序法定继承人，其继承权不受子女代位继承的影响。

◆《浙江省实施〈中华人民共和国妇女权益保障法〉办法》

第二十九条 妇女享有与男子平等的财产继承权。在分配遗产时，对生活有特殊困难的缺乏劳动能力的妇女应当予以照顾。

◆《河南省实施〈中华人民共和国妇女权益保障法〉办法》

第二十一条　妇女享有与男子平等的财产继承权。在分配遗产时，对生活有特殊困难的、缺乏劳动能力的妇女应当予以照顾。

任何单位和个人不得剥夺丧偶妇女的财产继承权。

◆《海南省妇女权益保障若干规定》

第二十条　妇女享有与男子平等的财产继承权。在分配遗产时，同一顺序的法定继承人中，在同等条件下，对生活有特殊困难的缺乏劳动能力的妇女应当给予照顾。

◆《阿坝藏族羌族自治州施行〈中华人民共和国继承法〉的变通规定》

第二条　继承坚持男女权利平等、养老育幼、权利义务相一致的原则。

继承人应本着互谅互让、和睦团结的精神，协商处理继承问题。

第六条　丧偶儿媳对公、婆，丧偶女婿对岳父、岳母，尽了主要赡养义务的，作为第一顺序继承人。

孙子女与祖父母，外孙子女与外祖父母，相互尽了主要扶养义务的，互为第一顺序继承人。

第八条　出嫁女儿、上门女婿及另立门户的子女，对生父母的遗产享有继承权；本人放弃继承的，也可以不继承。

第十一条　丧偶儿媳和丧偶的上门女婿再婚的，有权处分所继承的财产，任何人不得干涉。

◆《马边彝族自治县施行〈中华人民共和国继承法〉的补充规定》

第二条　继承坚持男女平等、养老育幼、权利义务相一致的原则。

第八条　丧偶儿媳和丧偶的入赘女婿再婚的，有权处分所继承的遗产，任何人不得干涉。

侄儿女对叔父母尽了扶养义务的，可以分得适当遗产，作为受遗赠人，享有受遗赠的权利。

◆《峨边彝族自治县施行〈中华人民共和国继承法〉的补充规定》

第二条　继承坚持男女权利平等、养老育幼、权利义务相一致的原则。继承人应本着互谅互让、和睦团结的精神，协商处理遗产继承问题。

第五条　丧偶儿媳对公、婆，丧偶女婿对岳父、岳母尽了主要赡养义务的，作为第一顺序继承人。

孙子女与祖父母，外孙子女与外祖父母，相互尽了主要扶养义务的，互相作为第一顺序继承人。

第十条 丧偶儿媳和丧偶的入赘女婿再婚，有权处分所继承的遗产，任何人不得干涉。

案例评议

嫁出去的女儿也有继承权①

◆ **裁判规则**

继承权男女平等，出嫁女也享有继承权。

◆ **评议**

继承权男女平等成为我国继承法的基本原则已经很多年，其内在精神已经扎根到我国的继承实践中。但是在某些偏远地区或者封建思想严重的地区依然否定女性的继承权，本案即属于这一情形。具体而言，本案属于法定继承纠纷，但首先需要分割共有财产，然后分配遗产。涉案房屋属于农村自建房，且建成后未办理产权登记，因此应根据建房申请表确定房屋的权属。本案中，建房选址申请表的建房申请人为蔡老汉夫妇及蔡佩某，这三人应作为共有权人。另外，其女儿蔡佩某已经成年并参加工作，与父母亲在一个家庭中共同生活，其作为建房申请人系讼争楼房的共有权人，依法可享有该房屋的物权权益。而蔡卫某户口当时已在异地，因农村的宅基地只能分配给本村村民，因此蔡卫某不能成为建房申请人。考虑到建房资金和劳务主要来源于蔡老汉夫妇，法院对蔡老汉夫妇适当进行多分，最终确定蔡老汉夫妇各享有35%的份额，蔡佩某享有30%的份额。

因秦某死亡，其第一顺位的继承人为蔡老汉、蔡卫某和蔡佩某。女儿与儿子享有相同的继承权，在没有有效遗嘱的情况下，秦某的财产应该一分为三，由三个第一顺位的继承人继承该房屋的份额。

---

① 李慧、古林：《嫁出去的女儿，泼出去的水？南通一出嫁女状告父兄获房产份额逾四成》，《人民法院报》，https：//www.chinacourt.org/article/detail/2018/01/id/3181920.shtml，最后访问于2020年3月20日。

第一千一百二十七条 【继承人的范围及继承顺序】

遗产按照下列顺序继承：

（一）第一顺序：配偶、子女、父母；

（二）第二顺序：兄弟姐妹、祖父母、外祖父母。

继承开始后，由第一顺序继承人继承，第二顺序继承人不继承；没有第一顺序继承人继承的，由第二顺序继承人继承。

本编所称子女，包括婚生子女、非婚生子女、养子女和有扶养关系的继子女。

本编所称父母，包括生父母、养父母和有扶养关系的继父母。

本编所称兄弟姐妹，包括同父母的兄弟姐妹、同父异母或者同母异父的兄弟姐妹、养兄弟姐妹、有扶养关系的继兄弟姐妹。

本条来源

本条款来源于《继承法》第10条，规定："遗产按照下列顺序继承：第一顺序：配偶、子女、父母。第二顺序：兄弟姐妹、祖父母、外祖父母。继承开始后，由第一顺序继承人继承，第二顺序继承人不继承。没有第一顺序继承人继承的，由第二顺序继承人继承。本法所说的子女，包括婚生子女、非婚生子女、养子女和有扶养关系的继子女。本法所说的父母，包括生父母、养父母和有扶养关系的继父母。本法所说的兄弟姐妹，包括同父母的兄弟姐妹、同父异母或者同母异父的兄弟姐妹、养兄弟姐妹、有扶养关系的继兄弟姐妹。"

从《继承法》第10条的规定来看，《民法典》未作变更。

立法演变

征求意见稿与《民法典》的规定相同。

对于此款，大多数学者提出了较多的建议，总体上是认为目前法定继承人的范围过窄，主张扩展法定继承人的范围。但也有学者认可这一法定继承人范围的规定，比如《徐稿民法典草案》第495条规定的法定继承人的范围和顺位与《继承法》和《民法典》相同。其他学者建议稿或多或少增加了法定继承人的范围，但具体又有所不同。例如，《杨稿继承法草案》第57条［继承顺序］规定，遗产按照下列顺序继承：第一顺序：配偶、子女、父母。第二顺序：孙子女、外孙子女、兄弟姐妹、祖父母、外祖父母。第三顺序：曾祖父母、外曾祖父母、伯、叔、姑、舅、姨、堂兄弟姐妹、表兄弟姐妹、侄子女、甥子女等四代以内的其他直系或者旁系血亲。《王稿民法典草案》第564条［法定继承人］规定，遗产按照下列顺序继承：第一顺序：配偶、子女、父母。第二顺序：兄弟姐妹、祖父母、外祖父母。第三顺序：其他四亲等以内的亲属。《梁稿民法典草案》第1848条［法定继承人及顺序］规定，遗产按照下列顺序继承：第一顺序：配偶、子女、父母。第二顺序：兄弟姐妹、祖父母、外祖父母。第三顺序：四亲等以内的亲属。与《民法典》相比，均增加了第三顺序的继承人，但是用语并不完全相同。

关于顺位在先优先规则，学者建议稿与《民法典》规定相同，但是用语不同。比如《杨稿继承法草案》第58条规定："继承开始后，由前一顺序继承人继承。没有前一顺序继承人继承的，由后一顺序继承人继承。同一顺序继承人有数人时，原则上平均分得遗产，仅有一人时，则由其单独继承。但在第三顺序继承人中，亲等近者优先，只有在前一亲等的继承人死亡、丧失继承权或放弃继承权时，后一亲等的继承人才可以继承被继承人的遗产。"《王稿民法典草案》第568条规定："继承开始后，由第一顺序法定继承人继承，第二顺序法定继承人不得继承。没有第一顺序法定继承人的，或者第一顺序法定继承人放弃继承或丧失继承权的由第二顺序法定继承人继承"。《梁稿民法典草案》第1855条规定："前一顺序继承人优先于后一顺序的继承人继承"。从这三个学者建议稿来看，《王稿民法典草案》与《民法典》更为相似。

对于继承人的解释，《杨稿继承法草案》第59条规定："本法所说的子女，包括婚生子女、非婚生子女、养子女和有扶养关系的继子女。本法所说的父母，包括生父母、养父母和有扶养关系的继父母。本法所说的兄弟姐妹，包括同父母的兄弟姐妹、同父异母或者同母异父的兄弟姐妹、养兄弟姐妹、有扶养关系的继兄弟姐妹。因配偶的过错，被继承人已申请离婚或已经同意离婚，并具备离婚的实质要件的，配偶不属于继承人范围"。与《民法典》相比，《杨稿继承法草案》增加了配偶的解释，对其进行了限制。

《王稿民法典草案》第565条对子女的含义进行了解释，规定："本法所称子女，包括婚生子女、非婚生子女、养子女和有扶养关系的继子女。经夫妻双方协议实施人工生育的，其父母子女间的关系等同婚生父母子女关系。有扶养关系的继子女继承了继父母遗产的，不影响其继承生父母的遗产。养祖父母与养孙子女的关系，视为养父母与养子女关系的，可互为第一顺序继承人。”该条款对子女含义的解释，增加了人工生育子女和养父母与养孙子女的问题，吸收了最高人民法院指导性案例第50号和《继承法》司法解释的规定，更为详尽。《王稿民法典草案》第566条解释了父母的含义，规定本法所说的父母，包括生父母、养父母和有扶养关系的继父母。有扶养关系的继父母继承了继子女遗产的，不影响其继承生子女的遗产。第567条解释了兄弟姐妹的含义，规定本法所说的兄弟姐妹，包括同父母的兄弟姐妹、同父异母或者同母异父的兄弟姐妹、养兄弟姐妹、有扶养关系的继兄弟姐妹。有扶养关系的继兄弟姐妹之间相互继承了遗产的，不影响其继承亲兄弟姐妹的遗产。第571条规定了被收养人对生父母的遗产权利。被收养人对养父母尽了赡养义务，同时又对生父母扶养较多的，而又未获得适当的遗赠的，除了可以作为第一顺序法定继承人继承养父母的遗产外，还可以请求分得生父母的适当遗产。《王稿民法典草案》这些解释分别综合了《执行〈继承法〉的意见》的相关规定，更为全面。

吸收《执行〈继承法〉的意见》的规定，也体现在《梁稿民法典草案》中。该《草案》第1849条［配偶的界定］规定：“本法所称配偶，是指被继承人死亡时与被继承人有合法婚姻关系的人。”第1850条［子女的界定及继承］规定：“本法所称子女，包括婚生子女、非婚生子女、养子女和有扶养关系的继子女。经夫妻双方协议实施人工生育的，其父母子女间的关系等同婚生父母子女关系。有扶养关系的继子女继承了继父母遗产的，不影响其继承生父母的遗产。养祖父母与养孙子女的关系，视为养父母与养子女关系的，可互为第一顺序继承人”。第1851条［父母的界定及继承］规定：“本法所说的父母，包括生父母、养父母和有扶养关系的继父母。有扶养关系的继父母继承了继子女遗产的，不影响其继承生子女的遗产。”第1852条［兄弟姐妹的界定及继承］规定：“本法所说的兄弟姐妹，包括同父母的兄弟姐妹、同父异母或者同母异父的兄弟姐妹、养兄弟姐妹、有扶养关系的继兄弟姐妹。有扶养关系的继兄弟姐妹之间相互继承了遗产的，不影响其继承亲兄弟姐妹的遗产。”

总之，虽然学者提议增加了四亲等以内的亲属作为继承人，但是并没有被

《民法典》接受。学者对于配偶、子女、父母及兄弟姐妹等含义的解释，体现了目前我国《继承法》和《执行〈继承法〉的意见》的规定，也是我国目前司法实践中的实际做法，即使在《民法典》中未予规定，但是对其含义的理解也应该参考学者建议稿的规定。特别是学者对于人工授精孩子的继承权问题的规定，体现了社会的发展趋势。

条文释义

一、法定继承人的范围和继承顺序概述

在法定继承制度中，法定继承人的范围及顺序极为重要，不仅决定了法定继承的进行，也影响着遗嘱继承人的确定，因此科学地确定法定继承人的范围与顺序就具有非常重要的意义。

关于法定继承人的范围及其顺序，不仅各国继承法的规定存在差异，就是同一个国家的不同历史时期也不尽相同，比如我国从宗祧继承向遗产继承转变，继承人的范围就发生了较大的变化。各国立法对法定继承人范围的规范，通常按照亲属厚薄和共同生活关系，以婚姻、血缘和扶养关系为依据来确定。《民法典》也以此确定了我国法定继承人的范围和顺序。

二、法定继承人的范围

法定继承人的范围是指法律规定的在适用法定继承方式下享有继承权的人。法律关于法定继承人范围的规定具有法定性与强行性，只有法律条文明确规定的主体才可以作为法定继承人。我国现行法定继承人的范围具体为：

（一）配偶

配偶，是指合法婚姻关系存续期间一方对另一方的称谓，夫妻互为配偶，即夫以妻为配偶，妻以夫为配偶。在民法典继承编中，配偶特指在继承开始时依然存在合法婚姻关系并且尚生存的配偶，如果在继承开始时，被继承人已经离婚的配偶就不属于法定继承人，不能继承被继承人的遗产。现在各国继承法对配偶的继承权有两种立法例，第一种配偶为当然继承人，但配偶并不是一个固定顺序的继承人，在继承时根据继承法的规定与其他继承人按一定比例获得应继份。德国、瑞士、我国台湾地区采取这一立法例；第二种配偶为固定顺序继承人，民法典采取此立法例，并将配偶规定为第一顺序继承人。配偶是家庭的最基本成员，他们共同生活、互相关心、相互照顾，相互之间具有最为亲密

的关系，当配偶一方死亡时，从家庭经济关系和被继承人的意志方面来看，配偶都应当是第一顺序法定继承人。我国《民法典》第1061条规定，夫妻有相互继承遗产的权利。

作为继承人的配偶，必须在被继承人死亡时与其存在合法的婚姻关系，在被继承人死亡时已经解除婚姻关系的，不能作为被继承人的配偶享有继承权。这意味着，只要在继承开始时属于合法夫妻，之后该配偶再婚，也对遗产的继承不产生影响。但在认定配偶为法定继承人时，应注意以下几点：

1. 我国目前采取登记结婚主义，只要男女双方办理了结婚登记手续，领取了结婚证，即使没有办理酒席，没有在一起共同生活，其中一方死亡，另一方也具有配偶身份，属于法定继承人。

2. 如果男女虽然存在婚姻关系，但是在被继承人死亡时，已经与被继承人解除婚姻的，该配偶不能作为法定继承人。

3. 在离婚诉讼中，如果一方当事人死亡，或法院一审已判决离婚，但判决尚未生效时，即使生存配偶属于提起离婚诉讼的一方，生存配偶也享有继承权，因为此时婚姻关系并未完全解除。

4. 无效婚姻中的夫妻不享有法定继承权。《民法典》第1051条规定，有下列情形之一的，婚姻无效：（1）重婚；（2）有禁止结婚的亲属关系；（3）未到法定婚龄。第1052条第1款规定，因胁迫结婚的，受胁迫的一方可以向人民法院请求撤销婚姻。第1053条第1款规定，一方患有重大疾病的，应当在结婚登记前如实告知另一方；不如实告知的，另一方可以向人民法院请求撤销婚姻。第1054条第1款规定，无效的或者被撤销的婚姻自始没有法律约束力，当事人不具有夫妻的权利和义务。同居期间所得的财产，由当事人协议处理；协议不成的，由人民法院根据照顾无过错方的原则判决……所以，在无效婚姻或者被撤销的婚姻中的配偶相互间不属于法定继承人，如果一方死亡，另一方对其遗产不享有继承权。

5. 对于未按婚姻法的规定办理结婚登记而以夫妻名义共同生活的男女，当一方死亡时，另一方以配偶身份主张享有继承权的，应区别对待。根据《最高人民法院关于适用〈中华人民共和国婚姻法〉若干问题的解释（一）》第5条、第6条的规定，未按婚姻法有关规定办理结婚登记而以夫妻名义共同生活的男女，同居期间一方死亡的，若双方同居关系发生在1994年2月1日民政部《婚姻登记管理条例》公布实施以前，男女双方已经符合结婚实质要件的，按事实婚姻处理，则生存的一方可以配偶身份对另一方的遗产主张继承权；若双方同居关系发生在1994年2月1日民政部《婚姻登记管理条例》公布实施以后，男女双方符合结婚实质要件的，且双方后来补办了结婚登记的，则另一方当然可以配偶身份继承对方的遗产，而未补办结婚登记的，应解除双方的同居关系，另一方对死亡一方的遗产不得以配偶身份主张继承权。

6. 1950年《婚姻法》实施之前，已经形成的重婚、纳妾、一夫多妻、一妻多夫的，在一方死亡时，如果双方之间的婚姻关系没有解除，可以认定生存者与死者具有配偶关系，可以成为法定继承人。

7. 同居生活期间一方死亡，另一方要求继承死者遗产，如认定为事实婚姻关系的，可以配偶身份按继承法的有关规定处理；如认定为非法同居关系，而又符合《民法典》第1131条规定的，可根据相互扶助的具体情况处理。①

（二）子女

子女作为被继承人最亲近的直系亲属，不论是否婚配，不论性别，均属于第一顺序的继承人。父母子女之间存在着最为密切的血缘关系和共同生活关系，父母死亡，子女作为第一顺序继承人顺理成章。因此，各国继承法都无一例外地规定子女为第一顺序法定继承人，但是关于子女范围的界定却并不相同。我国《民法典》第1127条第3款规定，本编所称子女，包括婚生子女、非婚生子女、养子女和有扶养关系的继子女。

1. 婚生子女

婚生子女是指存在合法婚姻关系的男女双方所生育的子女。子女作为法定继承人，享有平等的继承权，不因性别、年龄及婚姻状况而受到影响。因此，不论其随母姓还是随父姓，也不论其婚姻状况属于已婚还是未婚，也不论结婚后是到男方家落户还是到女方家入赘，都有继承父母遗产的权利。子女对父母的继承权，也不因父母婚姻状况的变化而受到影响。父母离婚后，子女无论是否被父或者母抚养，不仅对抚养子女一方的父亲或者母亲享有继承权，对于没有对其进行抚养的父亲或者母亲的遗产依然享有继承权。当然，基于现代各国

---

① 《最高人民法院关于人民法院审理未办结婚登记而以夫妻名义同居生活案件的若干意见》第13条。

继承法律对胎儿在继承中利益的特殊保护，不仅于父母死亡前出生的子女有继承权，而且在父亲死亡前已受孕，在父亲死亡后活着出生的子女也享有继承权。

2. 非婚生子女

非婚生子女是指没有合法婚姻关系的男女生育的子女。子女对父母遗产的继承权，是基于其与父母之间的血缘关系产生的，而不是基于其父母之间的婚姻关系。将父母的过错惩罚在子女身上是很多限制非婚生子女继承权错误做法的根据。因此，虽然在封建社会以及现代的一些西方资本主义国家中，非婚生子女的继承权受到诸多限制，使非婚生子女处于不利地位。但是，笔者认为，非婚生子女是无辜的，对其父母之间两性关系的谴责，不能殃及子女。所以，非婚生子女应当与婚生子女享有同等的继承权。非婚生子女不仅对其生母的遗产享有继承权，而且对其生父的遗产也享有继承权；只要确定了其生父的身份，不论其是否被其生父认领，非婚生子女对其生父的遗产均享有继承权。

3. 养子女

养子女，是指因收养关系的成立而与养父母形成父母子女关系的子女。养子女与养父母之间是一种拟制的血亲关系，随合法收养关系的成立而成立，同时被收养子女与其亲生父母间的关系解除。养子女和生父母间的权利和义务，因收养关系的成立而消除。因此，收养关系一经成立，养子女便具有同婚生子女同等的法律地位，有权继承养父母的遗产。但由于其与亲生父母间的权利义务关系已经解除，在与亲生父母的权利义务关系未恢复前，养子女无权继承生父母的遗产。在实践中，有些收养人与被收养人年龄差距很大，以养祖父母与养孙子女名义生活，但在法律上也应认定二者具有养父母与养子女关系，彼此互为法定继承人。

4. 有扶养关系的继子女

继子女是指配偶的前妻或者前夫所生的子女。继子女与继父母之间经过共同生活，形成抚养和赡养关系的，相互之间能够享有继承权。我国《执行〈继承法〉的意见》第 20 条规定，在旧社会形成的一夫多妻家庭中，子女与生母以外的父亲的其他配偶之间形成扶养关系的，互有继承权。需要注意的，有扶养关系的继子女有双重继承权，既可以继承继父母的遗产，还可以继承其生父母的遗产。

5. 非传统方式生育的子女

随着科技的发展，借助试管婴儿、借腹生子等非传统方式获取后代也成为一种方式。现代医学借助医疗手段，使得人工生育子女成为现实。尽管借腹生子的合法性问题争议极大，但是应按照当事人的意思确定子女的继承权较为合适。

（三）父母

父母作为被继承人最亲近的直系亲属，因父母子女之间具有最直接的血缘关系和最密切的权利义务关系，各国均对其继承权作了规定。比如《民法典》第1070条规定，父母和子女有相互继承遗产的权利。下面分别论述。

1. 生父母

生父母对其亲生子女有继承权，不论该子女的性别、婚否，也不论其是否为婚生子女还是非婚生子女。但亲生子女已被他人收养的，在收养关系解除前，亲生父母不得继承该子女的遗产。在收养关系解除后，如果被收养的子女未与亲生父母恢复法律上的权利义务关系，其亲生父母对该被收养的子女的遗产依然不享有继承权。

2. 养父母

养父母与养子女之间，在收养关系成立后，相互之间产生了法律上父母子女的权利义务关系，即他们之间的权利义务与亲生父母子女间的权利义务关系完全相同。当然，养父母的继承权以收养关系的存在为前提，如果养子女死亡前已经解除收养关系，养父母对其遗产就不再享有继承权。

3. 有抚养关系的继父母

继父母对继子女的遗产享有继承权的前提是双方相互形成扶养关系。只有形成扶养关系的继父母才有继承权。若继父母与继子女实际上形成了扶养教育关系，相互之间就产生法律上的权利义务关系，这种情况下，继父母有权继承继子女的遗产。若继父母与继子女之间只存在名义上的父母子女关系，并未形成实际上的扶养教育关系，则继父母无权继承继子女的遗产。但应注意的是，对继子女形成扶养关系的继父母享有双重继承权，其享有的继承继子女遗产的继承权，并不影响其继承其亲生子女的遗产。

（四）兄弟姐妹

兄弟姐妹是与被继承人血缘关系最近的旁系血亲。兄弟姐妹一般都在家庭中共同生活多年，生活上相互照顾，经济上互相帮助，所以各国基本上都规定兄弟姐妹间有相互继承的权利。我国《继承法》和《民法典》也规定兄弟姐妹相互为第二顺序继承人，并且在《继承法》第10条第5款和《民法典》第1127条都明确规定，本法所说的兄弟姐妹，包括同父母的兄弟姐妹、同父异母或者同母异父的兄弟姐妹、养兄弟姐妹、有扶养关系的继兄弟姐妹。根据这一条款，兄弟姐妹的范围应当界定为：同父母的兄弟姐妹、同父异母或者同母异父的兄弟姐妹、养兄弟姐妹、有扶养关系的继兄弟姐妹。

1. 有血缘的兄弟姐妹

有血缘的兄弟姐妹包括具有完全血缘的兄弟姐妹与半血缘的兄弟姐妹。同父母的兄弟姐妹具有完全的血缘关系，其相互为继承人，并没有疑问。同父异母或同母异父的兄弟姐妹仅具有半血缘关系，对其继承权各国法律的规定并不相同。但是我国《继承法》和《民法典》并没有对此进行区分，根据法律规定及平等原则的精神，在我国，无论全血缘还是半血缘的兄弟姐妹，都享有平等的继承权，而且不应存在继承份额上的差异。即同父母的兄弟姐妹、同父异母或者同母异父的兄弟姐妹相互之间具有继承权。

2. 养兄弟姐妹

虽然很多国家没有规定养兄弟姐妹之间存在继承权，但我国法律规定，养兄弟姐妹之间，亲生子女与养子女相互间，也是兄弟姐妹，相互之间具有继承权，但是，在收养关系解除后，养子女与亲生子女之间就不再享有继承权。对此，《执行〈继承法〉的意见》第23条规定，养子女与生子女之间、养子女与养子女之间，系养兄弟姐妹，可互为第二顺序继承人。被收养人与其亲兄弟姐妹之间的权利义务关系，因收养关系的成立而消除，不能互为第二顺序继承人。

3. 继兄弟姐妹

继兄弟姐妹之间的继承权，因继兄弟姐妹之间的扶养关系而发生。没有扶养关系的，不能互为第二顺序继承人。继兄弟姐妹之间相互继承了遗产的，不影响其继承亲兄弟姐妹的遗产。①

（五）祖父母、外祖父母

祖父母、外祖父母与孙子女、外孙子女之间是除父母子女以外的最近的直

① 《最高人民法院关于贯彻执行〈中华人民共和国继承法〉若干问题的意见》第24条。

系血亲，彼此间的血缘联系比较密切，而且在现实生活中，祖父母、外祖父母与孙子女、外孙子女共同生活在一起的不在少数，彼此间形成抚养、赡养关系的情况也十分普遍。我国《继承法》和《民法典》均将祖父母与外祖父母规定为第二顺序法定继承人。

三、法定继承人的继承顺序

法定继承人的继承顺序，是指法律直接规定的法定继承人参加继承的先后次序。在法定继承中，并不是全部法定继承人均同时参加继承，而是要根据法律规定的顺序来参加，即先由前一顺序的继承人继承，没有前一顺序的继承人继承时，才由后一顺序的继承人继承。

法定继承人的具体继承顺序是由法律根据继承人与被继承人之间亲属关系的亲疏远近程度、联系密切程度直接规定的，而不是由当事人自行决定的。而且适用法定继承方式时，法律规定的继承顺序对于法定继承人具有强制性，任何主体都不得予以改变。这里的主体不仅包括被继承人，还包括继承人。因此，即使前一顺序的继承人也不得放弃自己的继承顺序，不得变更自己的顺序，将自己由前一顺序继承人变成后一顺序的继承人。即继承人只可以放弃继承，但不能放弃自己的继承顺序。在法定继承中，继承人只能依法定的继承顺序依次参加继承，只要有前一顺序的继承人继承，后一顺序的继承人就不能取得和实现继承既得权，无权主张继承遗产。只有在没有前一顺序的继承人，或者前一顺序的继承人全部放弃继承或全部丧失继承权，或者前一顺序的继承人部分丧失继承权，且其余的继承人全部放弃继承的情况下，后一顺序的继承人才有权参与遗产继承。① 当然，法定继承人的继承顺序只对法定继承有效，在遗嘱继承中，遗嘱继承人不受法定继承人的继承顺序的限制。

我国《继承法》和《民法典》均规定了两个继承顺序，即第一顺序的配偶、子女、父母，第二顺序的兄弟姐妹、祖父母与外祖父母。根据《民法典》第1129条的规定，对公婆或岳父母尽了主要赡养义务的丧偶儿媳或女婿也属于第一顺序继承人。但是因为下面对丧偶儿媳或女婿还会论述，在此对其不予介绍。

---

① 郭明瑞、房绍坤：《继承法》，法律出版社1996年版，第112－113页。

法条关联

◆《最高人民法院关于贯彻执行〈中华人民共和国继承法〉若干问题的意见》

19. 被收养人对养父母尽了赡养义务，同时又对生父母扶养较多的，除可依继承法第十条的规定继承养父母的遗产外，还可依继承法第十四条的规定分得生父母的适当的遗产。

20. 在旧社会形成的一夫多妻家庭中，子女与生母以外的父亲的其他配偶之间形成抚养关系的，互有继承权。

21. 继子女继承了继父母遗产的，不影响其继承生父母的遗产。

继父母继承了继子女遗产的，不影响其继承生子女的遗产。

22. 收养他人为养孙子女，视为养父母与养子女关系的，可互为第一顺序继承人。

23. 养子女与生子女之间、养子女与养子女之间，系养兄弟姐妹，可互为第二顺序继承人。

被收养人与其亲兄弟姐妹之间的权利义务关系，因收养关系的成立而消除，不能互为第二顺序继承人。

24. 继兄弟姐妹之间的继承权，因继兄弟姐妹之间的扶养关系而发生。没有扶养关系的，不能互为第二顺序继承人。

继兄弟姐妹之间相互继承了遗产的，不影响其继承亲兄弟姐妹的遗产。

◆《民法典》

第一千零六十一条 夫妻有相互继承遗产的权利。

第一千零七十条 父母和子女有相互继承遗产的权利。

第一千零七十一条 非婚生子女享有与婚生子女同等的权利，任何组织或者个人不得加以危害和歧视。

不直接抚养非婚生子女的生父或者生母，应当负担未成年子女或者不能独立生活的成年子女的抚养费。

第一千零七十二条 继父母与继子女间，不得虐待或者歧视。

继父或者继母和受其抚养教育的继子女间的权利义务关系，适用本法关于父母子女关系的规定。

第一千零七十四条 有负担能力的祖父母、外祖父母，对于父母已经死亡或者父母无力抚养的未成年孙子女、外孙子女，有抚养的义务。

有负担能力的孙子女、外孙子女，对于子女已经死亡或者子女无力赡养的祖父母、外祖父母，有赡养的义务。

第一千零七十五条 有负担能力的兄、姐，对于父母已经死亡或者父母无力抚养的未成年弟、妹，有扶养的义务。

由兄、姐扶养长大的有负担能力的弟、妹，对于缺乏劳动能力又缺乏生活来源的兄、姐，有扶养的义务。

第一千一百一十一条 自收养关系成立之日起，养父母与养子女间的权利义务关系，适用本法关于父母子女关系的规定；养子女与养父母的近亲属间的权利义务关系，适用本法关于子女与父母的近亲属关系的规定。

养子女与生父母以及其他近亲属间的权利义务关系，因收养关系的成立而消除。

◆《最高人民法院关于适用〈中华人民共和国婚姻法〉若干问题的解释（一）》

第六条 未按婚姻法第八条规定办理结婚登记而以夫妻名义共同生活的男女，一方死亡，另一方以配偶身份主张享有继承权的，按照本解释第五条的原则处理。

◆《最高人民法院关于适用〈中华人民共和国婚姻法〉若干问题的解释（三）》

第十五条 婚姻关系存续期间，夫妻一方作为继承人依法可以继承的遗产，在继承人之间尚未实际分割，起诉离婚时另一方请求分割的，人民法院应当告知当事人在继承人之间实际分割遗产后另行起诉。

◆《最高人民法院关于适用〈中华人民共和国保险法〉若干问题的解释（三）》

第九条 投保人指定受益人未经被保险人同意的，人民法院应认定指定行为无效。

当事人对保险合同约定的受益人存在争议，除投保人、被保险人在保险合同之外另有约定外，按照以下情形分别处理：

（一）受益人约定为“法定”或者“法定继承人”的，以继承法规定的法定继承人为受益人；

（二）受益人仅约定为身份关系，投保人与被保险人为同一主体的，根据保险事故发生时与被保险人的身份关系确定受益人；投保人与被保险人为不同主体的，根据保险合同成立时与被保险人的身份关系确定受益人；

（三）受益人的约定包括姓名和身份关系，保险事故发生时身份关系发生变化的，认定为未指定受益人。

第十六条　保险合同解除时，投保人与被保险人、受益人为不同主体，被保险人或者受益人要求退还保险单的现金价值的，人民法院不予支持，但保险合同另有约定的除外。

投保人故意造成被保险人死亡、伤残或者疾病，保险人依照保险法第四十三条规定退还保险单的现金价值的，其他权利人按照被保险人、被保险人的继承人的顺序确定。

◆《收养法》

第二十三条　自收养关系成立之日起，养父母与养子女间的权利义务关系，适用法律关于父母子女关系的规定；养子女与养父母的近亲属间的权利义务关系，适用法律关于子女与父母的近亲属关系的规定。

养子女与生父母及其他近亲属间的权利义务关系，因收养关系的成立而消除。

◆《因工死亡职工供养亲属范围规定》

第二条　本规定所称因工死亡职工供养亲属，是指该职工的配偶、子女、父母、祖父母、外祖父母、孙子女、外孙子女、兄弟姐妹。

本规定所称子女，包括婚生子女、非婚生子女、养子女和有抚养关系的继子女，其中，婚生子女、非婚生子女包括遗腹子女；

本规定所称父母，包括生父母、养父母和有抚养关系的继父母；

本规定所称兄弟姐妹，包括同父母的兄弟姐妹、同父异母或者同母异父的兄弟姐妹、养兄弟姐妹、有抚养关系的继兄弟姐妹。

◆《最高人民法院关于夫妻离婚后人工授精所生子女的法律地位如何确定的复函》

河北省高级人民法院：

你院冀法（民）（1991）43号《关于夫妻离婚后人工授精所生子女的法律地位如何确定的请示报告》收悉。

经研究，我们认为，在夫妻关系存续期间，双方一致同意进行人工授精，所生子女应视为夫妻双方的婚生子女，父母子女之间权利义务关系适用《婚姻法》的有关规定。

此复

附：河北省高级人民法院关于夫妻离婚后人工授精所生子女的法律地位如何确定的请示

冀法（民）〔1991〕43号

最高人民法院：

我省廊坊市三河县人民法院受理了王××（女，28岁，汉族）诉杨××（男，31岁，汉族）离婚一案，杨××和王××经人介绍于1987年12月登记结婚，婚后一年多未生育，经天津市计划生育技术指导所检查确认男方患无精症，经双方协商，王于1989年2月实行人工授精手术，同年11月生一女杨倩，后因夫妻生活琐事多次发生争吵打架，致使感情恶化，王××于1990年4月诉至法院，要求与杨××离婚，双方同意离婚，但均争养小孩，廊坊市中级法院对人工授精所生子女的法律地位发生意见分歧，请示我院，一种意见认为小孩应判归男方抚养，因男方无生育能力；另一种意见则认为小孩应判归女方抚养，因为该小孩与男方没有血缘关系。

我院认为，此案双方争养的小孩杨×，是因男方无生育能力，在双方一致同意的情况下人工授精所生，应视为婚生子女，推定确认男方就是孩子的生父，夫妻离婚后，按照婚姻法的有关规定双方都有抚养教育子女的义务。因而也适用最高法院《关于贯彻执行民事政策若干问题的意见》中第22条的规定，鉴于本案中杨倩年龄尚小，且一直随其母生活，从有利于子女成长考虑，应判决杨×同女方一起生活为宜，但此类问题法律尚无规定，特请示，请答复。

案例评议

麦某美与黎某英及李某宁、李某梅等人法定继承纠纷案[①]

◆ **裁判规则**

本法所说的子女，包括婚生子女、非婚生子女、养子女和有扶养关系的继子女，本法所说的父母，包括生父母、养父母和有扶养关系的继父母，据此认定有扶养关系的继子女对其继父母的遗产享有法定继承权。

---

① 湛江市中级人民法院（2014）湛中法民一终字第472号。

被继承人的子女先于被继承人死亡的，由被继承人的子女的晚辈直系血亲代位继承。代位继承人一般只能继承他的父亲或者母亲有权继承的遗产份额。

◆ **评议**

亲生父母子女之间的继承问题，争议问题主要在于份额上，而对于继父母子女之间，是否有继承权，还需要证明二者之间存在抚养关系。本案争议的问题有两个：一是继承人的范围问题；二是继承份额问题。关于遗产权的问题，本案麦某美虽然主张其对被继承人履行了较多的赡养义务，但是因为举证问题，未能被法院认可，所以这一问题成为事实证明问题而不再需要进一步地分析。另外，二审法院在遗产的分割中作了一点变动，因为在一审案件中黎某英分得一栋房产已经超过了其应得的份额，再给黎某英分配第二套房产需要其向其他继承人支付巨额的款项，故二审法院对此予以调整，结果是其只需要支付较少的费用即可，这一调整较为妥当。因此，只需要确定继承人的范围。

本案中，李某宁、李某梅、李某保、李某聪是黎某英与李某生育的子女，李某死亡后，黎某英与麦某成于1985年8月14日结婚，李某保、李某聪也于同年8月15日随黎某英迁移户口并与麦某成作为家庭成员共同居住生活。李某保、李某聪分别出生于1975年5月29日、1978年7月20日，李某保、李某聪跟随黎某英与麦某成生活时尚未成年，麦某成对李某保、李某聪履行了扶养、教育义务，因此，麦某成与李某保、李某聪之间形成了扶养关系。对此，麦某美存在误解，其认为扶养关系是指在继承发生时是否存在扶养关系，这不是继承相关法律所强调的扶养关系，继承法强调的是有没有形成扶养关系，只要形成了扶养关系，继子女和继父母之间就可以相互继承，而不是在继承发生时依然存在扶养关系。因此，根据《继承法》第10条第3款“本法所说的子女，包括婚生子女、非婚生子女、养子女和有扶养关系的继子女”、第4款“本法所说的父母，包括生父母、养父母和有扶养关系的继父母”的规定，李某保、李某聪是麦某成的有扶养关系的继子女，其对麦某成的遗产享有法定继承权。

另外，李某保的子女为李某玲、李某容、李某洋、李政某、李某纭。李某保于2008年4月25日死亡，麦某成于2009年12月13日死亡。由于李某保先于麦某成死亡，所以，根据《继承法》第11条“被继承人的子女先于被继承人死亡的，由被继承人的子女的晚辈直系血亲代位继承。代位继承人一般只能继承他的父亲或者母亲有权继承的遗产份额”的规定，李某保的继承权由李某玲、李某容、李某洋、李政某、李某纭代位继承。而李某宁、李某梅因未能举证与被继承人共同居住、生活及形成扶养关系的事实，无法作为继承人参加诉讼。

第一千一百二十八条　【代位继承】

被继承人的子女先于被继承人死亡的，由被继承人的子女的直系晚辈血亲代位继承。

被继承人的兄弟姐妹先于被继承人死亡的，由被继承人的兄弟姐妹的子女代位继承。

代位继承人一般只能继承被代位继承人有权继承的遗产份额。

本条来源

《继承法》第 11 条规定，被继承人的子女先于被继承人死亡的，由被继承人的子女的晚辈直系血亲代位继承。代位继承人一般只能继承他的父亲或者母亲有权继承的遗产份额。从《继承法》第 11 条的规定可以发现，《民法典》该条款的第 1 款和第 3 款来源于《继承法》第 11 条。

第 2 款为新增条款，规范了第二顺位的兄弟姐妹的代位继承问题。

立法演变

《民法典》将征求意见稿中的“晚辈直系血亲”修改为“直系晚辈血亲”，其他没有变化。

《杨稿继承法草案》《梁稿民法典草案》和《王稿民法典草案》在代位继承条款部分基本上相同，强调被继承人的子女先于被继承人死亡的，由被继承人的子女的晚辈直系血亲代位继承。代位继承人只能继承被代位人的法定应继份。

代位继承不受辈数的限制，由辈份在先者代位。[①] 但是关于代位继承的条件方面的规定不同。《民法典》规定了被继承人的子女先于被继承人死亡一种情形可以代位继承。但是其他三个学者建议稿都规定丧失继承权也可以代位继承，这一规定实际上也是我国目前学者的主流观点。但是可能与《执行〈继承法〉的意见》第 28 条的规定相左，所以《民法典》并未对此问题作出明确规定。而《杨稿继承法草案》认为，被继承人的子女放弃继承的，其继承人的晚辈直系血亲依然享有代位继承权。将代位继承是固有权的认定作了进一步的解释。而《王稿民法典草案》第 573 条第（2）项规定，如果代位继承人缺乏劳动能力又没有生活来源，或者对被继承人尽过主要赡养义务的，分配遗产时，可以适当多分。这一规定吸收了《执行〈继承法〉的意见》第 28 条规定的精神，在法律适用时更为简洁。

条文释义

本条规定了代位继承制度。

代位继承是各国继承法中的一项重要法定继承制度，其历史较悠久，古罗马时期就存在这一制度。

我国代位继承是指被继承人的子女先于被继承人死亡时，由被继承人子女的直系晚辈血亲代替先亡的被继承人的子女继承被继承人的遗产，或者被继承人的兄弟姐妹先于被继承人死亡的，由被继承人的兄弟姐妹的子女代位继承的一项法定继承制度。

代位继承人是基于被代位人的权利而继承，还是基于自己固有的权利而继承？对此争论不休。在理论上，其性质主要有代表权说和固有权说两种观点。

---

① 参见《杨稿继承法草案》第 17 条［代位继承］的规定，被继承人的子女先于被继承人死亡、丧失继承权或者放弃继承权的，由被继承人的子女的晚辈直系血亲代位继承。代位继承人只能继承被代位人的法定应继份。代位继承不受辈数的限制，由辈份在先者代位。《梁稿民法典草案》第 1854 条［代位继承］规定，被继承人的子女在继承开始前死亡或者丧失继承权的，由被继承人子女的直系血亲卑亲属代位继承。代位继承人只能继承被代位人的应继份。代位继承不受辈份的限制，但以亲等为序。《王稿民法典草案》第 572 条规定，被继承人的子女在继承开始前先于或者同时与被继承人死亡的或者丧失继承权的，由被继承人子女的直系血亲卑亲属代位继承。代位继承不受辈份的限制，但以亲等为序。第 573 条［代位继承的继承客体］规定，代位继承人只能继承被代位人的应继份。如果代位继承人缺乏劳动能力又没有生活来源，或者对被继承人尽过主要赡养义务的，分配遗产时，可以适当多分。

固有权说认为，代位继承人参加继承是自己本身固有的权利，代位继承人是基于自己的权利继承被继承人的遗产，并不以被代位继承人是否有继承权为转移。而代表权说认为，代位继承人继承被继承人的遗产，不是基于自己本身的权利，而是代表被代位继承人参加继承，即代位继承人是以被代位继承人的地位而取得被代位继承人的应继份额的。我国《继承法》与《民法典》在代位继承性质问题上，均采取了代表权说。我国《继承法》第11条规定，被继承人的子女先于被继承人死亡的，由被继承人的子女的晚辈直系血亲代位继承。代位继承人一般只能继承他的父亲或者母亲有权继承的遗产份额。《执行〈继承法〉的意见》第28条规定，继承人丧失继承权的，其晚辈直系血亲不得代位继承。如该代位继承人缺乏劳动能力又没有生活来源，或对被继承人尽赡养义务较多的，可适当分给遗产。由此可见，代位继承人的继承权是受被代位人的继承权状况影响的，仅在被代位继承人享有继承权时，代位继承人才有权代位继承。这一规定被《民法典》沿袭。《民法典》第1128条第3款规定，代位继承人一般只能继承被代位继承人有权继承的遗产份额。

从该条款的文意出发，代位继承需要具备以下要件：

（一）须被继承人的子女在继承开始前已经死亡

这里的死亡包括宣告死亡和自然死亡。如果发生第一顺位的继承，则被继承人的子女先于被继承人死亡的情况下，才能发生代位继承。如果是第二顺位的继承，则必须是被继承人的兄弟姐妹先于被继承人死亡。如果被继承人的子女后于被继承人死亡或者没有死亡的，则继承人继承后，继承人的继承人的继承，则是转继承，而不是代位继承。值得注意的是，如果被继承人的子女与被继承人同时死亡，根据《执行〈继承法〉的意见》第2条的规定，推定同时死亡的，彼此不发生继承，由他们各自的继承人继承，因此这种情况下也不适用代位继承。

（二）代位继承人必须是被代位人的晚辈血亲

代位继承人一般是被代位人的晚辈血亲，被代位人的其他近亲属不得代位，这是代位继承的一个基本原则。代位继承人必须是被代位人的血亲卑亲属，但不一定是被继承人的直系血亲卑亲属。比如我国代位继承将兄弟姐妹作为被代位人，代位继承人的范围就超出了被继承人直系卑亲属的范围，代位继承人的范围就扩及侄子女、甥子女及其直系卑亲属。

根据我国《民法典》的规定，代位继承人不仅包括被继承人的继承人的直系血亲卑亲属，还包括其兄弟姐妹的子女。被代位人的晚辈血亲包括被代位人的子女和其他晚辈直系血亲。对于晚辈直系血亲的范围，《民法典》与《继承法》一样并没有明确。根据《执行〈继承法〉的意见》第25条的规定，被继承人的孙子女、外孙子女、曾孙子女、外曾孙子女都可以代位继承，代位继承人不受辈数的限制。这一解释依然可以将其作为对《民法典》"直系晚辈血亲"的理解。而根据该《意见》第26条的规定，被继承人的养子女、已形成扶养关系的继子女的生子女可代位继承；被继承人亲生子女的养子女可代位继承；被继承人养子女的养子女可代位继承；与被继承人已形成扶养关系的继子女的养子女也可以代位继承。养子女由于同被继承人产生了拟制血缘关系，而且养子女同其亲生父母间的亲属关系消灭，养子女也可以作为被代位人。但是最高人民法院的这一解释将继子女包括在内，突破了晚辈直系血亲的理解，因为继子女的代位继承权显然来自于姻亲，而不是晚辈的直系血亲。特别需要强调的是，随母改嫁的子女依然享有代位继承的权利。

但是需要注意的是，在第二顺位继承中，只能是被继承人的兄弟姐妹的子女可以代位，不能将其进行扩大解释。

（三）被代位人是被继承人的子女或者其兄弟姐妹

虽然我国《继承法》仅规定了被继承人的直系卑亲属为被代位人，但是《民法典》不仅规定被继承人的直系卑亲属为被代位人，而且继承人的兄弟姐妹也可以作为被代位人。如果代位人是被继承人的直系血亲卑亲属，则代位继承没有辈份限制；因此如果被继承人子孙相继死亡，则可由其曾孙代位。直系晚辈血亲的性别及婚姻状况，不影响其代位人的权利。但是在被代位人是继承人的兄弟姐妹时，则仅其兄弟姐妹的子女可以代位。

（四）代位继承人享有继承权

代位继承人一般只能继承被代位继承人有权继承的遗产份额，所以代位继承以被代位人享有继承权为前提条件。只有被代位人没有丧失继承权，其代位人才能享有继承权。继承人丧失继承权的，代位人不得代位继承。但是根据《执行〈继承法〉的意见》第28条的规定："继承人丧失继承权的，其晚辈直系血亲不得代位继承。如该代位继承人缺乏劳动能力又没有生活来源，或对被继承人尽赡养义务较多的，可适当分给遗产。"所以对于代位继承人没有生活来源或者对被继承人尽了较多的赡养义务的，可适当分给其遗产。

（五）代位继承人必须在继承开始后生存或者为胎儿

代位继承人在被代位人死亡时，是否必须已经为其继承人？我国通说认为，只要在继承开始时，代位人生存或者为胎儿即可。

（六）代位继承人只能继承被代位人应继承的遗产份额

代位继承人以被代位继承人的顺序进行继承。所以代位继承人无论是一人还是数人，其只能继承被代位继承人应继承的遗产份额。如果代位人有数人，原则上由该数个代位人平分被代位人应继承的遗产份额。比如已丧妻的被继承人李某，其父母已去世，有甲、乙两子，甲已于继承开始前死亡，甲留有子女丙、丁 2 人，在被继承人死亡时，乙、丙及丁 3 人共同继承，但个人的应继份不同，乙应得遗产的 1/2，丙与丁各得遗产的 1/4。

但是需要注意的是，代位继承仅仅是法定继承的一种特殊方式，其只适用于法定继承，并不适用于遗嘱继承。遗嘱继承人先于遗嘱人死亡的，遗嘱指定的由该继承人继承的遗产，应适用法定继承，而不是由遗嘱继承人的晚辈血亲进行代位继承。

法条关联

◆《最高人民法院关于贯彻执行〈中华人民共和国继承法〉若干问题的意见》

25. 被继承人的孙子女、外孙子女、曾孙子女、外曾孙子女都可以代位继承，代位继承人不受辈数的限制。

26. 被继承人的养子女、已形成扶养关系的继子女的生子女可代位继承；被继承人亲生子女的养子女可代位继承；被继承人养子女的养子女可代位继承；与被继承人已形成扶养关系的继子女的养子女也可以代位继承。

27. 代位继承人缺乏劳动能力又没有生活来源，或者对被继承人尽过主要赡养义务的，分配遗产时，可以多分。

28. 继承人丧失继承权的，其晚辈直系血亲不得代位继承。如该代位继承人缺乏劳动能力又没有生活来源，或对被继承人尽赡养义务较多的，可适当分给遗产。

◆《妇女权益保障法》

第三十五条 丧偶妇女对公、婆尽了主要赡养义务的，作为公、婆的第一顺序法定继承人，其继承权不受子女代位继承的影响。

◆《上海市实施〈中华人民共和国妇女权益保障法〉办法》

第二十八条 妇女享有与男子平等的财产继承权。对生活有特殊困难、缺乏劳动能力的妇女应当给予照顾。

丧偶儿媳对公、婆尽了主要赡养义务的，作为公、婆的第一顺序继承人，继承权不受其子女代位继承的影响。

丧偶妇女有权处分继承的财产，任何组织或者个人不得干涉。

◆《长春市妇女权益保障条例》

第三十条 妇女和男子享有平等的继承权。在同一顺序法定继承人中，不得歧视妇女。

丧偶儿媳对公、婆尽了主要赡养义务的，作为第一顺序法定继承人，其继承权不受子女代位继承的影响。

丧偶妇女有权处分继承的财产，任何人不得干涉。

◆《北京市实施〈中华人民共和国妇女权益保障法〉办法》

第二十九条 妇女享有与男子平等的财产继承权。在同一顺序的法定继承人中，不得歧视妇女。对生活有特殊困难的缺乏劳动能力的妇女，分配遗产时，应当依法予以照顾。

丧偶妇女对公、婆尽了主要赡养义务的，作为公、婆的第一顺序法定继承人，其继承权不受子女代位继承的影响。

案例评议

张某1与被告张某2、张某3、张某4、张某5继承纠纷一案民事判决书①

◆ **裁判规则**

被继承人的子女先于被继承人死亡的，由被继承人的子女的晚辈直系血亲代位继承。代位继承人一般只能继承他的父亲或者母亲有权继承的遗产份额。

◆ **评议**

配偶、子女和父母属于第一顺位的继承人。本案的被继承人死亡时，其配

① 长春市二道区人民法院（2017）吉0105民初458号。

偶和父母已经先于其去世，所以其第一顺位的继承人只有其子女。张某2、张某1、张某坤、张某3均系张某的第一顺序法定继承人。其子张某坤先于张某死亡，依照《继承法》第11条的规定："被继承人的子女先于被继承人死亡的，由被继承人的子女的晚辈直系血亲代位继承。代位继承人一般只能继承他的父亲或者母亲有权继承的遗产份额。"所以张某坤应继承的份额由其子女张某4、张某5继承。

张某2、张某4、张某5、张某3均在遗产处理前，对涉案房屋作出放弃继承的表示，并同意将有权继承的份额赠予张某1，依照《继承法》第25条第1款的规定，继承开始后，继承人放弃继承的，应当在遗产处理前，作出放弃继承的表示。没有表示的，视为接受继承，所以被继承人张某的财产由张某1继承。

第一千一百二十九条　【丧偶儿媳、女婿的继承权】

丧偶儿媳对公婆，丧偶女婿对岳父母，尽了主要赡养义务的，作为第一顺序继承人。

本条来源

《继承法》第12条规定："丧偶儿媳对公、婆，丧偶女婿对岳父、岳母，尽了主要赡养义务的，作为第一顺序继承人。"

《民法典》与《继承法》的这一条款基本相同，只是公、婆、岳父、岳母变为"公婆"、"岳父母"，用语更为简洁，意思完全相同。

立法演变

《民法典》与征求意见稿相比没有变化。

学者建议稿中，《梁稿民法典草案》没有专门规定这一内容。《徐稿民法典草案》第496条［姻亲的继承权］规定："丧偶儿媳对公、婆，丧偶女婿对岳父、岳母，尽了主要赡养义务的，作为第一顺序继承人。"可见其与《继承法》和《民法典》的规定完全相同。《杨稿继承法草案》第60条［丧偶儿媳和丧偶女婿的继承权］规定："丧偶儿媳对公、婆，丧偶女婿对岳父、岳母，尽了主要赡养义务的，无论是否再婚，作为第一顺序继承人。”与《民法典》的区别是，规定了是否再婚不影响其继承地位。而《王稿民法典草案》第569条［丧偶儿媳和丧偶女婿的权利］规定：“丧偶儿媳对公、婆，丧偶女婿对岳父、岳母，尽了主要赡养义务的，没有代位继承人时，作为第一顺序法定继承人参加继承；有代位继承人时，可以按照本编第41条的规定请求分得部分遗产。本法所称的对公、婆或者岳父、岳母尽了主要赡养义务的丧偶儿媳或者丧偶女婿作为第一顺序法定继承人的，不论其是否再婚都享有权利。”除了强调丧偶儿媳或者丧偶女婿是否再婚不影响其继承地位之外，其认为丧偶儿媳或者丧偶女婿只有在没有代位继承人时，才能作为第一顺序继承人。有代位继承人时，只能酌情分得遗产。

条文释义

我国《继承法》和《民法典》都规定了丧偶儿媳、丧偶女婿的继承权问题，均规定对公婆尽了主要赡养义务的丧偶儿媳和对岳父母尽了主要赡养义务的丧偶女婿，作为第一顺序继承人，可参加继承，获得遗产。这一规定在外国立法例上没有先例，被视为我国继承法的特色，王汉斌在《关于〈中华人民共和国继承法〉（草案）的说明》第四部分“关于扶养老幼”中，认为这一规定是为了有利于更好地赡养老人。这条规定将姻亲规定为法定继承人的做法，为我国继承法所独有，称得上具有中国特色。而且无论是在理论界还是实务界，该规定皆受到广泛好评，被有的学者认为是我国继承法在继承人顺序上的一个突出特色，也是对新中国成立以来司法实践的总结和发展。[①]《民法典》沿袭了这一规定。

儿媳或女婿继承公婆或岳父母的遗产，应当具备一定的条件：

第一，必须存在丧偶的情形。儿媳与公婆、女婿与岳父母之间属于姻亲关系，从法律上看，他们之间没有相互扶养、赡养的权利和义务。如果丈夫或妻子在世，公婆或岳父母死亡，基于夫妻关系存续期间，一方继承的遗产为夫妻共同财产的规定，儿媳或女婿可以通过在世丈夫或妻子参加继承并实际上获得遗产。因此，只有丧偶时，儿媳或女婿才有可能以自己名义作为继承人，继承

① 何勤华、殷啸虎主编：《中华人民共和国民法史》，复旦大学出版社1999年版，第313页。

公婆或岳父母的遗产。至于丧偶儿媳或女婿的婚姻状况，不影响其权利。

第二，丧偶儿媳或女婿对公婆或岳父母尽了主要的赡养义务。这是儿媳或女婿取得继承权的必备条件，尽了主要赡养义务的判断可以采取《执行〈继承法〉的意见》第30条的规定，该规定明确，对被继承人生活提供了主要经济来源，或在劳务等方面给予了主要扶助的，应当认定为尽了主要赡养义务或主要扶养义务。

儿媳或女婿只有符合了这两个条件，才可以作为第一顺序继承人参与继承，取得遗产。

法条关联

◆《最高人民法院关于贯彻执行〈中华人民共和国继承法〉若干问题的意见》

29. 丧偶儿媳对公婆、丧偶女婿对岳父、岳母，无论其是否再婚，依继承法第十二条规定作为第一顺序继承人时，不影响其子女代位继承。

30. 对被继承人生活提供了主要经济来源，或在劳务等方面给予了主要扶助的，应当认定其尽了主要赡养义务或主要扶养义务。

◆《妇女权益保障法》

第三十五条 丧偶妇女对公、婆尽了主要赡养义务的，作为公、婆的第一顺序法定继承人，其继承权不受子女代位继承的影响。

◆《上海市实施〈中华人民共和国妇女权益保障法〉办法》

第二十八条 妇女享有与男子平等的财产继承权。对生活有特殊困难、缺乏劳动能力的妇女应当给予照顾。

丧偶儿媳对公、婆尽了主要赡养义务的，作为公、婆的第一顺序继承人，继承权不受其子女代位继承的影响。

丧偶妇女有权处分继承的财产，任何组织或者个人不得干涉。

◆《长春市妇女权益保障条例》

第三十条 妇女和男子享有平等的继承权。在同一顺序法定继承人中，不得歧视妇女。

丧偶儿媳对公、婆尽了主要赡养义务的，作为第一顺序法定继承人，其继承权不受子女代位继承的影响。

丧偶妇女有权处分继承的财产，任何人不得干涉。

◆《阿坝藏族羌族自治州施行〈中华人民共和国继承法〉的变通规定》

第六条　丧偶儿媳对公、婆，丧偶女婿对岳父、岳母，尽了主要赡养义务的，作为第一顺序继承人。

孙子女与祖父母，外孙子女与外祖父母，相互尽了主要扶养义务的，互为第一顺序继承人。

◆《马边彝族自治县施行〈中华人民共和国继承法〉的补充规定》

第五条　丧偶儿媳对公婆，丧偶女婿对岳父、岳母尽了主要赡养义务的，作为第一顺序继承人。

兄弟姐妹相互尽了主要扶养义务的，互相作为第一顺序继承人。

孙子女与祖父母、外孙子女与外祖父母，相互尽了主要扶养义务的，互相作为第一顺序继承人。

◆《峨边彝族自治县施行〈中华人民共和国继承法〉的补充规定》

第五条　丧偶儿媳对公、婆，丧偶女婿对岳父、岳母尽了主要赡养义务的，作为第一顺序继承人。

孙子女与祖父母，外孙子女与外祖父母，相互尽了主要扶养义务的，互相作为第一顺序继承人。

案例评议

裴某甲、裴某乙等与裴某丙继承纠纷案①

◆ **裁判规则**

丧偶儿媳对公、婆，丧偶女婿对岳父、岳母，尽了主要赡养义务的，作为第一顺序继承人。

《执行〈继承法〉的意见》第30条规定："对被继承人生活提供了主要经济来源，或在劳务等方面给予了主要扶助的，应当认定其尽了主要赡养义务或主要扶养义务。"

◆ **评议**

本案涉及法定继承中的代位继承和丧偶儿媳对公婆尽了主要赡养义务的，

① 安阳市北关区人民法院（2015）北民初字第1229号。

可以作为第一顺序继承人的问题。根据我国《继承法》第10条的规定，继承开始后，被继承人的遗产应由第一顺序继承人继承，配偶、子女、父母为第一顺序继承人。所以在被继承人裴某丁、单某死亡后，其三个子女，裴某甲、裴某乙以及裴某平应作为第一顺序的继承人。但是由于裴某平先于被继承人裴某丁、单某死亡，根据我国《继承法》第11条的规定："被继承人的子女先于被继承人死亡的，由被继承人的子女的晚辈直系血亲代位继承。代位继承人一般只能继承他的父亲或者母亲有权继承的遗产份额。"所以应由裴某平的儿子裴某丙作为代位继承人继承被继承人裴某丁、单某的财产。袁某某与裴某平结婚，属于被继承人裴某丁、单某的儿媳妇。根据《继承法》第12条的规定："丧偶儿媳对公、婆，丧偶女婿对岳父、岳母，尽了主要赡养义务的，作为第一顺序继承人。"而判断是否尽了主要赡养或者主要扶养义务的规定，根据《执行〈继承法〉的意见》第30条的规定："对被继承人生活提供了主要经济来源，或在劳务等方面给予了主要扶助的，应当认定其尽了主要赡养义务或主要扶养义务。"由于袁某某在其丈夫裴某平去世后，对其公婆裴某丁、单某进行了日常生活及住院治疗期间的照顾。所以袁某某也属于第一顺位的继承人，可以参与被继承人财产的继承。

第一千一百三十条　【遗产分配】

同一顺序继承人继承遗产的份额，一般应当均等。

对生活有特殊困难又缺乏劳动能力的继承人，分配遗产时，应当予以照顾。

对被继承人尽了主要扶养义务或者与被继承人共同生活的继承人，分配遗产时，可以多分。

有扶养能力和有扶养条件的继承人，不尽扶养义务的，分配遗产时，应当不分或者少分。

继承人协商同意的，也可以不均等。

本条来源

《继承法》第13条规定："同一顺序继承人继承遗产的份额，一般应当均等。对生活有特殊困难的缺乏劳动能力的继承人，分配遗产时，应当予以照顾。对被继承人尽了主要扶养义务或者与被继承人共同生活的继承人，分配遗产时，可以多分。有扶养能力和有扶养条件的继承人，不尽扶养义务的，分配遗产时，应当不分或者少分。继承人协商同意的，也可以不均等。”

《民法典》将《继承法》第 13 条第 2 款“对生活有特殊困难的缺乏劳动能力的继承人”修改为“对生活有特殊困难又缺乏劳动能力的继承人”。

立法演变

《民法典》与征求意见稿相比，也仅是将第 2 款中“对生活有特殊困难的缺乏劳动能力的继承人”修改为“对生活有特殊困难又缺乏劳动能力的继承人”。

《徐稿民法典草案》第 499 条与《继承法》完全相同，不再赘述。

《杨稿继承法草案》第 63 条［法定应继份的确定］规定：“同一顺序继承人继承遗产的份额，一般应当均等。继承人协商同意的，也可以不均等。对被继承人尽了主要扶养义务或者与被继承人共同生活且尽扶养义务较多的继承人，分配遗产时，可以多分。对被继承人生活提供了主要经济来源，或在劳务等方面给予了主要扶助的，应当认定其尽了主要扶养义务。有扶养能力和有扶养条件的继承人，所尽扶养义务较少的，应当少分。不尽扶养义务的，应当不分或者少分。但愿意尽扶养义务，被继承人明确表示不要求其扶养的，不应因此而减少其继承份额。对生活有特殊困难的缺乏劳动能力的继承人，分配遗产时，应当予以照顾。”

与《继承法》和《民法典》相比，《杨稿继承法草案》有两点不同：第一，《民法典》将“继承人协商同意的，也可以不均等”放在最后一项，而《杨稿继承法草案》将其提前放在第（1）项。第二，《民法典》规定：“对被继承人尽了主要扶养义务或者与被继承人共同生活的继承人分配遗产时，可以多分。”而《杨稿继承法草案》规定“与被继承人共同生活且尽扶养义务较多的继承人”才可以多分，仅仅与被继承人共同生活不能作为多分的依据。

《梁稿民法典草案》第 1857 条［应继份额］规定，同一顺序继承人有数人时，按人数平均继承，但法律另有规定的除外。第 1858 条［继承份额的不均等］规定，对生活有特殊困难的缺乏劳动能力的继承人，分配遗产时，应当予以照顾。对被继承人尽了主要扶养义务，分配遗产时，可以多分。有扶养能力和有扶养条件的继承人，不尽扶养义务的，分配遗产时，应当不分或者少分。但被继承人因有固定收入和劳动能力，明确表示不要求其扶养的，其继承份额不受影响。继承人协商同意的，继承份额可以不均等。

与《民法典》相比，第一，《梁稿民法典草案》直接删除了与被继承人共同生活的继承人可以多分的规则。第二，在“有扶养能力和有扶养条件的继承人，不尽扶养义务的，分配遗产时，应当不分或者少分。但被继承人因有固定收入和劳动能力，明确表示不要求其扶养的，其继承份额不受影响。”后面但书的规定，则吸收了《执行〈继承法〉的意见》第33条规定的精神，更为合理。

《王稿民法典草案》第575条［应继份额］规定，同一继承顺序的法定继承人继承遗产的份额，应当按照法定继承人的人数，均等分配。本编另有规定的除外。第576条［平均分配的例外之一］规定，对生活有特殊困难的缺乏劳动能力的继承人，在同一顺序的法定继承人分配遗产时，应当适当多分。第577条［平均分配的例外之二］规定，对被继承人尽了主要赡养义务，或者与被继承人共同生活且尽了赡养义务的法定继承人，在不违反前条规定的情况下，可以多分给遗产。第578条［平均分配的例外之三］规定，有扶养能力的继承人，对被继承人不尽扶养义务的，分配遗产时，应当不分或者少分。如果被继承人明确表示不需要继承人扶养的，不适用本条第1款的规定。第579条［协商分配］规定，同一继承顺序的法定继承人，可以协商确定法定继承人的遗产继承份额，但不得违反本编第576条的规定。

与《民法典》相比，《王稿民法典草案》有以下不同：第一，加强了对生活有特殊困难的缺乏劳动能力的继承人的保护。不仅在协商确定遗产继承份额时，要对其多分；而且在顺序上，其优先于“对被继承人尽了主要赡养义务，或者与被继承人共同生活且尽了赡养义务的法定继承人”。第二，强调仅与被继承人共同生活不能作为多分的理由，而必须要求其履行了赡养义务才可以。第三，在“可有扶养能力的继承人，对被继承人不尽扶养义务的，分配遗产时，应当不分或者少分”一项中，尊重被继承人的意思。如果被继承人明确表示不需要继承人扶养的，此类继承人的继承份额不受影响，这也与《梁稿民法典草案》相同，吸收了《执行〈继承法〉的意见》第33条规定的精神，更为合理。

条文释义

本条规范了法定继承中的遗产分配规则，在法定继开始后，同一顺序的两个以上的继承人在分配遗产时，必须遵循继承相关法律规定的遗产分配原则来确定各个继承人应当继承的遗产份额。根据该条款，可以确认各个继承人的遗产分配规则如下：

第一，在通常情况下，同一顺序的继承人之间应当平均分配遗产，原则上每个继承人继承的遗产份额应当相等。

第二，特殊情况下继承人继承的份额可以不均等。

1. 对生活有特殊困难的缺乏劳动能力的继承人，分配遗产时，应当予以照顾。

2. 对被继承人尽了主要扶养义务或者与被继承人共同生活的继承人，分配遗产时，可以多分。对被继承人生活提供了主要经济来源，或在劳务等方面给予了主要扶助的，可以认定继承人尽了主要扶养义务。[①] 对此类继承人可以多分，其多分的原因是对被继承人尽了更多的扶养义务。如果有扶养能力和扶养条件的继承人虽然与被继承人共同生活，但对需要扶养的被继承人不尽扶养义务，分配遗产时，不仅不多分，还可以少分或者不分。[②]

3. 有扶养能力和有扶养条件的继承人，不尽扶养义务的，分配遗产时，应当不分或者少分。但是此处强调的是具有扶养能力和扶养条件的继承人不尽扶养义务的情形下，应当少分或者不分。如果继承人有扶养能力和扶养条件，愿意尽扶养义务，但被继承人因有固定收入和劳动能力，明确表示不要求其扶养的，分配遗产时，一般不应因此而影响继承人的继承份额。[③]

4. 继承人协商同意的，也可以不均等。

法条关联

◆《最高人民法院关于贯彻执行〈中华人民共和国继承法〉若干问题的意见》

33. 继承人有扶养能力和扶养条件，愿意尽扶养义务，但被继承人因有固

① 《最高人民法院关于贯彻执行〈中华人民共和国继承法〉若干问题的意见》第 30 条。
② 《最高人民法院关于贯彻执行〈中华人民共和国继承法〉若干问题的意见》第 34 条。
③ 《最高人民法院关于贯彻执行〈中华人民共和国继承法〉若干问题的意见》第 33 条。

定收入和劳动能力，明确表示不要求其扶养的，分配遗产时，一般不应因此而影响其继承份额。

34. 有扶养能力和扶养条件的继承人虽然与被继承人共同生活，但对需要扶养的被继承人不尽扶养义务，分配遗产时，可以少分或者不分。

59. 人民法院对故意隐匿、侵吞或争抢遗产的继承人，可以酌情减少其应继承的遗产。

◆《广东省实施〈中华人民共和国妇女权益保障法〉办法》

第二十六条 妇女享有与男子平等的财产继承权。在分配遗产时，同一顺序的法定继承人中，在同等条件下，对生活有特殊困难的缺乏劳动能力的妇女应当给予照顾。

离婚、丧偶妇女有权依法处置本人的合法财产，任何组织和个人不得干涉。

◆《北京市实施〈中华人民共和国妇女权益保障法〉办法》

第二十九条 妇女享有与男子平等的财产继承权。在同一顺序的法定继承人中，不得歧视妇女。对生活有特殊困难的缺乏劳动能力的妇女，分配遗产时，应当依法予以照顾。

丧偶妇女对公、婆尽了主要赡养义务的，作为公、婆的第一顺序法定继承人，其继承权不受子女代位继承的影响。

◆《浙江省实施〈中华人民共和国妇女权益保障法〉办法》

第二十九条 妇女享有与男子平等的财产继承权。在分配遗产时，对生活有特殊困难的缺乏劳动能力的妇女应当予以照顾。

◆《河南省实施〈中华人民共和国妇女权益保障法〉办法》

第二十一条 妇女享有与男子平等的财产继承权。在分配遗产时，对生活有特殊困难的、缺乏劳动能力的妇女应当予以照顾。

任何单位和个人不得剥夺丧偶妇女的财产继承权。

◆《海南省妇女权益保障若干规定》

第二十条 妇女享有与男子平等的财产继承权。在分配遗产时，同一顺序的法定继承人中，在同等条件下，对生活有特殊困难的缺乏劳动能力的妇女应当给予照顾。

◆《甘肃省实施妇女权益保障法办法》

第三十二条 在依法分割家庭财产、遗产继承份额时，对生活有特殊困难的缺乏劳动能力的妇女，应当优先给予照顾。

案例评议

张某与周某1、周某2继承纠纷案①

◆ **裁判规则**

夫妻在婚姻关系存续期间所得的共同所有的财产，除有约定的以外，如果分割遗产，应当先将共同所有的财产的一半分出为配偶所有，其余的为被继承人的遗产。

同一顺序继承人继承遗产的份额，一般应当均等。

对生活有特殊困难的缺乏劳动能力的继承人，分配遗产时，应当予以照顾。

◆ **评议**

本案涉及遗产的认定和遗产的分配。本案争议的房产属于原告张某与其丈夫周某海共同修建，所以该房产属于夫妻共有。《继承法》第26条第1款规定，② 夫妻在婚姻关系存续期间所得的共同所有的财产，除有约定的以外，如果分割遗产，应当先将共同所有的财产的一半分出为配偶所有，其余的为被继承人的遗产。所以，应当将争议房产财产价值的一半分出为生存配偶所有。具体到该案，案涉房产价值的一半为原告张某个人所有，是其个人财产。另一半房产的价值才是被继承人周某海的遗产。

按照法律的规定，同一顺序继承人继承遗产的份额，一般应当均等。对生活有特殊困难的缺乏劳动能力的继承人，分配遗产时，应当予以照顾。对被继承人尽了主要扶养义务或者与被继承人共同生活的继承人，分配遗产时，可以多分。有扶养能力和有扶养条件的继承人，不尽扶养义务的，分配遗产时，应当不分或者少分。继承人协商同意的，也可以不均等。所以根据这一条款，除非继承人协商同意，可以不均等分配遗产等特殊情况以外，一般遗产的分配应当均等。但是具体到本案中，出现了生活有特殊困难的缺乏劳动能力的继承人，分别为周某3和周某5。继承人周某3系肢体四级残疾人，现离异，有两个小孩随其生活并由其照顾抚养，无固定收入，属于生活困难且缺乏劳动能力；而周

① 上饶市广丰区人民法院（2019）赣1103民初3748号。

② 《民法典》第1153条。

某5是肢体四级残疾人，缺乏劳动能力，无固定职业，也属于生活困难且缺乏劳动能力之人，所以对二者应当予以多分。法院根据这两位继承人的实际情况对这两个继承人给予了不同的照顾，较为妥当。

第一千一百三十一条　【酌情分得遗产权】

对继承人以外的依靠被继承人扶养的人，或者继承人以外的对被继承人扶养较多的人，可以分给适当的遗产。

本条来源

《继承法》第14条规定："对继承人以外的依靠被继承人扶养的缺乏劳动能力又没有生活来源的人，或者继承人以外的对被继承人扶养较多的人，可以分配给他们适当的遗产。"但是与《继承法》不同，《民法典》中可以酌情分得遗产的主体更为宽松，对继承人以外依靠被继承人扶养的主体即可分得适当的遗产，而不像《继承法》那样，还要求此类主体必须具有缺乏劳动能力又没有生活来源的条件。

立法演变

与草案相比，《民法典》没有变化。

《徐稿民法典草案》第497条规定了家外人的分配权，与《继承法》完全相同。

《梁稿民法典草案》第1859条规定了继承人以外可适当分得遗产的人，除了完全采纳了《继承法》的规定外，增加了第（3）项其他与被继承人有特别关系的继承人以外的人可以分得适当的遗产。①

《王稿民法典草案》第570条［遗产酌情给请求权人］规定，对法定继承人以外的依靠被继承人扶养的缺乏劳动能力又没有生活来源的人，或者法定继

① 《梁稿民法典草案》第1859条［继承人以外可适当分得遗产的人］规定，下列继承人以外的人可以分得适当的遗产：（一）依靠被继承人生前继续扶养的缺乏劳动能力又没有生活来源的；（二）对被继承人扶养较多的；（三）其他与被继承人有特别关系的。

承人以外的对被继承人扶养较多的人，而又未获得适当的遗赠的，可以分给他们以不超过应继份为限的遗产。按照上述规定请求获得的遗产，不得附有义务。前款规定的法定继承人以外的遗产取得人，得直接向遗产管理人或继承人请求分给其相应的遗产份额。

与《民法典》相比，《王稿民法典草案》存在以下不同：

第一，对法定继承人以外的依靠被继承人扶养的缺乏劳动能力又没有生活来源的人可以分得遗产。这一规定依然与《继承法》完全相同，而没有像《民法典》那样，删除“缺乏劳动能力又没有生活来源的”字样。

第二，对于法定继承人以外的对被继承人扶养较多的人，增设了“未获得适当的遗赠”的条件。此类主体必须没有获得适当的遗赠，才可以分得适当的遗产。

第三，对分配遗产的份额予以限定，即不超过应继份为限的遗产。但是问题是此类主体不是法定继承人，怎么有应继份呢？所以这一规定存在问题，其应该是不超过其他法定继承人的应继份。可能因为这一建议与《执行〈继承法〉的意见》第31条的规定相矛盾，《民法典》未予采纳。

第四，酌情获得遗产的主体不需要履行义务。

第五，规定了权利的行使方法，法定继承人以外的遗产取得人，得直接向遗产管理人或继承人请求分给其相应的遗产份额。

《杨稿继承法草案》第61条规定了遗产酌分请求权。对继承人以外的依靠被继承人扶养的缺乏劳动能力又没有生活来源的人，或者继承人以外的对被继承人扶养较多的人，可以分给他们适当的遗产。具体份额可以根据情况多于或少于继承人。被收养人对养父母尽了赡养义务，同时又对生父母扶养较多的，除可继承养父母的遗产外，还可分得生父母的适当的遗产。遗产酌分请求权人因受遗赠或被继承人生前赠与而取得的财产，应当归入到遗产酌分份额中。遗产酌分请求权人的权利受到侵害时，自知道或者应当知道继承开始之日起2年内，可以向人民法院提起诉讼。与《民法典》相比，《杨稿继承法草案》存在以下不同：

第一，规定法定继承人以外的依靠被继承人扶养的缺乏劳动能力又没有生活来源的人可以分得遗产。这一规定依然与《继承法》完全相同，而没有像《民法典》那样，删除“缺乏劳动能力又没有生活来源”的字样。

第二，吸收《执行〈继承法〉的意见》第 19 条和第 31 条的规定，分别规定了养子女的酌情分得遗产制度和适当遗产的判断标准。

第三，将遗产酌分请求权人因受遗赠或被继承人生前赠与而取得的财产，放到遗产酌分份额中予以考量，更为合理。

第四，规定了诉讼时效制度。但是显然起草这一条款时仅仅考量到《执行〈继承法〉的意见》第 32 条，与《民法总则》普通诉讼时效为 3 年的规定相违背，应该适用《民法总则》关于 3 年诉讼时效的规定。

条文释义

本条款规定了酌情分得遗产的问题，即非继承人的遗产取得权。我国《继承法》第 14 条规定了这一制度，并被《民法典》继受，但是主体资格进行了变动。根据这一条款，可以分得适当遗产的非继承人主要有两类：

第一，对继承人以外的依靠被继承人扶养的人。这类人要依法适当分得遗产，应具备两个条件：（1）依靠被继承人扶养。（2）该人不属于法定继承人。必须注意，这一条件已经改变了《继承法》的规定。《民法典》不再要求此类主体是否属于缺乏劳动能力，是否属于没有生活来源，这两个条件已经不再是其获得适当遗产的条件。

第二，继承人以外的对被继承人扶养较多的人。这类人要适当分得遗产，应当具备三个条件：（1）该类人不属于法定继承人。只要其不属于法定继承人即可，至于其与被继承人之间是否具有其他血亲或者姻亲关系，在所不问。比如，被收养人对亲生父母已经没有继承权，如果其对其亲生父母扶养较多，也可以分得适当的遗产。[①]（2）对被继承人进行了扶养。扶养不限于经济上的资助，还包括劳务上的扶助、生活上的照顾和精神上的抚慰等。（3）对被继承人进行了较多的扶养。这一条件要求将仅仅对被继承人进行偶尔或者较少的帮助、照顾和扶助的人排除在外。这一规定符合公平原则，也符合权利义务相一致原则。

对于符合法定条件的上述两类继承人以外的主体，可以分给他们适当的遗产。适当的遗产，对于依靠被继承人扶养的人而言，需要根据被继承人遗产的状况，来满足其一段或更长时间的基本生活需求或者使其生活水准不发生较大

① 《最高人民法院关于贯彻执行〈中华人民共和国继承法〉若干问题的意见》第 19 条。

的变动，具体由法院予以裁量；而对于对被继承人扶养较多的人而言，分给其遗产的数额要与其对被继承人的扶养情况相一致。分给适当的遗产主要是同被继承人的遗产数额相比较而言，而且可以根据情况，分给他们遗产的份额可以多于也可以少于法定继承人应继承的遗产份额。①

对于可以分得适当遗产的非继承人而言，依法分得适当的遗产，属于其享有的民事权利。在分割遗产时，其本人或者代理人可以向遗产管理人主张分得适当遗产。当该项权利受到侵害时，即遗产管理人没有分给其适当的遗产，其可以向人民法院提起诉讼，来保护自己的合法权益。

法条关联

◆《最高人民法院关于贯彻执行〈中华人民共和国继承法〉若干问题的意见》

19. 被收养人对养父母尽了赡养义务，同时又对生父母扶养较多的，除可依继承法第十条的规定继承养父母的遗产外，还可依继承法第十四条的规定分得生父母的适当的遗产。

31. 依继承法第十四条规定可以分给适当遗产的人，分给他们遗产时，按具体情况可多于或少于继承人。

32. 依继承法第十四条规定可以分给适当遗产的人，在其依法取得被继承人遗产的权利受到侵犯时，本人有权以独立的诉讼主体的资格向人民法院提起诉讼。但在遗产分割时，明知而未提出请求的，一般不予受理；不知而未提出请求，在二年以内起诉的，应予受理。

【注：这一条款中 2 年诉讼时效的规定，与《民法总则》3 年的规定相违背，应按照“3 年”执行】

◆《最高人民法院关于被继承人死亡后没有法定继承人，分享遗产人能否分得全部遗产的复函》

江苏省高级人民法院：

你院（1991）民请字第 21 号关于沈玉根诉马以荣房屋典当一案的请示报告和卷宗均以收悉。

经研究认为，沈玉根与叔祖母沈戴氏共同生活 10 多年，并尽了生养死葬的

① 《最高人民法院关于贯彻执行〈中华人民共和国继承法〉若干问题的意见》第 31 条。

义务。依照我国继承法第十四条的规定，可分给沈玉根适当的遗产。根据沈戴氏死亡后没有法定继承人等情况，沈玉根可以分享沈戴氏的全部遗产，包括对已出典房屋的回赎权。至于是否允许回赎，应依照有关规定和具体情况妥善处理。

以上意见，供参考。

案例评议

林某贵、陈某与陈某华法定继承纠纷案①

◆ 裁判规则

继承人以外的对被继承人扶养较多的人，可以分配给他们适当的遗产。

◆ 评议

本案中，继承人父母作为其儿子的第一顺位的继承人，虽然双方互相指责对方没有抚养被继承人，但是事实上双方都在被继承人生长发育的不同阶段对其进行了抚养，他们可以获得适当的遗产，并无问题。但是第三人陈某能否获得相应的遗产份额，争议较大。从案情来看，1990 年起林某雄到广州随林某贵共同生活至成年，林某雄归林某贵抚养后，陈某帮助林某贵承担起对林某雄的抚养和教育责任，直至送林某雄应征入伍并成为军官，其养育之恩并不亚于生育之恩。陈某既不是被继承人法律意义上的继母，也不是其养母，其不属于我国《继承法》第 10 条规定的继承人范围，其对被继承人倾尽母爱之情，对林某雄的抚养和教育，属于《继承法》第 14 条规定的继承人以外的对被继承人扶养较多的人。我国《继承法》第 14 条规定，对继承人以外的依靠被继承人扶养的人，或者继承人以外的对被继承人扶养较多的人，可以分给适当的遗产。所以在被继承人没有设立遗嘱的情况下，对给予被继承人扶养较多的人，可以分给其适当的遗产。而陈某对于被继承人的扶养，主要是出自于对林某贵的同情和帮助，所以从林某贵应得的份额分割一部分给陈某，较为妥当。

---

① 汕头市中级人民法院（2015）汕中法民一终字第 239 号。

第一千一百三十二条　【继承的处理方式】

继承人应当本着互谅互让、和睦团结的精神，协商处理继承问题。遗产分割的时间、办法和份额，由继承人协商确定；协商不成的，可以由人民调解委员会调解或者向人民法院提起诉讼。

本条来源

《继承法》第15条规定，继承人应当本着互谅互让、和睦团结的精神，协商处理继承问题。遗产分割的时间、办法和份额，由继承人协商确定。协商不成的，可以由人民调解委员会调解或者向人民法院提起诉讼。

立法演变

《民法典》与征求意见稿相比没有变化。

条文释义

本条规定了继承的解决方式，主要涉及三个问题：

第一，处理继承问题，要求继承人本着互谅互让、和睦团结的精神。遇到问题，特别要注重协商。继承问题的当事人之间，特别是法定继承人之间，多具有姻亲或者血亲关系，过多的争议将导致双方关系恶化，不利于正确处理继承关系和继承纠纷的解决。这一精神也在其他条款中有所体现，比如在分配遗产时，同一顺序的继承人一般均等。但是，各个继承人协商同意的，也可以不均等。

第二，在遗产分割时，由继承人协商确定遗产分割的时间、办法和份额。这一规范既是继承人互谅互让、和睦团结精神的要求，也是这一精神在遗产分割问题中的具体体现。

第三，法律鼓励并提倡继承人采用协商的方法来解决遗产分割的时间、办法和份额，尽量减少和避免产生矛盾和纠纷。但是法律并没有拒绝他们采用法律手段维护自己的权益，如果当事人协商不成，其可以由人民调解委员会来调解他们的纠纷，也可以向人民法院提起诉讼。

继承问题，特别是法定继承问题，涉及血亲和姻亲，应该协商解决。下面一段法院对于继承案件的解决中，法官的有感而发，较为精彩，摘录如下：“亲情是人类永远无法割舍的命脉，也是人类生活于世的无尽动力。孝老敬亲历来也是人伦之本，更是中华民族传承了几千年的传统美德，亦为法律所倡导，为中华儿女所恪守。当事人在处理家庭关系时应当本着团结和睦、礼让包容的原则，以和缓、理性的方式积极主动地化解家庭矛盾，尽量避免矛盾升级，引发新的冲突。这不仅能为子女树立良好的行为典范，也能营造出文明、和谐的家庭氛围，只有家庭和谐了才能使家道兴盛、和顺美满。古语有言，家和万事兴，家齐国安宁。只有在家庭中实现亲人友爱、下一代健康成长、老年人老有所养，才能最终实现国家发展、民族进步、社会和谐的目标。”①

案例评议

陆某 1 与陆某 2、方某分家析产案②

◆ **裁判规则**

上海农村地区的农民如果生育两个女儿，住家女儿招女婿，家中财产均归住家女儿；出嫁女儿完全放弃娘家所有财产的风俗确实存在。当事人所签订协议的内容有风俗习惯可循，系双方真实的意思表示，当事人理应按诚信原则予以履行。

◆ **评议**

本案一个最重要的问题是协议的性质问题，即本案是遗产分割协议还是争议房屋处理和遗产分割作为共同内容的混合分割协议。

（一）遗产分割协议

遗产分割协议是指各个继承人或其他应分得遗产的人按照其应得的遗产份额对遗产进行分配，使遗产实际转归各个继承人或其他人所有的法律行为。遗产分割协议的特征是：第一，遗产分割协议的主体是继承人或其他应分得遗产的人；第二，遗产分割协议内容是对遗产的分割，而不是其他财产；第三，遗产分割协议的法律后果是使遗产实际转归各个继承人或其他人所有。

---

① 李某 1 遗嘱继承纠纷审判监督民事判决书，北京市第一中级人民法院（2017）京 01 民再 99 号。

② 上海市闵行区人民法院（2018）沪 0112 民初 26090 号。

具体到本案而言，因争议的房屋分两次建设，权利主体并不完全相同。第一次房屋的共有人有陆某1、陆某2和两被继承人。在两被继承人死亡后，房屋被陆某1和陆某2继承，两位作为第一顺位继承人签订的协议，可以认为是遗产分割协议。而第二次房屋共64平方米，共有人有陆某2、方某和两被继承人。在两被继承人死亡后，应该首先进行财产的分割，将一半的财产划归陆某2和方某。剩余的一半由陆某1和陆某2继承。因此，尽管在协议的起手将其界定为房屋析产继承事宜问题，而且签字人也仅为陆某1和陆某2。但是从协议中处理的财产来看，并不限于遗产；而是包括遗产在内总的家庭财产的混合分割协议，所以其性质上并不是完全的遗产分割协议。

（二）混合分割协议的效力

因为这个协议既包括了遗产分割协议，又包括了家庭财产分割协议，虽然对于遗产分割协议而言，只要求继承人签字即可。但是对于其他家庭财产分割而言，就需要所有的产权人予以签字。所以在本案中原告认为方某没有签字将导致协议无效。但是我们应该注意，陆某2与方某的夫妻关系，陆某2即使没有代理权，不完全符合表见代理的要件，但是因为方某的事后追认，导致影响协议效力的当事人适格问题得以解决。

本案不仅包括遗产继承，还包括分家析产的内容，因为在协议的具体内容里不仅约定了遗产的问题，还将涉案房屋作为一个整体进行了处置，所以原告主张自己享有房屋的部分面积的主张，因与协议约定相违背，没有得到人民法院的认可。但是需要注意的是，这一协议的约定是否因违反了法律的强制性规定而无效？在这一点，法院考察了上海市的相关风俗，即上海农村地区的农民如果生育两个女儿，住家女儿招女婿，家中财产均归住家女儿；出嫁女儿完全放弃娘家所有财产的风俗确实存在。在肯定这一风俗并不违反法律，协议是当事人真实的意思表示的前提下，肯定了协议的效力。

第三章 遗嘱继承和遗赠

本章概要

保障遗嘱人的遗嘱自由、尊重其处理自己财产的意愿历来属于继承法的重中之重。而遗嘱自由原则则处于提纲挈领的地位，我国继承相关法律法规为了保障遗嘱人的遗嘱自由，规定了自书遗嘱、代书遗嘱、口头遗嘱、公证遗嘱、录音遗嘱等形式，而且为适应时代的发展，规定了打印遗嘱和录像遗嘱这两种新的类型。这两种新的类型不仅可以释放遗嘱人利用现代科技制作遗嘱的自由，而且可以保障其根据客观情况的发展变化，随时撤回自己之前的遗嘱，保障遗嘱为自己真实的意思表示。

尊重遗嘱人的遗嘱自由，不仅体现在新增加了遗嘱的形式，而且在遗嘱人存在数份遗嘱的情况下，废除了之前的公证遗嘱优先的规则，按照时间顺序，内容相互抵触的，以最后的遗嘱为准。

为保障遗嘱人的遗嘱自由，保障遗嘱为遗嘱人真实的意思表示，规定了见证人制度。规定无民事行为能力人、限制民事行为能力人以及其他不具有见证能力的人、继承人、受遗赠人、与继承人、受遗赠人有利害关系的人都不得作为见证人。与《继承法》相比，增加了其他不具有见证能力的人，将聋哑人等不适合作为见证人的主体排除在见证人的范围之外，更有利于确定遗嘱的真实性。遗嘱人不仅可以安排其财产的继承问题，而且可以在遗嘱中对接受其遗产的主体安排其履行相应的义务。如果接受遗产的人不履行相应的义务，而且其没有正当理由，经利害关系人的申请，法院可以取消其相应部分的遗产。

遗嘱自由的前提是遗嘱体现了遗嘱人真实的意思表示，如果遗嘱人受到胁迫、欺诈，则遗嘱无效。如果遗嘱人属于无民事行为能力或者限制民事行为能力人，因为不具有遗嘱能力，遗嘱也当然无效。既然遗嘱体现遗嘱人真实的意思表示，所以不是遗嘱人真实意思表示的情形，比如伪造的遗嘱、篡改的遗嘱，都不具有相应的法律效力。

当然，遗嘱自由是法定范围内的自由，所以遗嘱人只能处分自己的财产，如果在遗嘱中处分了其他主体的财产，处分这部分遗产的内容就不能发生遗嘱人所期望的后果。而且遗嘱人在处分自己财产时，还必须为缺乏劳动能力又没有生活来源的继承人保留必要的遗产份额。

第一千一百三十三条　【遗嘱处分个人财产】

自然人可以依照本法规定立遗嘱处分个人财产，并可以指定遗嘱执行人。

自然人可以立遗嘱将个人财产指定由法定继承人中的一人或者数人继承。

自然人可以立遗嘱将个人财产赠与国家、集体或者法定继承人以外的组织、个人。

自然人可以依法设立遗嘱信托。

本条来源

《继承法》第16条规定，公民可以依照本法规定立遗嘱处分个人财产，并可以指定遗嘱执行人。公民可以立遗嘱将个人财产指定由法定继承人的一人或者数人继承。公民可以立遗嘱将个人财产赠给国家、集体或者法定继承人以外的人。

《民法典》将“公民”替换为“自然人”，在遗赠条款中增加了“组织”这一受遗赠人；并且增设了“自然人可以依法设立遗嘱信托”这一条款。

立法演变

与之前的征求意见稿相比，《民法典》在遗赠条款中增加了“组织”这一受遗赠人；并且增加了“自然人可以依法设立遗嘱信托”这一条款，其他的条文没有发生变化。

就《民法典》这一条款，学者建议稿基本规定了相同的内容。但是与《民法典》相比，内容较为丰富。比如《梁稿民法典草案》第1860条［遗嘱的定义］规定，遗嘱是自然人按照法律的规定处分自己的财产，安排与此有关的事务，并于死亡后发生效力的单方法律行为。另外，对于这一部分内容，学者的称谓不同。比如梁慧星老师将其这一条款界定为遗嘱自由原则,① 王利明老师将其称为遗嘱处分自由原则,② 而杨立新老师将其规定在遗嘱处分这一条款之下。③ 但是除了《民法典》的规定内容，学者建议稿还提出了以下几个规则：

第一，代理禁止。比如，《梁稿民法典草案》第 1861 条［代理的禁止］规定，遗嘱应由遗嘱人亲自订立，第三人代理设立的遗嘱无效。《杨稿继承法草案》第 20 条第 3 款规定，遗嘱人应当亲自立遗嘱。这一点应该已经成为共识，在《民法典》中明确这一规定，较为妥当。

第二，遗嘱能力。《杨稿继承法草案》第 21 条规定了遗嘱能力，规定："遗嘱人立遗嘱时必须有完全民事行为能力。无民事行为能力人或者限制民事行为能力人所立遗嘱无效。遗嘱人立遗嘱时有完全民事行为能力，后来丧失完全民事行为能力的，不影响遗嘱的效力。"这一规定并没有问题，但是因为《民法典》规定了遗嘱无效制度，规定无民事行为能力人或者限制民事行为能力人所立遗嘱无效；而且《民法典》总则编部分规定了民事法律行为能力制度，如果遗嘱能力与一般民事行为能力制度在对当事人行为能力方面相同对待，遗嘱能力的考量可以沿用《民法典》总则编的规定，所以《民法典》是否规定遗嘱能力不影响法律条款的适用；为了避免条款重复，不予规定较为妥当。

条文释义

本条是关于遗嘱和遗赠的一般规定。

（一）遗嘱

遗嘱是指自然人在生前按照法律的规定对自己的财产处分作出意思表示及

---

① 《梁稿民法典草案》第 1862 条［遗嘱自由原则］规定，自然人可以依照本法的规定设立遗嘱，指定由法定继承人中的一人或者数人继承其遗产，或者将其个人财产赠与国家、集体或者法定继承人以外的其他人。

② 《王稿民法典草案》第 584 条［遗嘱处分自由］规定，遗嘱人可以在遗嘱中指定法定继承人的一人或者数人继承遗产，也可以通过遗嘱将遗产赠给国家、社会组织或者法定继承人以外的人。

③ 《杨稿继承法草案》第 20 条［遗嘱处分］规定，自然人可以通过设立遗嘱处分个人财产。其个人财产可以由指定的法定继承人继承，也可以遗赠给法定继承人以外的自然人、法人、其他社会组织或国家。自然人可以依法设立遗嘱信托。遗嘱人应当亲自立遗嘱。

安排与此有关的事务并于死亡后发生法律效力的单方民事行为。① 在遗嘱中，设立遗嘱的自然人称为立遗嘱人或遗嘱人，而遗嘱指定的继承人则为遗嘱继承人。在遗嘱中，可以规定遗嘱执行人。同其他民事法律行为相比较，遗嘱具有以下法律特征：

第一，遗嘱是由自然人实施的法律行为。遗嘱的性质和内容决定了只有自然人才有资格设立遗嘱，对其个人财产作出处分，其他民事主体，比如法人或者非法人组织都不能设立遗嘱，这一点也为我国《民法典》确认。

第二，遗嘱是无相对人的单方民事法律行为。遗嘱只需要立遗嘱人自己的意思表示即可成立，无须取得遗嘱指定的继承人的同意，因不存在合意问题，因此遗嘱属于单方民事法律行为。这意味着遗嘱的设立、变更和撤销仅需要立遗嘱人单方的意思表示就能成立，不受他人意思表示的影响，也不需要取得其他人的同意。

遗嘱只需要立遗嘱人的意思表示即可成立，不必向一定相对人进行表示，也不需要任何人受领。当然相对人也没有承受的义务，所以遗嘱继承人也可以放弃遗嘱。

第三，遗嘱是遗嘱人亲自作出的，在其死亡后发生效力的民事法律行为。遗嘱是遗嘱人处分自己死后财产的法律行为，影响其处分决定的因素是其与有关亲属之间的感情，这一感情独属被继承人，其他人无法具有这种体验，因此必须由遗嘱人亲自进行，不得代理。② 遗嘱须由遗嘱人亲自设立，是其真实的意思表示，不需要他人意思的补正，也不能由他人进行代理，代理设立的遗嘱无效。即使许可代书遗嘱的国家，如我国，立遗嘱人也只是请他人代笔，而遗嘱的具体内容也还是立遗嘱人根据自己意思表示的口述，代书人的作用仅仅是记录。被继承人设立遗嘱的目的是在生前对其死后的个人财产做出最终安排，因此，只有被继承人死亡后遗嘱才发生法律效力。只要遗嘱人还生存，不管这种遗嘱订立了多长时间，均不发生法律效力，任何继承人都不能按照已订立的遗嘱继承财产。这是因为，虽然遗嘱是否有效需要根据立遗嘱时的情况决定。

---

① 《梁稿民法典草案》第1860条［遗嘱的定义］规定，遗嘱是自然人按照法律的规定处分自己的财产，安排与此有关的事务，并于死亡后发生效力的单方法律行为。

② 张玉敏：《继承法律制度研究》，法律出版社1999年版，第238页。

但是因为在被继承人死亡前，其可以随时撤回或者变更遗嘱的内容，而其死亡后，就不发生撤回或者变更的问题。

值得注意的是，遗嘱虽为死因行为，在遗嘱人死亡后发生效力，但死因行为并不都是遗嘱。例如，死因赠与也是于赠与人死亡后才发生效力的死因行为，但是它属于双方法律行为，而不属于遗嘱。①

第四，遗嘱是要式民事法律行为。我国《继承法》和《民法典》都明确规定了各类遗嘱的形式及其具体条件，如果遗嘱人所立遗嘱不符合法律规定的形式，则不发生效力。被继承人应当按照法律的规定设立遗嘱，否则就不发生其所期望的法律后果。当然遗嘱是否依据法定的形式，应根据立遗嘱人设立遗嘱时进行判断，而不是执行遗嘱之时。因此，只要设立遗嘱时符合法律规定的形式，之后在执行遗嘱时并不符合法定形式，也不影响遗嘱的效力。

需要注意的是，遗嘱虽然没有相对人，但是自然人在设立遗嘱时不仅可以将财产指定给法定继承人中的一人或者数人继承，而且可以在遗嘱中指定遗嘱执行人，由该遗嘱执行人负责遗嘱的执行。

另外，尽管有效的遗嘱必须具有上述特征，但这不等同于遗嘱继承的特征。因为，并非只要有遗嘱，就必然会发生遗嘱继承。即使存在合法有效的遗嘱，是否发生遗嘱继承还取决于遗嘱继承人是否接受继承。只有遗嘱继承人接受遗嘱继承才会实际发生遗嘱继承，如果遗嘱继承人放弃继承，则适用法定继承。

（二）遗赠

《民法典》第 1133 条第 3 款规定了遗赠，自然人可以立遗嘱将个人财产赠给国家、集体或者法定继承人以外的组织、个人。根据这一规定可以得知，我国继承法律所称的遗赠，是指自然人设立遗嘱，将其个人财产赠与国家、集体或者法定继承人以外的组织或者自然人，并于其死亡后才发生法律效力的单方民事法律行为。立遗嘱的自然人为遗赠人，被指定赠与财产的人为受遗赠人，遗嘱中指定赠与的财产为遗赠财产或遗赠物。依据《民法典》的规定，遗赠具有以下法律特征：

第一，遗赠是一种单方民事法律行为。在遗赠中，遗赠人必须以遗嘱的形式进行遗赠，其具有遗嘱的相关特点。而且，遗赠的成立并不需要受遗赠人的

---

① 史尚宽：《继承法论》，中国政法大学出版社 2000 年版，第 399－402 页。

同意，只要有遗赠人一方的意思表示，遗赠即可成立。当然，遗赠人在生前也可以随时改变或者取消遗赠。因此，遗赠是一种单方的民事法律行为。

第二，遗赠是无偿的民事法律行为。遗赠是遗赠人无偿向受赠人转让其财产的行为，其标的物是遗赠物，该遗赠物为财产利益。一般来说，受遗赠人只从遗赠人处取得财产利益，并不需要履行相应的义务。因此，遗赠是一种无偿的民事法律行为。但值得注意的是，在遗赠中遗赠人可以对遗赠附有某种义务，但该义务也不是受遗赠人取得赠与财产的对价，其无损于遗赠的无偿性。

第三，遗赠是赠与人死后生效的法律行为。遗赠是遗赠人生前作出的将其个人财产赠与他人的意思表示，该行为在受遗赠人死亡后才发生法律效力。因为在遗赠人死亡之前，其可以随时改变或者撤回该遗赠，所以只有遗赠人死亡后，遗赠的内容才无法改变；这也是由遗赠通过设立遗嘱的形式设立而决定的。从这点可以看出，遗赠的成立与遗赠的生效是两个问题，遗赠只有在遗赠人死亡后才能发生效力，受遗赠人也只有在遗赠人死亡后才能接受遗赠人的财产。因此，如果受遗赠人先于遗赠人死亡或与遗赠人同时死亡，遗赠因无受领人而不能执行，遗赠中的财产只能按照法定继承处理。

第四，遗赠是对特定范围内的人赠与财产的行为。我国《民法典》和《继承法》明确规定只能将财产赠给国家、集体或者法定继承人以外的组织或者个人。这意味着法定继承人不能作为受遗赠人，只能作为遗嘱继承人。这是遗赠与遗嘱继承的一个重要的区别。

另外需要注意的是，学者对于遗赠是否必须由受遗赠人亲自接受，存有争议。有学者认为受遗赠权属于财产权，可以继承，受遗赠人在规定的期限内未及时作出是否接受遗赠的意思表示而死亡的，其继承人可以代为作出接受或放弃受遗赠的表示。[①] 但是需要注意的是，遗赠是遗赠人出于特定的目的对于特定的受遗赠人进行的赠与，如果受赠人没有接受赠与前死亡，受赠人的继承人并不一定属于赠与人愿意赠与之人；而且遗赠属于无偿行为，即使不让受赠人的继承人继承也不会对其造成损害。最后也是更重要的是，这一观点与《民法典》相违反，《民法典》第1154条规定，受遗赠人先于遗嘱人死亡的，遗产中的相关部分按照法定继承办理。所以，遗赠必须由受遗赠人亲自接受，其继承

① 郭明瑞、房绍坤、关涛：《继承法研究》，中国人民大学出版社2003年版，第143页。

人或者承继其权利义务的其他组织不能作为受遗赠人。

（三）遗嘱信托

《民法典》规定自然人可以依法设立遗嘱信托。从学者建议稿来看，《杨稿继承法草案》第20条第2款规定了自然人可以设立遗嘱信托。《梁稿民法典草案》第1877条也规定了遗嘱信托。该条规定，遗嘱人设立遗嘱信托的，应当符合信托法的有关规定。《王稿民法典草案》没有规定这一制度。因为我国《信托法》已经规定了可以设立遗嘱信托，所以从理论上看，是否规定这一制度应该也不影响遗嘱信托的设立。但《民法典》作为基本法或者一般法，在此予以规范，然后具体问题依据《信托法》，更符合逻辑思维的规律，规定较为合适。

法条关联

◆《海商法》

第三十七条 船长应当将船上发生的出生或者死亡事件记入航海日志，并在两名证人的参加下制作证明书。死亡证明书应当附有死者遗物清单。死者有遗嘱的，船长应当予以证明。死亡证明书和遗嘱由船长负责保管，并送交家属或者有关方面。

◆《信托法》

第八条 设立信托，应当采取书面形式。

书面形式包括信托合同、遗嘱或者法律、行政法规规定的其他书面文件等。

采取信托合同形式设立信托的，信托合同签订时，信托成立。采取其他书面形式设立信托的，受托人承诺信托时，信托成立。

◆《民政部、中国银行业监督管理委员会关于做好慈善信托备案有关工作的通知》

二、明确程序和要求

（一）设立备案。

慈善信托受托人按照《慈善法》规定向民政部门提出备案申请的，应提交以下书面材料：

1. 备案申请书（格式见附件1）。

2. 委托人身份证明（复印件）。

3. 担任受托人的信托公司的金融许可证或慈善组织的社会组织法人登记证书（复印件）。

4. 信托合同、遗嘱或者法律、行政法规规定的其他书面信托文件。信托文件至少应载明以下内容：(1) 慈善信托的名称；(2) 慈善信托的慈善目的；(3) 委托人、受托人的姓名、名称及其住所；(4) 不与委托人存在利害关系的不特定受益人的范围；(5) 信托财产的范围、种类、状况和管理方法；(6) 受益人选定的程序和方法；(7) 信息披露的内容和方式；(8) 受益人取得信托利益的形式和方法；(9) 受托人报酬；(10) 如设置监察人，监察人的姓名、名称及其住所。

5. 开立慈善信托专用资金账户证明、商业银行资金保管协议。

6. 其他材料。

以上材料一式四份，提交民政部门指定的受理窗口。

申请备案材料符合要求的，由民政部门当场出具备案回执（见附件2）；不符合要求的，应当一次告知受托人补正相关材料。

◆《电子签名法》

第三条 民事活动中的合同或者其他文件、单证等文书，当事人可以约定使用或者不使用电子签名、数据电文。

当事人约定使用电子签名、数据电文的文书，不得仅因为其采用电子签名、数据电文的形式而否定其法律效力。

前款规定不适用下列文书：

（一）涉及婚姻、收养、继承等人身关系的；

（二）涉及停止供水、供热、供气等公用事业服务的；

（三）法律、行政法规规定的不适用电子文书的其他情形。

◆《提存公证规则》

第二十九条 司法机关或行政机关因执行公务而申办提存公证的，参照本规则办理。

监护人、遗产管理人为保护被监护人、继承人利益，请求将所监护或管理的财产提存的，参照本规则办理。

遗嘱人或赠与人为保护遗嘱受益人或未成年的受赠人利益，请求将遗嘱所处分的财产或赠与财产提存的，参照本规则办理。

◆《公开发行证券的公司信息披露内容与格式准则第16号——上市公司收购报告书》（2014年修订）

第三十条 因继承或赠与取得上市公司股份而进行上市公司收购的，收购人应当披露其与被继承人或赠与人之间的关系、继承或赠与开始的时间、是否为遗嘱继承、遗嘱执行情况的说明等。

◆《公开发行证券的公司信息披露内容与格式准则第15号——权益变动报告书》（2014年修订）

第三十条 因继承或赠与导致信息披露义务人在上市公司中拥有权益的股份变动达到法定比例的，信息披露义务人应当披露其与被继承人或赠与人之间的关系、继承或赠与开始的时间、是否为遗嘱继承、遗嘱执行情况的说明等。

◆《最高人民法院关于财产共有人立遗嘱处分自己的财产部分有效处分他人的财产部分无效的批复》

广东省高级人民法院：

你院（86）粤法民字第16号请示报告收悉。关于刘坚诉冯仲勤房屋继承一案，经研究，我们基本同意你院审判委员会讨论的第一种意见。双方讼争的房屋，原系冯奇生及女儿冯湛清、女婿刘卓三人所共有。冯奇生于一九四九年病故前，经女儿冯湛清同意，用遗嘱处分属于自己和冯湛清的财产是有效的。但是，在未取得产权共有人刘卓的同意下，遗嘱也处分了刘卓的那一份财产，因此，该遗嘱所涉及刘卓财产部分则是无效的。在刘卓的权利受到侵害期间，讼争房屋进行了社会主义改造，致使刘卓无法主张权利。现讼争房屋发还，属于刘卓的那份房产应归其法定继承人刘坚等依法继承。

◆《最高人民法院关于向美琼、熊伟浩、熊萍与张凤霞、张旭、张林录、冯树义执行遗嘱代理合同纠纷一案的请示的复函》

陕西省高级人民法院：

你院《关于向美琼、熊伟浩、熊萍与张凤霞、张旭、张林录、冯树义执行遗嘱代理合同纠纷一案的请示报告》收悉。经研究认为，目前，《中华人民共和国民法通则》《中华人民共和国继承法》对遗嘱执行人的法律地位、遗嘱执行人的权利义务均未作出相应的规定。只要法律无禁止性规定，民事主体的处分自己私权利行为就不应当受到限制。张凤霞作为熊毅武指定的遗嘱执行人，在遗嘱人没有明确其执行遗嘱所得报酬的情况下，与继承人熊伟浩、熊萍等人就执行遗嘱相关的事项签订协议，并按照该协议的约定收取遗嘱执行费，不属于《中华人民共和国律师法》第三十四条禁止的律师在同一案件中为双方当事人代理的情况，该协议是否有效，应当依据《中华人民共和国合同法》的规定进行审查。只要协议的签订出于双方当事人的自愿，协议内容是双方当事人真实的意思表示，不违反法律和行政法规的禁止性规定，就应认定为有效。如果熊伟浩、熊萍等人以张凤霞乘人之危，使其在违背真实意思表示的情况下签订协议为由，请求人民法院撤销或者变更该协议，应有明确的诉讼请求并提供相应的证据，否则，人民法院不宜主动对该协议加以变更或者撤销。

案例评议

侯某与张某1继承纠纷案[①]

◆ 裁判规则

自然人可以立遗嘱处分个人财产，但是不能处分他人财产。《执行〈继承法〉的意见》第38条规定："遗嘱人以遗嘱处分了属于国家、集体或他人所有的财产，遗嘱的这部分，应认定无效。"

◆ 评议

在夫妻死亡前后不一，先死亡的一方没有设立遗嘱，而其配偶设立遗嘱时，往往会发生没有分割夫妻共同财产，就直接设立遗嘱处分所有的财产这一问题，这显然不合适。另外，在被继承人设立遗嘱时，往往让其子女等继承人签字，而不是让无利害关系的其他人见证，从而导致这一名为"遗嘱"的文件实质上属于"遗嘱"还是分家析产协议，产生争议，这就需要我们在设立遗嘱时避免此类情形的发生，不至于导致被继承人处分自己财产的意思表示因为违法而无效。

本案中作为被继承人遗产处理的财产，属于被继承人张某某、侯某某的夫妻共有财产。2002年5月17日，被继承人张某某死亡。张某某死亡后，因为其没有设立遗嘱，发生法定继承。根据《继承法》第26条第1款的规定，夫妻在婚姻关系存续期间所得的共同所有的财产，除有约定的以外，如果分割遗产，应当先将共同所有的财产的一半分出为配偶所有，其余的为被继承人的遗产。所以房屋的一半为侯某某所有，剩余的一半由张某某的其他第一顺序继承人继承。张某某的第一顺序继承人分别是其配偶和其四个子女张某2、张某3、张某

① 南昌市东湖区人民法院（2017）赣0102民初4835号。

4、侯某。《继承法》第13条第1款规定，同一顺序继承人继承遗产的份额，一般应当均等。所以张某某的遗产应分为5份，分别由其配偶侯某某及其子女张某2、张某3、张某4、侯某各分得房屋的1/5。至此，侯某某享有该房屋6/10的份额，张某2、张某3、张某4、侯某各享有该房屋1/10的份额。

2007年2月17日，张某4死亡。张某4的第一顺位继承人为其母亲侯某某和女儿张某1，所以其继承遗产的权利转移给她们。张某4享有房屋的1/10均分为两份。至此，侯某某享有该房屋13/20的份额，张某2、张某3、侯某各享有该房屋1/10的份额，张某1享有该房屋1/20的份额。

2015年11月11日，被继承人侯某某自书遗嘱将该房屋全部处分给侯某，但是因为该房屋的所有权由5人共有，被继承人侯某某仅有权处分其自己的份额，根据《执行〈继承法〉的意见》第38条的规定："遗嘱人以遗嘱处分了属于国家、集体或他人所有的财产，遗嘱的这部分，应认定无效。"所以该遗嘱部分有效、部分无效。

第一千一百三十四条 【自书遗嘱】

自书遗嘱由遗嘱人亲笔书写，签名，注明年、月、日。

本条来源

《继承法》第17条第2款规定，自书遗嘱由遗嘱人亲笔书写，签名，注明年、月、日。

立法演变

《民法典》与之前的征求意见稿相比，没有发生变化。

学者建议稿与《民法典》规定不完全相同，但均强调了遗嘱人亲笔书写全文的要求，但是有的学者认可遗嘱人按指印。[①]《王稿民法典草案》和《梁稿民法典草案》吸收了《执行〈继承法〉的意见》第40条的内容，规定自然人在

① 《杨稿继承法草案》第23条［自书遗嘱］：自书遗嘱由遗嘱人亲笔书写全文并在遗嘱结尾处签名或按指印，注明年、月、日。

遗书中涉及死后个人财产处分的内容，确为死者真实意思的表示，有本人签名并注明了年、月、日，又无相反证据的，视为自书遗嘱。[①] 但是这一做法并未被《民法典》所吸收。

条文释义

本条规定了自书遗嘱。

自书遗嘱，又称为亲笔遗嘱，是指由遗嘱人亲笔书写的遗嘱形式。自书遗嘱不需要见证人，只要遗嘱人亲笔书写出自己的意思表示即可；其形式简便，可随时书写，内容真实，便于保密，而且可以节省费用，所以其有大众化的趋势，被越来越多的遗嘱人采用。而且自书遗嘱对遗嘱人没有特别要求，只要遗嘱人具有文字书写能力，即可独立完成自书遗嘱。

自书遗嘱是较早得到承认的遗嘱方式，最早源于罗马法。在罗马法中，由遗嘱人自己书写遗嘱全文，无须证人在场加以证明，自书遗嘱即能产生法律效力。[②] 到了中世纪，自书遗嘱在法国成为一种较为普遍的遗嘱形式，但在法国的习惯法中，订立自书遗嘱要有见证人在场为必要。自书遗嘱后来为《法国民法典》第969条确立，规定遗嘱得亲笔作成方式为之。后来大多数国家的民法都确立了自书遗嘱，也使得自书遗嘱成为应用最广泛的遗嘱形式。我国《继承法》和《民法典》均规定了自书遗嘱，规定自书遗嘱由遗嘱人亲笔书写，签名，注明年、月、日。根据我国《民法典》的规定，自书遗嘱应当符合以下要求：

第一，自书遗嘱应当由遗嘱人亲笔书写遗嘱的全部内容。自书遗嘱必须由遗嘱人亲自书写，不能让他人代写，即使第三人代笔得到遗嘱人的承认，也不能发生自书遗嘱的效力。当然，其如果具备代书遗嘱的要件，则按照代笔遗嘱

---

① 《王稿民法典草案》第599条规定，自书遗嘱应当由遗嘱人亲笔书写或者亲自制作，签名，注明设立遗嘱的年、月、日。自然人在遗书中涉及死后个人财产处分的内容，确为死者真实意思的表示，有本人签名并注明了年、月、日，又无相反证据的，视为自书遗嘱。如有增减、涂改，应注明增减、涂改之处所及字数，另行签名。《梁稿民法典草案》第1870条［自书遗嘱］规定，自书遗嘱应当由遗嘱人亲笔书写遗嘱的全部内容并签名，注明年、月、日。自然人在遗书中涉及死后个人财产处分的内容，确为死者真实意思的表示，有本人签名并注明了年、月、日，又无相反证据的，视为自书遗嘱。

② 周枏：《罗马法原论》（下册），商务印书馆2001年版，第485页。

处理。而且只能由遗嘱人用笔将其意思记录下来，所以可以依据笔迹鉴定来判断是否本人的自笔。当然如果遗嘱人由他人帮助并且不违反其意思，第三人对于遗嘱人的书写提供物质上的帮助，也可以认定为属于遗嘱人自己的意思表示。但是，如果遗嘱人仅为被利用的工具，本人不了解书写遗嘱的文字含义，则应认定该遗嘱无效。对于其使用的笔的种类，是钢笔、圆珠笔还是毛笔，所用墨水的颜色为蓝黑、黑墨、红色等，法律也没有进行限制，意思表示记载的载体也没有限制。但是因为油笔具有挥发性的特点，使用碳素墨水的钢笔、签字笔书写的字迹颜色不容易变浅，所以如果遗嘱的生效需要很长的时间，则用碳素墨水的钢笔或者签字笔更合适，但是不能用打印、铅印等方式。使用打印机打印，如果有效则属于打印遗嘱，不属于自书遗嘱。

自书遗嘱需要遗嘱人自己书写遗嘱的内容，所以遗嘱人自己应具有一定的读写能力，不了解文字的含义，仅仅描摹他人文字的人，不能作为自书遗嘱的设立人。在书写的语言方面，可以采用通用的汉语，也可以采用少数民族语言文字，还可以采用外国语言，只要字迹清楚、意思明确即可，并无特殊要求。遗嘱既可以写在笔记上、书信中，也可以附在其他法律行为上，在这种情况下，其他法律行为的效力不影响遗嘱的效力。自书遗嘱强调遗嘱的内容由遗嘱人亲自书写，因此，在一份包括诸多内容的文书中，只要遗嘱的主要部分由遗嘱人书写即可。至于在其内容之外，其他人增添了其他内容，只要不影响遗嘱的意思表示，就不影响自书遗嘱的效力。如果遗嘱人故意没有将遗嘱的内容表达完整，比如在遗嘱继承人为数人时，没有记载他们各自的份额，则属于遗嘱的解释问题，而不能否定遗嘱的效力。

第二，内容必须是遗嘱人关于其死亡后财产处分的正式的意思表示。自书遗嘱是遗嘱人对于其死后财产处分的意思表示，只要求遗嘱人书面记载了处分遗产的真实意思，即使没有记载“遗嘱”二字，也不影响将其认定为遗嘱。比如《执行〈继承法〉的意见》第40条规定，公民在遗书中涉及死后个人财产处分的内容，确为死者真实意思的表示，有本人签名并注明了年、月、日，又无相反证据的，可按自书遗嘱对待。这一规定在《民法典》通过后依然有效。但是遗嘱人处分其死亡后财产的意思表示必须正式，如果不是正式制作的，仅是在日记或有关的信件中提到准备在其死亡后对某财产作如何处理，则一般不应认定该内容为自书遗嘱。①

第三，必须由遗嘱人签名。遗嘱人签名是自书遗嘱的基本要求，它既能证明遗嘱确为遗嘱人亲自书写，也能证明遗嘱是遗嘱人真实的意思表示，还可以起到防止变造的法律效果。② 如果只有遗嘱的全部内容，而没有遗嘱人的签名，则不知道该遗嘱是何人所为，无法得知是否为该人真实的意思表示，也无法核对其笔迹真假，就不能认可其效力。在自书遗嘱中，遗嘱人的签名须由遗嘱人亲笔书写，而不能以盖章、捺印、画押等方式代替。但是因为我国目前所处的法治环境下，我们应该尽量尊重遗嘱人对自己财产的处置，所以对于签名也应从宽解释，只要能表示遗嘱人为何人，即应肯定其效力。比如虽然签名通常在遗嘱文字末尾，但是在遗嘱开头已经表明遗嘱人为何人，也可解释为签名。或者在遗嘱正文中已经书写其完整的姓名，或者签名虽未使用其身份证上的名字，而是使用其曾用名、小名，但是足以使人知道签名者是谁，或者仅签姓或者名，但是足以表示或者确定遗嘱人为何人，也可以认可其已经签名。另外，虽有国家要求在签名后，还需要盖章，比如《日本民法典》第 968 条，但是因为我国《民法典》并未规定需要加盖印章，所以在遗嘱中遗嘱人签名后是否需要加盖其印鉴，属于遗嘱人自由决定的事项。

第四，必须注明年、月、日。自书遗嘱的年、月、日非常重要，其可以确定自书遗嘱的成立时间，在辨明遗嘱人在设立自书遗嘱时是否具有遗嘱能力以及遗嘱的真伪方面，都能提供较大的帮助。另外，存在多份自书遗嘱，自书遗嘱的时间可以帮助辨明各自的先后顺序，用以确定哪份遗嘱是最后的具有法律效力的遗嘱。在遗嘱的内容存在抵触时，日期在后的遗嘱使日期在前的遗嘱无效。在设立遗嘱后，遗嘱人的行为与遗嘱发生矛盾时，可使与遗嘱人行为相矛盾的遗嘱内容无效。因此，自书遗嘱中必须注明设立遗嘱的时间，一般必须是年、月、日记载完整，遗嘱方为有效。如果遗嘱中未注明日期的，或者所注的日期不具体的，例如只注明年、月，而未写日，如果不能依据遗嘱的其他部分对遗嘱的时间进行必要的确认时，遗嘱无效。

---

① 杨立新、朱呈义：《继承法专论》，高等教育出版社 2006 年版，第 115 页。

② 杨与龄：《民法概要》，中国政法大学出版社 2002 年版，第 385 页。

法条关联

◆《最高人民法院关于贯彻执行〈中华人民共和国继承法〉若干问题的意见》

40. 公民在遗书中涉及死后个人财产处分的内容，确为死者真实意思的表示，有本人签名并注明了年、月、日，又无相反证据的，可按自书遗嘱对待。

◆《遗嘱公证细则》

第二十条 公证处可根据《中华人民共和国公证暂行条例》规定保管公证遗嘱或者自书遗嘱、代书遗嘱、录音遗嘱；也可根据国际惯例保管密封遗嘱。

◆《司法部公证司关于如何确认涉外遗嘱效力的复函》

广东省司法厅公证管理处：

你处一九八八年十月十七日粤司公〔1988〕203号《关于如何确认涉外遗嘱效力的请示》收悉。据我驻美使馆介绍，在美国，遗嘱一般包括：口授遗嘱，自书遗嘱，见证遗嘱，公证遗嘱，见证公证遗嘱等。每个州都承认一种或几种遗嘱为有效遗嘱。美国没有专门的遗嘱检验机关。自书遗嘱须有两个见证人，并一式两份。遗嘱人死亡后，继承人应将遗嘱交遗嘱人生前所在郡法院，由该法院登广告三周，看是否有债权人申报。遗嘱人死亡六个月后，即可按遗嘱或本州法律分割遗产。自书遗嘱的见证人须以宣誓书方式证明该遗嘱是遗嘱人生前所立，如见证人也死亡，可由其家属证明自书遗嘱上的见证人签名属实。

李初弼、朱箕能所立遗嘱属于自书遗嘱，继承人应按美国的有关法律规定将遗嘱交被继承人生前所在郡法院办理有关手续，以确认遗嘱是否有效。同时办理与被继承人的亲属关系公证。这些证明均需经我驻美使领馆认证。我有关公证处再根据我司〔88〕司公字第67号《关于如何确认香港高等法院遗嘱检定书事的复函》的规定精神，审查该遗嘱内容是否符合我国法律规定并办理继承权公证。

请将办理该两件涉外遗嘱继承的结果函告我司。

◆《司法部关于办理涉台遗产继承公证若干问题的通知》

（三）已在大陆定居的台胞，生前在大陆立遗嘱处分其在台遗产，遗嘱受益人在大陆，该遗嘱受益人需在其住所地公证处办理以下公证书后，由代理人向在台的遗产管理人承认继承或向台湾地方法院诉请确认或给付：

1. 公证遗嘱，遗嘱受益人需办理身份公证书和委托书公证书。

2. 代书或自书遗嘱，需办理声明书公证书，由遗嘱见证人或遗嘱人在大陆的亲属发表声明，证明该遗嘱系遗嘱人本人生前设立的最后的遗嘱，然后再办理遗嘱受益人的身份公证书和委托书公证书。

案例评议

张某 1 与张某 2、张某 3、张某 4 继承纠纷案①

◆ **裁判规则**

自书遗嘱由遗嘱人亲笔书写，签名，注明年、月、日。自书遗嘱中，是否存在见证人并不是其生效要件。

◆ **评议**

在遗嘱继承中，因为其他形式的遗嘱往往要求见证人，所以很多人就潜意识中认为，只要是遗嘱，就必须存在见证人。但是我国继承相关法律法规所规定的自书遗嘱并没有见证人这一要件，这一点需要特别注意。反驳自书遗嘱的效力问题，必须从被继承人设立时是否属于精神健全、遗嘱人的签字是否真实或者存在其他遗嘱等方面进行；而进行笔迹鉴定是否定自书遗嘱中被继承人签字真假的最有效的方法。

第一千一百三十五条　【代书遗嘱】

代书遗嘱应当有两个以上见证人在场见证，由其中一人代书，并由遗嘱人、代书人和其他见证人签名，注明年、月、日。

本条来源

《继承法》第 17 条第 3 款规定，代书遗嘱应当有两个以上见证人在场见证，由其中一人代书，注明年、月、日，并由代书人、其他见证人和遗嘱人签名。

《民法典》仅仅调整了行文的顺序，没有改变规范的内容。

---

① 长春市中级人民法院（2017）吉 01 民终 3772 号。

立法演变

《民法典》与征求意见稿相比没有发生变化。

学者建议稿与《民法典》相比，增加了几项具体规定：[①]

第一，强调代书人应当忠实地记载遗嘱人的意思表示，不得对遗嘱人的意思表示作篡改和修正。

第二，考虑到遗嘱人使用代书遗嘱的原因可能是其本身不具有书写能力，所以有学者建议稿要求代书人向遗嘱人宣读、解释，并经过遗嘱人认可。遗嘱人不能签名时，以按指印代替。

第三，代书人、其他见证人应保守遗嘱秘密，可以应遗嘱人请求为遗嘱人保管代书遗嘱。

第四，规定了见证人不签字的法律后果，不签字的见证人不发生见证效力。

第五，有的建议稿规定见证人必须三人以上，[②] 有的学者对于签名作出更为详尽的规范，要求在遗嘱每一页内容的结尾处均签名。[③]

上述学者建议基本上都较为合理，特别是前4项，但是可惜的是，《民法典》并没有吸收这些内容，依然沿袭了《继承法》的规定，这些需要最高人民法院在司法解释中予以规范。

条文释义

本条规定了代书遗嘱。

---

① 《杨稿继承法草案》第24条［代书遗嘱］规定，代书遗嘱应当有两个以上见证人在场见证，由其中一人根据遗嘱人的口述，代书遗嘱内容，并向遗嘱人宣读、解释，经遗嘱人认可后，注明年、月、日，并由代书人、其他见证人和遗嘱人在遗嘱每一页内容的结尾处签名或按指印。《梁稿民法典草案》第1871条［代书遗嘱］规定，遗嘱人可以口述遗嘱内容，并由他人代为书写遗嘱。代书人应当忠实地记载遗嘱人的意思表示，不得对遗嘱人的意思表示作篡改和修正。代书遗嘱应当有两个以上见证人在场见证，由其中一人代书，注明年、月、日，并由代书人、其他见证人和遗嘱人签名。《王稿民法典草案》第600条［代书遗嘱］规定，代书遗嘱应当有三个以上见证人在场见证。由遗嘱人口述遗嘱意旨，由见证人中之一人笔记、选读、讲解，经遗嘱人认可后，并由遗嘱人、代书人、其他见证人签名，注明年、月、日，遗嘱人不能签名者，应按指印代替。不签字的见证人不发生见证效力。代书人、其他见证人应保守遗嘱秘密，可以应遗嘱人请求为遗嘱人保管代书遗嘱。

② 《王稿民法典草案》第600条。

③ 《杨稿继承法草案》第24条。

虽然遗嘱人可以自书遗嘱的形式对自己财产进行身后处分，但是自书遗嘱人必须具备相应的文字书写能力，如果其不具备这一能力或者不愿意采用自书遗嘱的形式而又不想支付公证的费用，法律允许遗嘱人在符合法定条件的情形下请求他人代为书写遗嘱，这就是代书遗嘱，又称为代笔遗嘱。但是因为代书遗嘱，既不是遗嘱人自己书写，又没有经过公证机关证明，为防止遗嘱受益人以利益诱惑见证人而发生串通伪造，在这种情况下往往还不容易辨明真伪，所以采用这一遗嘱形式的域外立法例并不多。但是考虑到我国人口比例中，农村人口占大多数，而且文化程度普遍不高，为了切实保障该类文盲、半文盲遗嘱人的遗嘱自由，我国《民法典》依然坚持了代书遗嘱的形式。

《民法典》第 1135 条与《继承法》第 17 条第 3 款的规定相同。根据该规定，代书遗嘱须符合以下要求：

第一，必须由遗嘱人口授遗嘱内容，并由一见证人代书。遗嘱必须由遗嘱人亲自进行，不允许他人代理，这一点在代书遗嘱中依然适用。在代书遗嘱中，遗嘱人亲自表述自己处分财产的意思，进行口述，由他人代笔书写下来。这意味着哑者或者其他存在发声障碍的人将无法单独适用代书遗嘱，如果其懂哑语，需要在其他懂哑语人的帮助下采用录音录像的方式制作遗嘱。

代书人作为遗嘱人口授遗嘱的文字记录者，必须忠实地记载遗嘱人的意思表示，而不得对遗嘱人的意思表示作篡改或修正，而且其必须通晓遗嘱人所用的语言。而且根据我国《民法典》和《继承法》及我国台湾地区“民法”的规定，代书人必须是见证人之一。

第二，须有两人以上在场见证。代书遗嘱的见证人是参加代书遗嘱，能够证明代书遗嘱真实性的人。为了保证代书遗嘱的真实性，规定代书遗嘱的立法例都对见证人的人数作了明确规定，我国《民法典》和《继承法》都规定应当有两个以上见证人在场见证，而我国台湾地区“民法”则规定有三人以上见证人。因此，如果没有两个以上的见证人在场见证，而仅有代书人一人在场代书的代书遗嘱，不具有代书遗嘱的效力。而且我国法律还要求见证人中的一人必须代书，不能由其他主体代书。

第三，遗嘱人、代书人和其他见证人必须在遗嘱上签名，并注明年、月、日。代书人在书写完遗嘱后，应向遗嘱人宣读遗嘱，在其他见证人和遗嘱人确认无误后，遗嘱人、代书人和在场的见证人都须在遗嘱上签名，并注明年、月、日。不签字的见证人不发生见证效力。[①] 如果见证人人数较多，远超两人，一般而言，见证人均需签字。但是如果有部分见证人没有签字，但是签字的见证人数达到两人的，也不应据此否定遗嘱的效力。值得注意的是，因为代书遗嘱可能是因为遗嘱人不具有书写能力而选择的遗嘱方式，在这种情况下，遗嘱人能否用捺印的方式来代替签名，法律并未作出规范。有学者认为，从现实看，许多人确实不具有书写能力，在遗嘱人不会书写自己名字的情况下，可用捺印或者盖章方式代替签名。[②] 笔者认可这一观点。

另外，代书人写完遗嘱后，是否需要对遗嘱人进行讲解，《民法典》并没有规定。我国台湾地区“民法”规定了讲解问题，其第 1194 条规定：“代笔遗嘱，由遗嘱人指定三人以上之见证人，由遗嘱人口述遗嘱意旨，使见证人中之一人笔记、宣读、讲解，经遗嘱人认可后，记明年、月、日及代笔人之姓名，由见证人全体及遗嘱人同行签名，遗嘱人不能签名者，应按指印代之。”《杨稿继承法草案》第 24 条以及《王稿民法典草案》第 600 条都规定了代书人的讲解义务。笔者认为，如果代书人在宣读遗嘱时，遗嘱人提出不解之处，代书人予以解释并没有问题。但是因为我国法律并没有规定代书遗嘱的代书人必须履行这一义务，所以即使代书人没有予以讲解的，也不能据此否定遗嘱的效力。另外，代书人、其他见证人应保守遗嘱秘密，可以应遗嘱人请求为遗嘱人保管代书遗嘱。

法条关联

◆《上海市高级人民法院对贯彻最高人民法院关于执行继承法若干意见的意见》

十、对《意见》第 35 条的理解。《继承法》生效后，遗嘱人立代书遗嘱时，签名确有困难的，可盖章或捺指印，但必须有二个以上无利害关系的人在场见证签名，证明确系被继承人的真实意思表示。认定这类遗嘱是否有效，应当慎重。

① 《王稿民法典草案》第 600 条。

② 杨立新、朱呈义：《继承法专论》，高等教育出版社 2006 年版，第 117 页。

◆《司法部公证律师司对〈关于香港居民为处理在港财产所立代书遗嘱应如何处理的请示〉的批复》

广东省司法厅公证管理处：

你处一九八八年四月七日粤司公（1988）44号函悉。关于香港居民因探亲、旅游、治病等在内地所立的代书遗嘱，在遗嘱人死亡后为拿到香港使用而申办公证事，据香港南洋商业银行信托有限公司介绍，香港居民不论在香港或内地以中文订立的遗嘱，即使没有见证人在遗嘱上签字，香港法院在得到某些必要的详情和文件佐证后也会予以确认和接受。香港法院最基本的要求，是要得到熟知遗嘱人立遗嘱详情的亲友的声明书公证书，声明他们确知遗嘱人生前曾立有遗嘱，而且确信该遗嘱是遗嘱人亲笔签署，且是唯一有效的遗嘱。香港法院也可能会根据情况要求进一步提供其他材料。因此，我司认为公证处不宜对汤启德所立代书遗嘱予以确认并给予公证。可由遗嘱见证人发表声明，公证处证明见证人签字盖章属实。在出证时，将遗嘱与声明书装订在一起，如果与声明书装订在一起的遗嘱是影印件，还必须证明影印件与原件相符。

请注意了解该公证书的使用效果，并函告我司。

案例评议

潘某、罗某等与王某1等遗嘱继承纠纷案①

◆ **裁判规则**

代书遗嘱必须由两个以上见证人在场见证，并由其中的一人代书，由见证人和遗嘱人签名。主张见证人不适格的当事人，应对其主张进行举证。

遗嘱人可以撤销、变更自己所立的遗嘱。立有数份遗嘱，内容相抵触的，以最后的遗嘱为准。

◆ **评议**

遗嘱人设有多份遗嘱，而各份遗嘱的内容并不相同时，因为事关各遗嘱继承人的利益，各方当事人往往会就其他主体手中的遗嘱效力问题提起争议。遗嘱人设立遗嘱后，怎么保障遗嘱的效力问题，不仅需要遗嘱人在设立遗嘱时符

① 贵阳市云岩区人民法院（2019）黔0103民初5711号。

合特定遗嘱的形式要件，还必须保障自己在设立遗嘱时精神健全，属于完全民事行为能力人，在设立代书遗嘱时进行录像就是较好的方式。

第一千一百三十六条　【打印遗嘱】

打印遗嘱应当有两个以上见证人在场见证。遗嘱人和见证人应当在遗嘱每一页签名，注明年、月、日。

本条来源

这是《民法典》新增加的一种遗嘱形式。

《杨稿继承法草案》第25条［打印遗嘱］规定，通过打印机打印的遗嘱，应当有两个以上见证人在场见证。遗嘱人和见证人应当在遗嘱每一页内容的结尾处签名或按指印，注明年、月、日和遗嘱的页数。

因此，可以认为《民法典》该条款是吸收《杨稿继承法草案》的内容。

立法演变

《民法典》与征求建议稿相比没有变化。

学者建议稿中只有《杨稿继承法草案》和《徐稿民法典草案》对此进行了规定，《杨稿继承法草案》第25条［打印遗嘱］规定，通过打印机打印的遗嘱，应当有两个以上见证人在场见证。遗嘱人和见证人应当在遗嘱每一页内容的结尾处签名或按指印，注明年、月、日和遗嘱的页数。《徐稿民法典草案》第97条［打印遗嘱］规定，遗嘱人打印的自书遗嘱，必须在每一页上都载有表明它是自书遗嘱的手写说明，否则无效。可见，《杨稿继承法草案》更接近《民法典》的规定。而不像《徐稿民法典草案》仅把打印遗嘱作为自书遗嘱的一种形式。

条文释义

随着计算机的广泛应用，实践中人们常常采用打印遗嘱的方式来处理自己身后财产问题。但是打印遗嘱的性质属于自书遗嘱还是代书遗嘱，其合法形式与效力问题在司法实践中一直存在争议。虽然有些法官从设备的记录和打印主体来进行区分，主张由遗嘱人自己使用电脑等设备记录和打印，并自己签字确认的，属于自书遗嘱；如果由他人电脑记录或使用他人设备打印，属于代书遗嘱，按照代书遗嘱的要求来审查这一遗嘱形式的有效性。但是依然有法官认为，打印遗嘱不属于《继承法》规定的遗嘱形式，属于无效遗嘱。也有学者认为，打印遗嘱不应该作为一种独立的类型，而应当扩充书写的含义，将打印作为书写的一种形式。应允许自书遗嘱、代书遗嘱和打印遗嘱都可以采用打印的方式，并采用更为严格的要求。① 但是《民法典》并未采纳这一建议，而是顺应了社会的发展与遗嘱人的实际需要，规定了打印遗嘱这种新的遗嘱形式。根据法律规定，打印遗嘱必须符合以下要求：

第一，打印遗嘱应当有两个以上见证人在场见证。与代书遗嘱的规定相同，打印遗嘱也需要两个以上见证人在场见证。见证人可以多于两人，但是不能低于两人。如果见证人多于两人，但是又不具有见证资格的人存在，只有符合见证资格的当事人的人数符合两人以上的，则依然符合打印遗嘱对于人数的要求。

第二，遗嘱人和见证人应当在遗嘱每一页签名，注明年、月、日。打印遗嘱并未规定打印主体，不仅遗嘱人可以打印，见证人包括不相干的民事主体（比如打印社的工作人员）都可以记录、打印，所以使用打印遗嘱的遗嘱人必须具有相当的读写能力，能够确定打印遗嘱的内容符合自己的真实意思表示。为了保障打印遗嘱符合遗嘱人的真实意思，避免伪造或者变造，《民法典》要求遗嘱人和见证人必须在每一页上签名，并注明年、月、日。

案例评议

孙某甲、孙某乙、孙某丙与王某某继承纠纷案②

◆ 裁判规则

无论是用电脑打印立下遗嘱，还是用笔墨手书立下遗嘱，只要是当事人的真实意思表示，且未违反法律、法规的强制性规定，都应当与时俱进地予以确认，不能因为书写方式的不同而轻易地否定打印遗嘱的有效性，况且《继承

---

① 房绍坤：《继承制度的立法完善—以〈民法典继承编草案〉为分析对象》，《东方法学》2019 年第 6 期。

② 湖北省高级人民法院（2014）鄂监二抗再终字第 00022 号。

法》也未明确禁止采取打印的方式立遗嘱，而对普通公民而言，法无禁止即允许。

◆ **评议**

我国《继承法》在20世纪80年代中期颁布，当时电脑等信息技术并未普及，亲笔书写主要表现为笔墨手书。但是科技发展到今天，利用电脑打印已逐渐成为人们生活中的主要书写方式。书写方式的变化也影响着人们生活方式的改变，人们在生活中以电脑打印的方式立下遗嘱的情形普遍存在。此类遗嘱是否有效，理论界和实务界均争议较大，本案的两级法院对其效力的认识也是完全相反。人们不断争议打印遗嘱的性质是属于自书遗嘱还是代书遗嘱，而且对其效力问题也无定论。而《民法典》肯定了这一新的遗嘱形式，符合社会发展变化的趋势，但是有潜在的问题没有解决：《民法典》规定的遗嘱方式是否属于法律法规的强制性规定，违反这些规定的遗嘱形式，是否有效？尽管本案认为，对普通公民而言，法无禁止即允许。这一推定，能否视为遗嘱形式的法定性规则？这些都需要最高人民法院在司法实务中进行明确。当然，对当事人而言，为了避免遗嘱的无效，最好严格遵守法律对遗嘱形式的规范。

第一千一百三十七条　【录音录像遗嘱】

以录音录像形式立的遗嘱，应当有两个以上见证人在场见证。遗嘱人和见证人应当在录音录像中记录其姓名或者肖像，以及年、月、日。

本条来源

《继承法》第17条第4款规定，以录音形式立的遗嘱，应当有两个以上见证人在场见证。

《民法典》与《继承法》相比，增加了录像这种设立遗嘱的形式。而且要求遗嘱人和见证人在录音录像中记录其姓名或者肖像，以及年、月、日。

立法演变

《民法典》与征求意见稿相比，没有变化。

学者建议稿一般都设计了录音、录像遗嘱的条款。① 但是在具体要求方面与《民法典》并不相同，并没有要求记录其姓名或者肖像，因为无法记录，而只能在录音时口述自己的姓名或者在录像时，口述姓名并录制自己的肖像。所以学者一般都规定遗嘱人、见证人应当在录音、录像资料中录下其姓名或者肖像，表明制作录音、录像遗嘱的时间。② 为了防止此类遗嘱被删减、伪造，一般规定了封存制度。比如《杨稿继承法草案》第27条第3款规定，录音、录像遗嘱作成后，应当当场密封，并由遗嘱人、见证人在密封处签名或按指印，注明年、月、日。而在开启时，也需要在见证人见证下启封。比如《梁稿民法典草案》第1872条第（3）项规定，录音遗嘱应当在见证人、继承人、受遗赠人以及其他利害关系人都在场的情况下当众启封。但是这些密封及启封制度，并未被《民法典》吸收。

条文释义

本条规定了录音录像遗嘱的遗嘱方式及要件。

录音遗嘱是现代科学技术发展的产物，是一种新型的遗嘱方式。我国《继承法》第17条第4款规定了录音遗嘱这种形式的遗嘱及其生效要件。尽管从本质上来看，录音遗嘱应属于是指以录音方式录制下来的口头遗嘱。③ 只是这种口头遗嘱与一般口头遗嘱以书面形式为载体不同，其载体是录音。另外随着科技的发展，现在社会除录音机外，录像机、电脑等也日益普及，据此我国《民

---

① 《梁稿民法典草案》虽然在条款名称部分使用“录音遗嘱”一词，但是其在具体界定录音遗嘱时强调包括录像等方式。参加《梁稿民法典草案》第1872条［录音遗嘱］规定，遗嘱人可以用录音（含录像、光盘以及其他电子读物）的方式制作遗嘱。以录音形式设立遗嘱，应当有两个以上见证人在场见证。录音遗嘱应当由遗嘱人亲自制作，遗嘱人在录制完遗嘱后，应将记载遗嘱的磁带封存，遗嘱人、见证人应当在封存好的录音遗嘱的封口上签名并注明年、月、日。录音遗嘱应当在见证人、继承人、受遗赠人以及其他利害关系人都在场的情况下当众启封。

② 《王稿民法典草案》第601条［录音录像遗嘱］规定，录音录像遗嘱应当由遗嘱人主持制作，并应邀请两个以上见证人在场见证。遗嘱人、见证人应当在录音、录像资料中录下其姓名或者肖像，表明制作录音、录像遗嘱的时间。见证人应保守遗嘱秘密，可以应遗嘱人请求为遗嘱人保管代书遗嘱。

③ 郭明瑞、房绍坤：《继承法》（第二版），法律出版社2004年版，第146页。当然，录音录像遗嘱也属于自书遗嘱。徐国栋主编：《绿色民法典草案》，社会科学文献出版社，2004年版，《继承法》第83条。

法典》将我国的录音遗嘱扩展为录音录像遗嘱。比如我国台湾地区“民法”中原没有录音遗嘱的规定，但在1985年修改民法继承编时，其将录音形式作为口头遗嘱的一种形式，该民法第1195条规定，遗嘱人因生命危急或其他特殊情形，不能依其他方式为遗嘱者，得依左列方式之一为口授遗嘱：（一）由遗嘱人指定两人以上之见证人，并口授遗嘱意旨，由见证人中之一人，将该遗嘱意旨，据实作成笔记，并记明年、月、日，与其他见证人同行签名。（二）由遗嘱人指定两人以上之见证人，并口授遗嘱意旨、遗嘱人姓名及年、月、日，由见证人全体口述遗嘱之为真正及见证人姓名，全部予以录音，将录音带当场密封，并记明年、月、日，由见证人全体在封缝处同行签名。可见，其将口头遗嘱分为口授和口述录音两种类型。虽然其没有规定录像遗嘱，但是有学者认为，录音时同时录像的，其可信度更高，本在法律许可之列。[①] 但是我国《民法典》并没有将其作为口头遗嘱的一种，而是作为一种独立形式的新的遗嘱类型。这一点在《民法典》第1138条可以看出，其强调在危急情况消除后，遗嘱人能够采用书面或录音录像形式立遗嘱的，所立的口头遗嘱无效。该条款将录音录像遗嘱作为一种与书面遗嘱并列的类型，将其作为口头遗嘱的替代形式。

根据《民法典》的规定，我们认为录音录像遗嘱应当符合下列要件：

第一，必须有两个以上的见证人在场见证，并需要将自己的情况录制在存储设备上。见证人在场见证的目的，是保证录音录像录制的遗嘱为遗嘱人真实的意思表示。在录制遗嘱时，见证人应当把各自的姓名或者其他情况在录音时予以说明或者在录像时展示其肖像，并在遗嘱人录制完遗嘱后，将自己的见证证明录制在录制遗嘱的音像磁带或者U盘或者移动硬盘等其他存储设备上，并在录音录像时口述录制的年、月、日。

第二，遗嘱人必须在录音录像中亲自口述其遗嘱的内容，注明年、月、日。遗嘱人必须在录音或者录像时，亲自清楚地口述遗嘱的全部内容。对该录音录像，不能由他人代述或转述，而且自己在口述时，需要声音清晰，内容要具有条理、清楚明白，不能含糊不清。录音录像中，遗嘱人口述的内容应当较为具体，对其所有的财产中的全部或者部分由何人继承，应该明确确定。遗嘱人在录制的过程中应当口述出录制的年、月、日。

---

① 杨与龄：《民法概要》，中国政法大学出版社2002年版，第386页。

另外，由于录音带、录像带、U盘、移动硬盘等视听资料容易被他人删减、伪造，所以有学者提议，需要对录音录像遗嘱进行封存，在封缝处由遗嘱人和见证人共同签名，启封时也由见证人在场，来最大限度上确保录音录像遗嘱的真实性。虽然这一要求是为了保障录音录像真实性的最好的方式之一，但是《民法典》并没有作此规定。因此，在遗嘱人及见证人没有封存录音录像遗嘱的情况下，并不能直接否定其效力。

法条关联

◆《遗嘱公证细则》

第二十条　公证处可根据《中华人民共和国公证暂行条例》规定保管公证遗嘱或者自书遗嘱、代书遗嘱、录音遗嘱；也可根据国际惯例保管密封遗嘱。

案例评议

张某甲、张某乙等与张某丁继承纠纷案①

◆ **裁判规则**

以录音形式立的遗嘱，应当有两个以上见证人在场见证，且见证人不能是继承人，也不能是与继承人有利害关系的人。见证人不符合法律规定的，录音遗嘱应认定为无效。

◆ **评议**

随着手机、电脑等电子产品的普及，录音、录像已经变得触手可得。但是如何设立有效的录音录像遗嘱，依然是挡在普通老百姓面前的一道坎。两个合格的见证人是录音录像遗嘱有效的必要条件，因此，在用手机设立录音录像遗嘱时，一定要找到无利害关系的两个以上合适的见证人。

---

① 邯郸市丛台区人民法院（2014）丛民初字第71号。

第一千一百三十八条 【口头遗嘱】

遗嘱人在危急情况下，可以立口头遗嘱。口头遗嘱应当有两个以上见证人在场见证。危急情况消除后，遗嘱人能够以书面或者录音录像形式立遗嘱的，所立的口头遗嘱无效。

本条来源

《继承法》第17条第5款规定，遗嘱人在危急情况下，可以立口头遗嘱。口头遗嘱应当有两个以上见证人在场见证。危急情况解除后，遗嘱人能够用书面或者录音形式立遗嘱的，所立的口头遗嘱无效。

《民法典》仅仅增加了事后可以通过录像形式设立遗嘱，其他没有什么变化。

立法演变

《继承编草案》规定，遗嘱人在危急情况下，可以立口头遗嘱。口头遗嘱应当有两个以上见证人在场见证。危急情况消除后，遗嘱人能够用书面或者录音录像形式立遗嘱的，所立的口头遗嘱经过3个月无效。后来《民法典继承编征求意见稿》中删除了“3个月”无效期限的规定，《民法典》维持了这一变化。

学者建议稿基本规定了口头遗嘱。但是与《民法典》相比，存在以下不同：

第一，规定了见证人要将口头遗嘱作成记录并签名，注明年、月、日。[①]为了防止见证人记忆出现偏差，这一建议较为妥当。

第二，规定了无效期限的限制。比如《杨稿继承法草案》第30条［口头遗嘱］第（1）项规定，“遗嘱人在危急情况下，可以设立口头遗嘱。口头遗嘱应当有两个以上见证人在场见证。危急情况解除后，口头遗嘱自遗嘱人能够用

① 《杨稿继承法草案》第30条［口头遗嘱］第（2）项，《梁稿民法典草案》第1873条第（2）项，《王稿民法典草案》第602条第（2）项。

其他方式设立遗嘱之时起，经过3个月失效。”当然，对于无效期限，学者的建议稿并不一致。[①] 且无效期限的起算点也不相同。有学者是从危急情况解除后，遗嘱人能够用其他形式立遗嘱的开始计算；[②] 也有从危急情况解除开始计算的。[③]

条文释义

一、口头遗嘱概述

本条规定了口头遗嘱。口头遗嘱是指遗嘱人在危急情况下口头表达，并由见证人见证的遗嘱。口头遗嘱早在罗马法时就已经存在，其是指遗嘱人在证人面前口述遗嘱内容的遗嘱。[④] 口头遗嘱简便易行，各国继承法均有规定，我国也不例外，因为在遗嘱人因生命危险或者其他特殊情况下，无法采用其他方式设立遗嘱时，如果不允许设立口头遗嘱，将使得遗嘱人无法处理自己身后的财产。所以我国不仅《继承法》规定了口头遗嘱的形式，《民法典》也延续了这一规定。但因口头遗嘱的内容完全依赖见证人的表述，容易发生纠纷，各国也几乎无不对口头遗嘱的适用予以严格限制。例如，《瑞士民法典》第506条规定，被继承人因生命垂危、交通障碍、传染病或战争等原因，不能采取其他方式设立遗嘱时，得口授遗嘱；而且其应在两名证人在场的情况下，口授遗嘱意思，并委任该证人为口授遗嘱作成必要的证书。而日本法律规定，只有生命危急者、因传染病流行而被隔离者、船上人、船舶遇难人等才可设立口头遗嘱，并须经家庭法院确认方可有效。[⑤] 我国也对口头遗嘱规定了严格的形式要件。

二、口头遗嘱应当符合的条件

根据《民法典》的规定，口头遗嘱须具备以下条件：

（一）遗嘱人处于危急情况下，不能以其他方式设立遗嘱

危急情况是指遗嘱人生命处于垂危状态，或者其在战争中或者发生意外事

---

① 《梁稿民法典草案》第1873条第（3）项和《王稿民法典草案》第602条第（3）项，都规定为两周。

② 《梁稿民法典草案》第1873条。

③ 《王稿民法典草案》第602条。

④ 周枏：《罗马法原论》（下册），商务印书馆2001年版，第484页。

⑤ 《日本民法典》第976条至第979条。

故，随时可能具有生命危险，来不及或者没有条件设立其他形式遗嘱的情况。如果遗嘱人并未处于危急情况下，可以通过自书、代书、录音录像、公证等其他的方式设立遗嘱，则无口头遗嘱的适用余地，即使遗嘱人设立了口头遗嘱，该口头遗嘱也属无效。

（二）必须有两个以上的见证人在场见证

订立口头遗嘱必须有两个以上的与遗产继承无利害关系的见证人在场见证。我国《继承法》和《民法典》均规定必须有两个以上的见证人在场见证，但对于如何见证则无规定。为了防止时间的流逝导致见证人记忆的偏差或者遗忘，口头遗嘱中，见证时应由记录人或者见证人记录下来，如果在当时无法当场记录，应在事后补记遗嘱人口头遗嘱的内容，并签名。

（三）必须不存在危急情况解除后遗嘱人能够利用其他形式立遗嘱的情形

我国《民法典》规定，在危急情况解除后，遗嘱人能够用书面或者录音录像形式立遗嘱的，所立的口头遗嘱无效。尽管条文规定采用书面形式或者录音录像形式设立遗嘱时，口头遗嘱无效。但是这一表述并未限制当事人可以采用公证的形式另行设立遗嘱。另外，口头遗嘱的效力受到限制，如果危急情况解除，遗嘱人应当在一定时间内另立其他形式的遗嘱，否则即使遗嘱人没有设立其他形式的遗嘱，该口头遗嘱也将失效。当然一定时间的长短，需要法院在审判案件中进行综合判断。

法条关联

◆《最高人民法院关于中国公民宁俊华申请接受苏侨比斯阔·维克托尔·帕夫洛维赤遗赠案件的批复》

黑龙江省高级人民法院：

你院〔1988〕民复字第13号函关于中国公民宁俊华申请接受苏侨比斯阔·维克托尔·帕夫洛维赤遗赠案件的请示，经我院审判委员会第四百零四次会议讨论认为，可由哈尔滨市中级人民法院告知比斯阔的遗产代管部门，比斯阔将自己的个人财产遗赠给宁俊华、李成海，符合我国继承法的有关规定，对宁、李二人领受遗赠财产的请求应予允许。如经告知，遗产代管部门仍阻碍公民合法权利的实现，宁俊华、李成海则可以遗产代管部门为被告向法院起诉，人民法院应按照普通程序进行审理，并适用继承法的有关规定。

此复

附：黑龙江省高级人民法院关于中国公民宁俊华申请接受苏侨比斯阔·维克托尔·帕夫洛维赤遗赠案件的请示报告〔1988〕民复字第13号

最高人民法院：

哈尔滨市中级人民法院向我院请批的中国公民宁俊华申请接受苏侨比斯阔·维克托尔·帕夫洛维赤遗赠案件，经我院审判委员会研究认为应报请最高人民法院审批。现将案情及我院意见报告如下：

申请人：宁俊华，女，35岁，中国公民，哈市五金交电公司食堂厨师，原住哈市道外区崇文街23号，现住苏侨比斯阔原住处。

申请人：李成海，男，39岁，中国公民，哈尔滨市评剧院演奏员，住址同上：

遗赠人：比斯阔·维克托尔·帕夫洛维赤，男，81岁（已于1987年5月18日死亡）；苏联国籍，无职业，原住哈尔滨市道里区经纬街201－1号。

案件事实

1973年宁俊华之夫李成海经人介绍与苏侨比斯阔·维克托尔·帕夫洛维赤（以下简称比斯阔）相识，并向其学习修理乐器技术，双方来往密切。后因苏侨比斯阔身体不好，宁俊华夫妇给予其一定生活照顾，如送吃的，帮助料理家务等。1987年5月17日晚比斯阔突然发病，宁俊华夫妇将其送往医院并一直守护。比斯阔在病危时口述遗嘱“我屋子里小铜盒给你（指宁），外事科政府不要看，这个给你（将存有7014元存折和手戳给宁），房子给你（比斯阔住的是公产房，没有处分权利），修理乐器干活的东西你要（指李成海）。”当时在场人有哈市第四医院值班医生谷阳，保健室医生张素琦和宁俊华，李成海夫妇。该口头遗嘱由李成海用俄文书写纸记录下来，比斯阔于1987年5月18日凌晨在哈市第四医院患急性心肌梗塞死亡。宁俊华于1987年5月18日将情况报告派出所，市公安局外事科。哈市公安局外事科决定委托宁俊华夫妇安葬比斯阔。同年6月1日宁俊华夫妇与哈市公安局外事科等有关人员对苏侨比斯阔遗产进行了清点登记。在清点中发现一个小铜盒，内装五个金元宝、五块金币、现金人民币2000元。小铜盒内物品及2050元现金（另处发现50元），当即交由哈市道里区工程办事处保管（现由哈市公安局外事科保管）。外事科将比斯阔生前住处予以查封。嗣后宁俊华起封居住至今。

1987年6月13日宁俊华向哈尔滨市中级人民法院提出申请，诉称："其夫李成海1973年经人介绍与苏侨相识，后向其学习修理乐器技术，并给予苏侨生活照顾，苏侨去世前口述遗嘱：'我屋里小铜盒给你，不要让政府知道，这个给你（存折），房子给你，修理乐器干活的东西你要'。并将一个存有7014元的存折给我"。要求确认其接受苏侨比斯阔的遗赠。

第一审法院处理意见

哈市中院认定：苏侨比斯阔生前，宁俊华夫妇在生活上给予一定照顾。苏侨口述遗赠时，经调查二位当场见证人，其当时具有行为能力。口述遗赠宁俊华之夫李成海记录下来，并提供了二位见证人证言。经核对二位证人与本案无利害关系，比斯阔生前口述遗赠能够证实。

比斯阔死亡后，哈市公安局外事科将其有关证件及死亡证明报苏联驻我国大使馆。关于比斯阔遗赠等情况未报。根据中苏条约等有关规定，经与哈市外事办协商。外事办不同意接受办理此项事务，故哈尔滨市中级人民法院报请我院请示以下问题：①此案的主管部门是哪？哈市外事办主张此案应由公证机关处理。比照1963年外交部给江苏省外事办批复可单方（受赠人）申请法院裁定，但民事诉讼法没有明文规定究由哪管辖适宜？②程序问题。若比照63年外交部给江苏省外事办批复，应由法院裁决，按民事诉讼法特别程序审理是否合适？③文书问题。比照特别程序处理，应适用判决，但1963年外交部批复是用裁定书，应适用何种法律文书？④处理问题。若法院审处部分认定，其他遗产部分法院是否一并处理（公安局意见法院应都处理）？⑤收费问题。按特别程序受理的案件不收费，本案涉及财产数额大，是否考虑收诉讼费问题？

我院审查意见

一、应适用中国法律审理此案，并应由法院主管。

依照中华人民共和国继承法第十六条："中国公民继承在中华人民共和国境内的外国人的遗产，动产适用被继承人住所地的法律，不动产适用不动产所在地法律"的规定，此案当事人申请确认遗赠的财产均是动产，应适用该法。

二、苏侨比斯阔将个人财产口头遗赠，宁俊华、李成海接受遗赠，依据中华人民共和国继承法第十六条三款，第十七条五款之规定，应视为遗赠部分有效。但对比斯阔遗赠公产房屋产权的行为，应视为无效。

三、参照特别程序审理此案，判决确认遗赠部分有效。

对于适用何种程序审理此案，民事诉讼法并没有明确规定。但鉴于此案属当事人单方申请，法院确认遗赠有效之诉，可参照民事诉讼法中规定的特别程序判决确认遗赠部分有效。对比斯阔遗嘱未处分的遗产，则应按《中华人民共和国和苏维埃社会主义共和国联盟领事条约》第十五条保护遗产的措施中第四项规定由有关部门将比斯阔的其他遗产移交苏领馆官员处理。

以上意见妥否，请批复。

◆《最高人民法院关于适用〈中华人民共和国民事诉讼法〉的解释》

第一百零九条 当事人对欺诈、胁迫、恶意串通事实的证明，以及对口头遗嘱或者赠与事实的证明，人民法院确信该待证事实存在的可能性能够排除合理怀疑的，应当认定该事实存在。

案例评议

谢某1等与谢某6等继承纠纷案[①]

◆ **裁判规则**

在订立口头遗嘱之时不具备现实危险，未身处危急情况，且被继承人在订立口头遗嘱后能够以其他方式设立遗嘱的，其所立口头遗嘱无效。

◆ **评议**

口头遗嘱虽然是遗嘱的一种合法形式，但是从法律条款的内容来看，口头遗嘱又是一类特殊的遗嘱。在遗嘱人身体健康，危急情况消除后，口头遗嘱就失去了效力。这一点在实践中往往被遗嘱人及相关利害关系人所忽略，最终导致口头遗嘱无效。不仅遗嘱人无法利用遗嘱达成自己的目的，而且会损害遗嘱继承人的利益。口头遗嘱仅可作为一种中间形式，属于半成品，在设立此类遗嘱后，如果具备条件需要尽快设立其他形式的遗嘱。

第一千一百三十九条 【公证遗嘱】

公证遗嘱由遗嘱人经公证机构办理。

---

① 北京市西城区人民法院（2018）京0102民初40662号。

本条来源

《继承法》第 17 条第 1 款规定，公证遗嘱由遗嘱人经公证机关办理。

立法演变

《继承编草案》第 918 条规定，公证遗嘱由遗嘱人经公证机关办理。公证机关办理遗嘱公证，应当由两名以上公证员共同办理。特殊情况下只能由一名公证员办理时，应当有一名以上见证人在场。① 但是在《民法典征求意见稿》中仅保留了“公证遗嘱由遗嘱人经公证机关办理”。因为公证遗嘱的设立条件需要公证机构根据《公证规则》来办理，在《民法典》中规定公证机构的工作程序并不合适。《民法典》保留了《民法典征求意见稿》的规定，较为妥当。

学者建议稿中都对公证机构办理公证遗嘱的条件和程序进行了规范，② 但考虑到公证机构在办理公证遗嘱时，其工作程序和条件还需要遵守《遗嘱公证细则》的规定。如果《遗嘱公证细则》发生改变，公证机构的工作流程可能就会发生变化。为了保持《民法典》的稳定性，仅对公证遗嘱作此原则规定较为妥当。

---

① 这一规定与《杨稿继承法草案》第 28 条［公证遗嘱］第 1 款和第 2 款完全相同。

② 《杨稿继承法草案》第 28 条［公证遗嘱］规定，公证遗嘱由遗嘱人经公证机关办理。公证机关办理遗嘱公证，应当由两名以上公证员共同办理。特殊情况下只能由一名公证员办理时，应当有一名以上见证人在场。公证遗嘱应记明年、月、日，由公证员、见证人及遗嘱人签名或者盖章。遗嘱人不能签名的由本人捺指印，公证员将其事由加以记载。《梁稿民法典草案》第 1868 条［公证遗嘱］规定，公证遗嘱由遗嘱人经公证机关办理。公证遗嘱必须由遗嘱人亲自申请办理公证，不能委托他人办理。办理遗嘱公证应当有两个以上公证员参加，公证员办理遗嘱公证应当遵守回避程序。遗嘱人须在公证员面前以书面或者口头形式表述出遗嘱的内容。遗嘱人亲笔书写遗嘱的，应在遗嘱上签名，并注明年、月、日；遗嘱人口授遗嘱的，由公证员做出记录并向遗嘱人宣读，经确认无误后，由在场的公证员和遗嘱人签名，并注明设立遗嘱的年、月、日。公证员办理公证遗嘱应当对相关事项进行审查。审查的具体内容包括：遗嘱人的遗嘱能力、遗嘱意思表示的真实性、遗嘱形式的合法性以及其他公证规则应当审查的事项。《王稿民法典草案》第 598 条［公证遗嘱］规定，公证遗嘱，应当由遗嘱人亲自向公证机构申请办理。遗嘱人在公证员面前亲笔书写遗嘱或者由公证员记录遗嘱人的遗嘱，由遗嘱人在书面遗嘱上签名，注明年、月、日。公证员应制作《公证证明书》，并签名，加盖公证机构印章，注明年、月、日。公证机构应该保守遗嘱秘密。公证机构可以应遗嘱人的请求为遗嘱人保管公证遗嘱。

条文释义

本条规定了公证遗嘱。

公证遗嘱是指由公证机关对遗嘱人所设立的遗嘱予以公证的遗嘱。公证遗嘱因为属于第三方机构公证，一般具有真实性、合法性的特点。故此我国《继承法》曾给予公证遗嘱最为可靠的效力，赋予公证遗嘱优先效力。但是因为遗嘱形式不应存在效力优先劣后之分，只能看哪份遗嘱更能体现遗嘱人真实的意思表示，即依据哪份遗嘱是遗嘱人最后设立的遗嘱来认定其效力。所以《民法典》删除了公证遗嘱效力优先的规定。并且对于公证遗嘱的订立条件，虽然草案有所涉及，但是最后予以删除。这是合适的，因为公证机构办理公证遗嘱需要按照公证规则进行，这不属于《民法典》的管辖范畴。按照《遗嘱公证细则》的规定，办理公证遗嘱需要具备以下条件：

第一，遗嘱人申办遗嘱公证应当亲自到公证处提出申请。遗嘱人亲自到公证处有困难的，可以书面或者口头形式请求有管辖权的公证处指派公证人员到其住所或者临时处所办理。

第二，遗嘱公证应当由两名公证人员共同办理，由其中一名公证员在公证书上署名。因特殊情况由一名公证员办理时，应当有一名见证人在场，见证人应当在遗嘱和笔录上签名。见证人、遗嘱代书人应当为无利害关系人。公证人员应当向遗嘱人讲解我国法律中有关遗嘱和自然人财产处分权利的规定，以及公证遗嘱的意义和法律后果。公证处应当按照规定审查遗嘱人的身份及意思表示是否真实、有无受胁迫或者受欺骗等情况。公证人员询问遗嘱人，除见证人、翻译人员外，其他人员一般不得在场。公证人员应当按照规定制作谈话笔录。谈话笔录应当当场向遗嘱人宣读或者由遗嘱人阅读，遗嘱人无异议后，遗嘱人、公证人员、见证人应当在笔录上签名。

第三，遗嘱人提供的遗嘱，无修改、补充的，遗嘱人应当在公证人员面前确认遗嘱内容、签名及签署日期属实。遗嘱人提供的遗嘱或者遗嘱草稿，有修改、补充的，经整理誊清后，应当交遗嘱人核对，并由其签名。遗嘱人未提供遗嘱或者遗嘱草稿的，公证人员可以根据遗嘱人的意思表示代为起草遗嘱。公证人员代拟的遗嘱，应当交遗嘱人核对，并由其签名。以上情况应当记入谈话笔录。公证遗嘱采用打印形式。遗嘱人根据遗嘱原稿核对后，应当在打印的公证遗嘱上签名。遗嘱人不会签名或者签名有困难的，可以盖章方式代替在申请表、笔录和遗嘱上的签名；遗嘱人既不能签字又无印章的，应当以按手印方式代替签名或者盖章。这种情形下公证人员应当在笔录中注明。以按手印代替签名或者盖章的，公证人员应当提取遗嘱人全部的指纹存档。公证处可根据规定保管公证遗嘱或者自书遗嘱、代书遗嘱、录音遗嘱；也可根据国际惯例保管密封遗嘱。

法条关联

◆《公证法》

第三十六条 经公证的民事法律行为、有法律意义的事实和文书，应当作为认定事实的根据，但有相反证据足以推翻该项公证的除外。

第四十条 当事人、公证事项的利害关系人对公证书的内容有争议的，可以就该争议向人民法院提起民事诉讼。

◆《最高人民法院关于审理涉及公证活动相关民事案件的若干规定》

为正确审理涉及公证活动相关民事案件，维护当事人的合法权益，根据《中华人民共和国民法通则》《中华人民共和国公证法》《中华人民共和国侵权责任法》《中华人民共和国民事诉讼法》等法律的规定，结合审判实践，制定本规定。

第一条 当事人、公证事项的利害关系人依照公证法第四十三条规定向人民法院起诉请求民事赔偿的，应当以公证机构为被告，人民法院应作为侵权责任纠纷案件受理。

第二条 当事人、公证事项的利害关系人起诉请求变更、撤销公证书或者确认公证书无效的，人民法院不予受理，告知其依照公证法第三十九条规定可以向出具公证书的公证机构提出复查。

第三条 当事人、公证事项的利害关系人对公证书所公证的民事权利义务有争议的，可以依照公证法第四十条规定就该争议向人民法院提起民事诉讼。

当事人、公证事项的利害关系人对具有强制执行效力的公证债权文书的民事权利义务有争议直接向人民法院提起民事诉讼的，人民法院依法不予受理。但是，公证债权文书被人民法院裁定不予执行的除外。

第四条 当事人、公证事项的利害关系人提供证据证明公证机构及其公证员在公证活动中具有下列情形之一的，人民法院应当认定公证机构有过错：

（一）为不真实、不合法的事项出具公证书的；

（二）毁损、篡改公证书或者公证档案的；

（三）泄露在执业活动中知悉的商业秘密或者个人隐私的；

（四）违反公证程序、办证规则以及国务院司法行政部门制定的行业规范出具公证书的；

（五）公证机构在公证过程中未尽到充分的审查、核实义务，致使公证书错误或者不真实的；

（六）对存在错误的公证书，经当事人、公证事项的利害关系人申请仍不予纠正或者补正的；

（七）其他违反法律、法规、国务院司法行政部门强制性规定的情形。

第五条 当事人提供虚假证明材料申请公证致使公证书错误造成他人损失的，当事人应当承担赔偿责任。公证机构依法尽到审查、核实义务的，不承担赔偿责任；未依法尽到审查、核实义务的，应当承担与其过错相应的补充赔偿责任；明知公证证明的材料虚假或者与当事人恶意串通的，承担连带赔偿责任。

第六条 当事人、公证事项的利害关系人明知公证机构所出具的公证书不真实、不合法而仍然使用造成自己损失，请求公证机构承担赔偿责任的，人民法院不予支持。

第七条 本规定施行后，涉及公证活动的民事案件尚未终审的，适用本规定；本规定施行前已经终审，当事人申请再审或者按照审判监督程序决定再审的，不适用本规定。

◆《司法部关于中华人民共和国各公证机构出具的公证书效力的证明》

根据《中华人民共和国公证暂行条例》《中华人民共和国民事诉讼法》和《中华人民共和国收养法》的规定，我国公证制度是国家司法制度的组成部分，我国各地设立的公证处是行使国家证明权的机关，代表国家依法证明法律行为、有法律意义的事实和文书的真实性、合法性。公证员是国家授权办理公证事务的法律专业人员。公证处出具的公证书依法具有证据效力、强制执行效力和法律行为成立要件效力，是法律认定事实的根据。公证处有权对外为公民出具出生、生存、婚姻、死亡、亲属关系、是否受过刑事处分、身份、学历、委托、遗嘱、继承财产、赠与、析产、收养等各种公证书，也有权为法人和其他组织之间、公民之间或法人和其他组织与公民之间签订的各种合同（契约、协议）办理公证证明。非经法定的公证程序，不得撤销、变更公证证明。公证处出具的公证书具有法律所确认的效力。

◆《遗嘱公证细则》

第一条 为规范遗嘱公证程序，根据《中华人民共和国继承法》《中华人民共和国公证暂行条例》等有关规定，制定本细则。

第二条 遗嘱是遗嘱人生前在法律允许的范围内，按照法律规定的方式处分其个人财产或者处理其他事务，并在其死亡时发生效力的单方法律行为。

第三条 遗嘱公证是公证处按法定程序证明遗嘱人设立遗嘱行为真实、合法的活动。经公证证明的遗嘱为公证遗嘱。

第四条 遗嘱公证由遗嘱人住所地或者遗嘱行为发生地公证处管辖。

第五条 遗嘱人申办遗嘱公证应当亲自到公证处提出申请。

遗嘱人亲自到公证处有困难的，可以书面或者口头形式请求有管辖权的公证处指派公证人员到其住所或者临时处所办理。

第六条 遗嘱公证应当由两名公证人员共同办理，由其中一名公证员在公证书上署名。因特殊情况由一名公证员办理时，应当有一名见证人在场，见证人应当在遗嘱和笔录上签名。

见证人、遗嘱代书人适用《中华人民共和国继承法》第十八条的规定。

第七条 申办遗嘱公证，遗嘱人应当填写公证申请表，并提交下列证件和材料：

（一）居民身份证或者其他身份证件；

（二）遗嘱涉及的不动产、交通工具或者其他有产权凭证的财产的产权证明；

（三）公证人员认为应当提交的其他材料。

遗嘱人填写申请表确有困难的，可由公证人员代为填写，遗嘱人应当在申请表上签名。

第八条 对于属于本公证处管辖，并符合前条规定的申请，公证处应当受理。

对于不符合前款规定的申请，公证处应当在三日内作出不予受理的决定，并通知申请人。

第九条 公证人员具有《公证程序规则（试行）》第十条规定情形的，应当自行回避，遗嘱人有权申请公证人员回避。

第十条 公证人员应当向遗嘱人讲解我国《民法通则》《继承法》中有关遗嘱和公民财产处分权利的规定，以及公证遗嘱的意义和法律后果。

第十一条 公证处应当按照《公证程序规则（试行）》第二十三条的规定进行审查，并着重审查遗嘱人的身份及意思表示是否真实、有无受胁迫或者受欺骗等情况。

第十二条 公证人员询问遗嘱人，除见证人、翻译人员外，其他人员一般不得在场。公证人员应当按照《公证程序规则（试行）》第二十四条的规定制作谈话笔录。谈话笔录应当着重记录下列内容：

（一）遗嘱人的身体状况、精神状况；遗嘱人系老年人、间歇性精神病人、危重伤病人的，还应当记录其对事物的识别、反应能力；

（二）遗嘱人家庭成员情况，包括其配偶、子女、父母及与其共同生活人员的基本情况；

（三）遗嘱所处分财产的情况，是否属于遗嘱人个人所有，以前是否曾以遗嘱或者遗赠扶养协议等方式进行过处分，有无已设立担保、已被查封、扣押等限制所有权的情况；

（四）遗嘱人所提供的遗嘱或者遗嘱草稿的形成时间、地点和过程，是自书还是代书，是否本人的真实意愿，有无修改、补充，对遗产的处分是否附有条件；代书人的情况，遗嘱或者遗嘱草稿上的签名、盖章或者手印是否其本人所为；

（五）遗嘱人未提供遗嘱或者遗嘱草稿的，应当详细记录其处分遗产的意思表示；

（六）是否指定遗嘱执行人及遗嘱执行人的基本情况；

（七）公证人员认为应当询问的其他内容。

谈话笔录应当当场向遗嘱人宣读或者由遗嘱人阅读，遗嘱人无异议后，遗嘱人、公证人员、见证人应当在笔录上签名。

第十三条 遗嘱应当包括以下内容：

（一）遗嘱人的姓名、性别、出生日期、住址；

（二）遗嘱处分的财产状况（名称、数量、所在地点以及是否共有、抵押等）；

（三）对财产和其他事务的具体处理意见；

（四）有遗嘱执行人的，应当写明执行人姓名、性别、年龄、住址等；

（五）遗嘱制作的日期以及遗嘱人的签名。

遗嘱中一般不得包括与处分财产及处理死亡后事宜无关的其他内容。

第十四条 遗嘱人提供的遗嘱，无修改、补充的，遗嘱人应当在公证人员面前确认遗嘱内容、签名及签署日期属实。

遗嘱人提供的遗嘱或者遗嘱草稿，有修改、补充的，经整理、誊清后，应当交遗嘱人核对，并由其签名。

遗嘱人未提供遗嘱或者遗嘱草稿的，公证人员可以根据遗嘱人的意思表示代为起草遗嘱。公证人员代拟的遗嘱，应当交遗嘱人核对，并由其签名。

以上情况应当记入谈话笔录。

第十五条 两个以上的遗嘱人申请办理共同遗嘱公证的，公证处应当引导他们分别设立遗嘱。

遗嘱人坚持申请办理共同遗嘱公证的，共同遗嘱中应当明确遗嘱变更、撤销及生效的条件。

第十六条 公证人员发现有下列情形之一的，公证人员在与遗嘱人谈话时应当录音或者录像：

（一）遗嘱人年老体弱；

（二）遗嘱人为危重伤病人；

（三）遗嘱人为聋、哑、盲人；

（四）遗嘱人为间歇性精神病患者、弱智者。

第十七条 对于符合下列条件的，公证处应当出具公证书：

（一）遗嘱人身份属实，具有完全民事行为能力；

（二）遗嘱人意思表示真实；

（三）遗嘱人证明或者保证所处分的财产是其个人财产；

（四）遗嘱内容不违反法律规定和社会公共利益，内容完备，文字表述准确，签名、制作日期齐全；

（五）办证程序符合规定。

不符合前款规定条件的，应当拒绝公证。

第十八条　公证遗嘱采用打印形式。遗嘱人根据遗嘱原稿核对后，应当在打印的公证遗嘱上签名。

遗嘱人不会签名或者签名有困难的，可以盖章方式代替在申请表、笔录和遗嘱上的签名；遗嘱人既不能签字又无印章的，应当以按手印方式代替签名或者盖章。

有前款规定情形的，公证人员应当在笔录中注明。以按手印代替签名或者盖章的，公证人员应当提取遗嘱人全部的指纹存档。

第十九条　公证处审批人批准遗嘱公证书之前，遗嘱人死亡或者丧失行为能力的，公证处应当终止办理遗嘱公证。

遗嘱人提供或者公证人员代书、录制的遗嘱，符合代书遗嘱条件或者经承办公证人员见证符合自书、录音、口头遗嘱条件的，公证处可以将该遗嘱发给遗嘱受益人，并将其复印件存入终止公证的档案。

公证处审批人批准之后，遗嘱人死亡或者丧失行为能力的，公证处应当完成公证遗嘱的制作。遗嘱人无法在打印的公证遗嘱上签名的，可依符合第十七条规定的遗嘱原稿的复印件制作公证遗嘱，遗嘱原稿留公证处存档。

第二十条　公证处可根据《中华人民共和国公证暂行条例》规定保管公证遗嘱或者自书遗嘱、代书遗嘱、录音遗嘱；也可根据国际惯例保管密封遗嘱。

第二十一条　遗嘱公证卷应当列为密卷保存。遗嘱人死亡后，转为普通卷保存。

公证遗嘱生效前，遗嘱卷宗不得对外借阅，公证人员亦不得对外透露遗嘱内容。

第二十二条　公证遗嘱生效前，非经遗嘱人申请并履行公证程序，不得撤销或者变更公证遗嘱。

遗嘱人申请撤销或者变更公证遗嘱的程序适用本规定。

第二十三条　公证遗嘱生效后，与继承权益相关的人员有确凿证据证明公证遗嘱部分违法的，公证处应当予以调查核实；经调查核实，公证遗嘱部分内容确属违法的，公证处应当撤销对公证遗嘱中违法部分的公证证明。

第二十四条　因公证人员过错造成错证的，公证处应当承担赔偿责任。有关公证赔偿的规定，另行制定。

第二十五条　本细则由司法部解释。

第二十六条 本细则自2000年7月1日起施行。

◆《公证法》

第十一条 根据自然人、法人或者其他组织的申请，公证机构办理下列公证事项：

（一）合同；

（二）继承；

（三）委托、声明、赠与、遗嘱；

（四）财产分割；

（五）招标投标、拍卖；

（六）婚姻状况、亲属关系、收养关系；

（七）出生、生存、死亡、身份、经历、学历、学位、职务、职称、有无违法犯罪记录；

（八）公司章程；

（九）保全证据；

（十）文书上的签名、印鉴、日期，文书的副本、影印本与原本相符；

（十一）自然人、法人或者其他组织自愿申请办理的其他公证事项。

法律、行政法规规定应当公证的事项，有关自然人、法人或者其他组织应当向公证机构申请办理公证。

第十二条 根据自然人、法人或者其他组织的申请，公证机构可以办理下列事务：

（一）法律、行政法规规定由公证机构登记的事务；

（二）提存；

（三）保管遗嘱、遗产或者其他与公证事项有关的财产、物品、文书；

（四）代写与公证事项有关的法律事务文书；

（五）提供公证法律咨询。

第二十五条 自然人、法人或者其他组织申请办理公证，可以向住所地、经常居住地、行为地或者事实发生地的公证机构提出。

申请办理涉及不动产的公证，应当向不动产所在地的公证机构提出；申请办理涉及不动产的委托、声明、赠与、遗嘱的公证，可以适用前款规定。

第二十六条 自然人、法人或者其他组织可以委托他人办理公证，但遗嘱、生存、收养关系等应当由本人办理公证的除外。

◆《司法部律师公证工作指导司对〈关于遗嘱公证能否因未录音或录像而被撤销的请示〉的复函》

天津市司法局公证工作管理处：

你处《关于遗嘱公证能否因未录音或录像而被撤销的请示》［津司公管（2001）22号］收悉。经研究，现答复如下：

一、《遗嘱公证细则》第十六条是为保障遗嘱人的合法权益，正确认定遗嘱人于立遗嘱时的行为能力，增强遗嘱公证的证明力而作的特别规定，它不是遗嘱公证生效的必备要件。从保护遗嘱人合法权益的角度出发，一般不宜以欠缺录音或录像形式而认定遗嘱公证无效。

二、考虑到《遗嘱公证细则》第十六条规定的基本宗旨和我国现阶段人民的生活水平、身体状况、精神状态等因素，该条第（一）项中的“年老体弱”通常是指：年满七十岁以上且因身体虚弱影响其思维意识能力或语言表达能力的老人；该条第（二）项“危重伤病人”通常是指：因患严重疾病或受到严重身体伤害影响其思维意识能力或语言表达能力的伤病人。

三、遗嘱公证不是行政行为，遗嘱公证书也不是行政文书，不宜适用《行政诉讼法》的规定解决对公证文书的异议问题。

此复。

◆《司法部关于办理涉台遗产继承公证若干问题的通知》

各省、自治区、直辖市司法厅（局）：

我部《关于印发〈涉台公证工作座谈会会议纪要〉的通知》〔司发（1990）015号〕（以下简称《涉台会议纪要》）下发以来，各地公证处就办理涉台遗产继承公证又陆续提出了一些具体问题。经研究，现综合有关问题通知如下：

一、关于大陆继承人继承在台遗产、被继承人无遗嘱时的亲属关系公证和婚姻状况公证问题

（一）亲属关系证明书

出具用于继承的亲属关系公证书，原则上应按我部《涉台会议纪要》附件二的格式出具，同时应证明被继承人与其配偶和同一顺序的全部继承人的亲属关系。列出已死亡的继承人，写明死亡地点和日期，并另行出具继承人的死亡公证书。对于在台湾或国外的继承人，公证处无法调查清楚的，在公证书中可

不列入。

证明被继承人与各顺序继承人的亲属关系，均须写明有无配偶；证明被继承人与后一顺序继承人的亲属关系，均须写明无前一顺序继承人。如第一至第四顺序继承人均无生存者，由死者配偶单独继承的，证明亲属关系时要说明这四个顺序继承人死亡的地点和时间，并另行出具死亡公证书。另外，妾的子女与妻的关系，妻的子女与妾的关系，前夫或前妻的子女与后夫或后妻的关系，在办理用于继承的亲属关系公证书时，均不必列出。

用于继承的亲属关系公证书格式，参见附录二。

（二）婚姻状况公证书

《涉台会议纪要》中规定："去台人员在台虽未再婚，但其在大陆配偶已再婚的，公证机关不能为其出具结婚公证书或夫妻关系公证书"。现据了解，台湾有关方面认为，台湾的被继承人在台未再婚，其大陆配偶改嫁被视为重婚，但并未丧失继承权。因此，公证处办理用于继承在台遗产的婚姻状况公证时，如被继承人在台户籍中有原大陆配偶的记载，公证处可以出具被继承人与原配偶何时在何地结婚，其原配偶何时在何地单方与其离婚，以及离婚后又与他人何时在何地再婚的公证书，交当事人使用。

二、关于遗嘱继承问题

（一）遗嘱人生前在台湾立有遗嘱处分其在台遗产，遗嘱受益人在大陆，公证处根据遗嘱受益人的申请，可以为其办理身份公证书和委托书公证书，由受托人代为办理领取在台遗产手续。

（二）遗嘱人生前在台湾立有遗嘱处分其在大陆遗产，遗嘱受益人在大陆，该遗嘱内容需符合我国有关法律。在遗嘱受益人申办遗嘱继承公证时，公证处应对该遗嘱进行下列审查：1. 确认该遗嘱是否为遗嘱人本人所立；2. 遗嘱中处分的财产是否属于本人所有；3. 遗嘱受益人情况有无变化，是否保留缺乏劳动能力又没有生活来源的继承人的遗产份额等。对于第 1 项内容，如遗嘱人所立遗嘱系经台湾地方法院公证处公证的，公证处可视情予以认定；非公证遗嘱，则需由台湾执业律师出具法律意见书后才能予以认定。

（三）已在大陆定居的台胞，生前在大陆立遗嘱处分其在台遗产，遗嘱受益人在大陆，该遗嘱受益人需在其住所地公证处办理以下公证书后，由代理人向在台的遗产管理人承认继承或向台湾地方法院诉请确认或给付：

1. 公证遗嘱，遗嘱受益人需办理身份公证书和委托书公证书。

2. 代书或自书遗嘱，需办理声明书公证书，由遗嘱见证人或遗嘱人在大陆的亲属发表声明，证明该遗嘱系遗嘱人本人生前设立的最后的遗嘱，然后再办理遗嘱受益人的身份公证书和委托书公证书。

三、关于委托代办遗产继承问题

（一）被继承人在台死亡后，其遗产如无人继承或不清楚有无继承人，一般由台湾地方法院选任遗产管理人。大陆继承人要求继承遗产的，须向遗产管理人声明承认继承，并可以委托代理人代为领取遗产。继承人有数人时，可以共同委托其中一名继承顺序在前的合法继承人作为代表人，全权出面办理，其共同委托书需办理公证。如遗产管理人不予受理，大陆继承人则需向台湾地方法院诉请继承。被继承人的全部合法继承人需共同办理委托书公证，委托代理人代为诉讼。同住一地的多名继承人可以合办一份委托书。

（二）委托书格式问题

凡《涉台会议纪要》中推荐的委托代办的几种方式，如委托大陆或香港律师或在台亲友办理的，委托书按一般委托书格式出具。凡按部公证司 1990 年 8 月 3 日（90）司公字第 99 号《关于转发南洋商业银行信托有限公司〈关于遗产承办与公证业务简报〉的函》规定，委托南洋商业银行信托有限公司（该公司地址为：香港德辅道中 151 号南洋商业银行大厦 9 字楼）办理的，其委托书按附录二之五格式出具。

大陆继承人继承在台遗产，由于不了解情况，一般尽可能不直接委托台湾律师办理。如果根据案情确需直接委托的，公证处可以根据要求，办理直接委托台湾律师的委托书，并另纸公证委托人的签字盖章属实（格式参见附录二之六、之七）。

四、对公证书的要求

（一）继承在台遗产的各种公证书，应分别单独装订，不能将数种公证书合订成一册。每种公证书应办理正本四份，以备向台湾各级法院上诉时用。

（二）直接委托台湾律师的委托书公证书，应办理正本四份。

五、办理继承在台遗产所需的证明文件和有关材料

办理继承在台遗产，公证处应要求继承人提供被继承人的以下文件和资料：1. 台湾身份证或其他有关证明文件（如工作证、工会会员证等）；2. 台湾警察

局户政事务所发出的户籍登记全部誊本（部分或除户誊本不适用）；3. 自然死亡者需要提供死亡诊断书，意外死亡者需要提供“相验尸体死亡证明书”；4. 与继承人联系的台湾咨询人（知情人）的姓名、地址、电话。以上文件和资料如系复印件，必须经公证证明复印件与原件相符。

◆《司法部关于进一步加强公证便民利民工作的意见》

（四）依法规范公证收费。要认真落实公证收费公示制度。公证机构应当严格执行省、自治区、直辖市人民政府价格主管部门会同同级司法行政部门制定的公证服务收费标准，严格执行明码标价有关制度，在本机构显著位置和网站首页公示公证服务收费项目、收费标准、监督举报电话等信息，广泛接受社会监督。要依法减免公证收费。公证机构办理与给付社会保险待遇或者最低生活保障待遇有关的公证事项，办理与领取抚恤金（或劳工赔偿金）、救济金、劳动保险金等有关的公证事项，办理赡养、抚养、扶养协议的证明，办理与公益活动有关的公证事项时，对于符合法律援助条件的当事人应当按照有关规定减免公证服务费用；对于不符合法律援助条件，但确有困难的当事人，公证机构可以酌情减收或者免收相关的公证服务费用。推行小额遗产继承公证费用减免制度，降低当事人成本。倡导对80岁以上的老年人办理遗嘱公证免收公证费。

案例评议

张某1、张某2继承纠纷案[①]

◆ **裁判规则**

被继承人设立《遗嘱》经公证机关公证，属于公证遗嘱。对此公证遗嘱的效力问题，应该按照《遗嘱公证细则》规范，而不是《继承法》所规定的代书遗嘱的要求。

◆ **评议**

遗嘱经过公证处公证后，成为公证遗嘱。对于公证遗嘱是否合法的问题，应该根据《公证法》及《遗嘱公证细则》等规定，而不能根据继承法规定的其

① 武汉市中级人民法院（2017）鄂01民终7833号。

他遗嘱形式的要求论证其形式是否合法。根据遗嘱形式的合法性及真实性来否定公证遗嘱，是遗嘱继承中当事人往往容易犯的错误。如果当事人、公证事项的利害关系人对公证书所公证的民事权利义务有争议的，可以依照《公证法》第40条的规定就该争议向人民法院提起民事诉讼，而不能在遗嘱继承中主张。

第一千一百四十条　【作为遗嘱见证人的消极条件】

下列人员不能作为遗嘱见证人：

（一）无民事行为能力人、限制民事行为能力人以及其他不具有见证能力的人；

（二）继承人、受遗赠人；

（三）与继承人、受遗赠人有利害关系的人。

本条来源

《继承法》第18条规定了遗嘱见证人的相关内容，下列人员不能作为遗嘱见证人：（一）无行为能力人、限制行为能力人；（二）继承人、受遗赠人；（三）与继承人、受遗赠人有利害关系的人。

与《继承法》第18条相比，《民法典》在本条第（1）项中增加了一个兜底性条款，“其他不具有见证能力的人”不能作为见证人。

立法演变

《民法典》与民法典草案的规定相比，没有什么变化。

学者建议稿中，《梁稿民法典草案》对遗嘱见证人进行了界定，遗嘱见证人是证明遗嘱真实性的第三人。遗嘱见证人应由遗嘱人设立遗嘱时亲自指定。在紧急情形下，虽未经指定但却能证明口述遗嘱真实性的完全民事行为能力人可以作为遗嘱见证人。而对于不适合作为遗嘱见证人的范围，学者在列举时并不完全相同，比如《王稿民法典草案》第603条［遗嘱见证人的不适格］规定，下列人员不能作为遗嘱见证人：（一）无民事行为能力人、限制民事行为能力人；（二）继承人、受遗赠人及其配偶或直系近亲属；（三）公证人的配偶、助理人及近亲属。与《民法典》相比，《王稿民法典草案》增加了公证人的规范，其将公证人的配偶、助理及近亲属排除在见证人的范围外；而在继承人、受遗赠人这一项目中增加了他们的配偶或直系近亲属。但是因为《民法典》规定“与继承人、受遗赠人有利害关系的人”不得作为见证人，可以将此类人员排除在见证人的范围之外，效果相同。

而《梁稿民法典草案》第1874条第2款规定，下列人员不能作为遗嘱见证人：无民事行为能力人、限制民事行为能力人；继承人、受遗赠人及其配偶或直系近亲属；与继承人、受遗赠人有利害关系的人。《梁稿民法典草案》与《民法典》的区别在于：第一，《民法典》在无民事行为能力人、限制民事行为能力人中增加了其他不具有见证能力的人。第二，《梁稿民法典草案》在第2款第（2）项继承人、受遗赠人中，增加了继承人、受遗赠人的配偶或直系近亲属。

《杨稿继承法草案》第31条规范了遗嘱见证人的范围：下列人员不能作为遗嘱见证人：（一）无民事行为能力人、限制民事行为能力人；（二）继承人、受遗赠人；（三）与继承人、受遗赠人有利害关系的人；（四）因盲、聋等障碍，不具有见证能力的人。与《民法典》相比，《杨稿继承法草案》第（4）项的规定，可以看作是对《民法典》第（1）项后半段其他不具有见证能力人的解释，这一草案与《民法典》最为接近。

条文释义

一、遗嘱见证人概述

遗嘱见证人是指在遗嘱人设立遗嘱时在场并对遗嘱真实性予以证明的第三人。遗嘱见证人证明的真伪直接关系着遗嘱的效力，关系到对遗产的处置，所以我国《继承法》和《民法典》在代书遗嘱、录音录像遗嘱、打印遗嘱、口头遗嘱等遗嘱中均规定必须有两个以上的见证人在场见证。按照《遗嘱公证细则》在订立公证遗嘱时，也需要见证人参加。鉴于遗嘱见证人的重要性，许多国家的继承法对遗嘱见证人都作了详尽规定，我国也不例外。

二、不得作为遗嘱见证人的类型

虽然遗嘱见证人起着见证遗嘱真实性的重要作用，但是，并不是任何自然人都可以作为遗嘱见证人。一般而言，非完全民事行为能力人及与遗嘱的相关内容存在利害关系的人不得作为遗嘱见证人。根据《民法典》的规定，下列人员不得作为遗嘱见证人。

（一）无民事行为能力人、限制民事行为能力人以及其他不具有见证能力的人

无民事行为能力人、限制民事行为能力人，包括未成年人和精神病人，此类主体对事物缺乏足够的认识能力和判断能力，可能无法理解遗嘱人或者自己行为的意义，所以其不能作为遗嘱的见证人。其他不具有见证能力的人，需要考虑遗嘱的情况才能确定，比如代书遗嘱中，代书人同时为见证人，代书人必须具有一定的读写能力，如果其是文盲，则不能作为见证人。在口头遗嘱中，要求见证人知晓遗嘱人所使用的语言文字，如果见证人不能理解其语言文字，则其不能作为见证人。在录音录像遗嘱中，见证人需要听懂遗嘱人的录音，所以聋哑人可能不能作为录音录像遗嘱的见证人。简而言之，见证人必须具有理解遗嘱内容的能力。

当然，尽管见证人在不同类型的遗嘱中具体从事的工作不完全相同，但是见证人是证明遗嘱真实性的，见证人是否具有民事行为能力及是否适合作为见证人，应当以遗嘱见证时为准。如果在遗嘱人设立遗嘱时，具有完全民事行为能力且适合作为见证人，其后丧失行为能力，则不影响遗嘱见证的效力。反之，如在遗嘱人设立遗嘱时属于无民事行为能力、限制民事行为能力人或者存在其他不适合作为遗嘱见证人的情形，其后具有完全民事行为能力并恢复了见证能力，也不能认为其可以作遗嘱见证人，在其不具有完全民事行为能力或者不适合作为遗嘱见证人时，对遗嘱人所作的见证不具有法律效力。但是，因成年人若为无民事行为能力或为限制行为能力人应经人民法院宣告，所以未经人民法院宣告为无民事行为能力人或限制民事行为能力人的成年人，其虽为精神病患者但于遗嘱人立遗嘱时神志正常，也可以作为见证人。

（二）继承人、受遗赠人

此处的继承人是指法律规定的可以继承被继承人遗产的所有法定继承人，既包括第一顺序的法定继承人，也包括第二顺序的法定继承人。受遗赠人是指遗嘱人在遗嘱中指定赠与其财产的人。遗嘱人设立遗嘱，有关遗嘱内容可能直接涉及继承人、受遗赠人对遗产的承受。由此可见，继承人、受遗赠人与遗嘱有着直接的利害关系，由他们作见证人很难保证其证明的真实性、客观性。所

以，继承人、受遗赠人不能作为遗嘱的见证人。

（三）与继承人、受遗赠人有利害关系的人

与继承人、受遗赠人有利害关系的人是指继承人、受遗赠人能否取得遗产及取得遗产的多寡会直接影响其利益的人，此类主体包括的范围很广，一般认为下列主体属于这一范围：继承人、受遗赠人的配偶或者其他近亲属（如配偶、子女、父母、兄弟姐妹、祖父母、外祖父母、孙子女和外孙子女）。另外根据《执行〈继承法〉的意见》第36条的规定："继承人、受遗赠人的债权人、债务人，共同经营的合伙人，也应当视为与继承人、受遗赠人有利害关系，不能作为遗嘱的见证人。"因此，继承人、受遗赠人的债权人和债务人，共同经营的合伙人也不能作为见证人。与继承人、受遗赠人有利害关系的人因与遗嘱实际上有着间接的利害关系，有可能无法对遗嘱作出客观公正的见证。所以，与继承人、受遗赠人有利害关系的人也不能作为遗嘱见证人。

需要指出的是，不具备遗嘱见证人资格的人不能作为遗嘱的见证人，其所作的见证不具有法律效力，其不具有法律效力仅针对该见证人的见证而言，并不能以此否定其他具有见证资格的主体所进行的具有法律效力的见证。我们在上面的见证人的人数方面也曾经有所提及。而且其不具有见证资格，也并不意味着遗嘱人设立的遗嘱无效。比如，遗嘱人设立代书遗嘱，当时有4人在场，其中有一个人不具备见证人的资格，如果该人为代书人，则该遗嘱不符合法定形式；但若该人不为代书人，不过是作为一般见证人在遗嘱上签名，则不能因此而认定该遗嘱不符合法定形式。因为，虽然该人不具备见证人的资格，其见证无效，但该遗嘱仍有3个人在场见证，其他3人属于具有见证人资格的人，见证有效。①

一般而言，遗嘱见证人需要对设立遗嘱人的遗嘱能力、设立遗嘱时的情况及遗嘱内容进行见证，在代书遗嘱中还需要1名见证人代书，在遗嘱中签名或者录制其音像等，并注明年、月、日。

---

① 郭明瑞、房绍坤：《继承法》（第二版），法律出版社2004年版，第149页。

法条关联

◆《最高人民法院关于贯彻执行〈中华人民共和国继承法〉若干问题的意见》

36. 继承人、受遗赠人的债权人、债务人，共同经营的合伙人，也应当视为与继承人、受遗赠人有利害关系，不能作为遗嘱的见证人。

◆《遗嘱公证细则》

第六条　遗嘱公证应当由两名公证人员共同办理，由其中一名公证员在公证书上署名。因特殊情况由一名公证员办理时，应当有一名见证人在场，见证人应当在遗嘱和笔录上签名。

见证人、遗嘱代书人适用《中华人民共和国继承法》第十八条的规定。

第十二条　公证人员询问遗嘱人，除见证人、翻译人员外，其他人员一般不得在场。公证人员应当按照《公证程序规则（试行）》第二十四条的规定制作谈话笔录。谈话笔录应当着重记录下列内容：

（一）遗嘱人的身体状况、精神状况；遗嘱人系老年人、间歇性精神病人、危重伤病人的，还应当记录其对事物的识别、反应能力；

（二）遗嘱人家庭成员情况，包括其配偶、子女、父母及与其共同生活人员的基本情况；

（三）遗嘱所处分财产的情况，是否属于遗嘱人个人所有，以前是否曾以遗嘱或者遗赠扶养协议等方式进行过处分，有无已设立担保、已被查封、扣押等限制所有权的情况；

（四）遗嘱人所提供的遗嘱或者遗嘱草稿的形成时间、地点和过程，是自书还是代书，是否本人的真实意愿，有无修改、补充，对遗产的处分是否附有条件；代书人的情况，遗嘱或者遗嘱草稿上的签名、盖章或者手印是否其本人所为；

（五）遗嘱人未提供遗嘱或者遗嘱草稿的，应当详细记录其处分遗产的意思表示；

（六）是否指定遗嘱执行人及遗嘱执行人的基本情况；

（七）公证人员认为应当询问的其他内容。

谈话笔录应当当场向遗嘱人宣读或者由遗嘱人阅读，遗嘱人无异议后，遗嘱人、公证人员、见证人应当在笔录上签名。

◆《司法部关于办理涉台遗产继承公证若干问题的通知》

二、关于遗嘱继承问题

（一）遗嘱人生前在台湾立有遗嘱处分其在台遗产，遗嘱受益人在大陆，公证处根据遗嘱受益人的申请，可以为其办理身份公证书和委托书公证书，由受托人代为办理领取在台遗产手续。

（二）遗嘱人生前在台湾立有遗嘱处分其在大陆遗产，遗嘱受益人在大陆，该遗嘱内容需符合我国有关法律。在遗嘱受益人申办遗嘱继承公证时，公证处应对该遗嘱进行下列审查：1. 确认该遗嘱是否为遗嘱人本人所立；2. 遗嘱中处分的财产是否属于本人所有；3. 遗嘱受益人情况有无变化，是否保留缺乏劳动能力又没有生活来源的继承人的遗产份额等。对于第 1 项内容，如遗嘱人所立遗嘱系经台湾地方法院公证处公证的，公证处可视情予以认定；非公证遗嘱，则需由台湾执业律师出具法律意见书后才能予以认定。

（三）已在大陆定居的台胞，生前在大陆立遗嘱处分其在台遗产，遗嘱受益人在大陆，该遗嘱受益人需在其住所地公证处办理以下公证书后，由代理人向在台的遗产管理人承认继承或向台湾地方法院诉请确认或给付：

1. 公证遗嘱，遗嘱受益人需办理身份公证书和委托书公证书。

2. 代书或自书遗嘱，需办理声明书公证书，由遗嘱见证人或遗嘱人在大陆的亲属发表声明，证明该遗嘱系遗嘱人本人生前设立的最后的遗嘱，然后再办理遗嘱受益人的身份公证书和委托书公证书。

案例评议

J 某、阮某等与蒋某继承纠纷案[①]

◆ **裁判规则**

同事和亲属都并非属于法律规定的利害关系人，可以作为遗嘱见证人。

一方当事人提交遗嘱原件并主张遗嘱继承，如另一方当事人认为遗嘱对涉案财产的处分使其权利受到侵害，应当对不存在遗嘱或遗嘱不真实的基本事实提交反驳证据。

① 武汉市江岸区人民法院（2018）鄂 0102 民初 11208 号。

◆ **评议**

一般人在选择遗嘱见证人时，都会选择与自己相熟的人或者有权威性的人，特别是同事、领导和相关的亲属朋友都属于遗嘱人最喜欢选择的人。如果此类人员与遗嘱人存在其他利害关系，则往往导致见证人不适格。特别需要提醒的是，在设立遗嘱时，一定要选择适格的见证人。如果见证人属于继承法所规定的不得作为见证人的类型，则遗嘱的效力问题就往往存在争议。

第一千一百四十一条 【必留份】

遗嘱应当为缺乏劳动能力又没有生活来源的继承人保留必要的遗产份额。

本条来源

《继承法》第19条规定，遗嘱应当对缺乏劳动能力又没有生活来源的继承人保留必要的遗产份额。

与《继承法》不同，《民法典》将《继承法》的“对”字修改为“为”字。

立法演变

《民法典》与征求意见稿的规定完全相同。

学者建议稿中，《杨稿继承法草案》第48条必留份制度的规定，吸收了《继承法》第19条和《执行〈继承法〉的意见》第37条第2款的规定，并对必要的遗产份额作出了规定。《杨稿继承法草案》第48条第3款规定，必要的遗产份额依据继承开始时的城镇居民人均消费性支出、农村居民人均生活消费支出计算，但最高不超过其应继份。《王稿民法典草案》第660条吸收了《执行〈继承法〉的意见》第37条第1款的规定。而《梁稿民法典草案》则仅仅规定了特留份制度，根据法定继承人的顺序确定其份额，而没有对缺乏劳动能力又没有生活来源的继承人的份额问题单独规定。

条文释义

本条规定了必要的遗产份额。

这一条款来源于《继承法》第19条，《执行〈继承法〉的意见》第37条对此进一步进行了解释。这一制度被称为继承法中的“必要的遗产份额”。

第一，必要的遗产份额的主体必须是缺乏劳动能力又没有生活来源的继承人，比如在遗嘱生效时的无民事行为能力人和限制民事行为能力人，或者年老、残疾等缺乏劳动能力又没有生活来源的继承人。必要的遗产份额条款要求继承人必须具备缺乏劳动能力，又没有生活来源两个要件，欠缺其中之一，比如有劳动能力而没有生活来源的或者缺乏劳动能力而有生活来源的继承人，都不需要遗嘱人为其保留必要的份额。

第二，法定继承人是否为缺乏劳动能力又无生活来源的人，应以继承开始时为准，而不能以遗嘱人立遗嘱时的继承人的状况为准。立遗嘱时为缺乏劳动能力又没有生活来源的人，于继承开始时具有了劳动能力或有了生活来源的继承人，不在此限。而立遗嘱时有劳动能力或有生活来源而于被继承人死亡时丧失劳动能力又没有生活来源的，属于应为其保留必要遗产份额的继承人，遗嘱中应为其保留必要的遗产份额。缺乏劳动能力又没有生活来源的法定继承人应为被继承人死亡之时生存之人，此为当然。但被继承人有于继承开始时已受孕的胎儿时，遗嘱人也应为其保留必要的遗产份额。

第三，继承人是否缺乏劳动能力又没有生活来源，应按遗嘱生效时该继承人的具体情况确定。这意味着遗嘱人在设立遗嘱时，可能完全不知道自己的某个没有给予遗产的继承人，是否属于缺乏劳动能力又没有生活来源。所以，即使遗嘱人没有为此类继承人保留遗产份额，法律也没有规定遗嘱无效。而是强调在这种情况下，遗产处理时，应当为该继承人留下必要的遗产，所剩余的部分，才可参照遗嘱确定的分配原则处理。

第四，必要的遗产份额，是指保证这部分继承人基本生活需要的遗产份额，与应继份额不是同一概念；该份额既可以少于也可以大于法定继承人均分的应继份。在司法实践中，一般根据遗产的数额和维持缺乏劳动能力又没有生活来源的法定继承人实际生活的需要来确定“必要的遗产份额”。但是具体如何，需要遗嘱人的考量和法官的事后裁决，并不能完全由遗嘱人确定。因此，如果法定继承人中并无缺乏劳动能力又没有生活来源的继承人，被继承人就可以处分其全部遗产。

对于此类弱者而言，不仅继承法有规定，某些特别法中也有规定。《老年人权益保障法》第22条第3款规定，老年人以遗嘱处分财产，应当依法为老年配偶保留必要的份额。这一规定并未要求其老年配偶必须属于没有劳动能力且没有生活来源这一要件，而只要其为老年配偶就必须要为其保留必要的份额。这一点在处理老年人设立的遗嘱时，需要根据特别法优于一般法的规则，审查遗嘱是否为老年配偶留下了必要的份额。

遗嘱未为缺乏劳动能力又没有生活来源的继承人保留必要的遗产份额时，遗嘱并非全部无效，而仅是涉及处分应保留份额遗产的遗嘱内容无效，其余内容仍可有效。《执行〈继承法〉的意见》第37条第1款规定："遗嘱人未保留缺乏劳动能力又没有生活来源的继承人的遗产份额，遗产处理时，应当为该继承人留下必要的遗产，所剩余的部分，才可参照遗嘱确定的分配原则处理。"

法条关联

◆《最高人民法院关于贯彻执行〈中华人民共和国继承法〉若干问题的意见》

37. 遗嘱人未保留缺乏劳动能力又没有生活来源的继承人的遗产份额，遗产处理时，应当为该继承人留下必要的遗产，所剩余的部分，才可参照遗嘱确定的分配原则处理。

继承人是否缺乏劳动能力又没有生活来源，应按遗嘱生效时该继承人的具体情况确定。

◆《老年人权益保障法》

第二十二条　老年人对个人的财产，依法享有占有、使用、收益和处分的权利，子女或者其他亲属不得干涉，不得以窃取、骗取、强行索取等方式侵犯老年人的财产权益。

老年人有依法继承父母、配偶、子女或者其他亲属遗产的权利，有接受赠与的权利。子女或者其他亲属不得侵占、抢夺、转移、隐匿或者损毁应当由老年人继承或者接受赠与的财产。

老年人以遗嘱处分财产，应当依法为老年配偶保留必要的份额。

案例评议

李某花、范某诉范某业、滕某继承纠纷案①

◆ **裁判规则**

夫妻关系存续期间，双方一致同意利用他人的精子进行人工授精并使女方受孕后，男方反悔，应当征得女方同意。在未能协商一致的情况下男方死亡，其后子女出生，尽管该子女与男方没有血缘关系，仍应视为夫妻双方的婚生子女。男方在遗嘱中不给该子女保留必要的遗产份额，不符合《继承法》第19条的规定。因此在遗产处理时，应当为该子女留下必要的遗产，剩余部分才可以按遗嘱确定的分配原则处理。

◆ **评议**

遗嘱人在遗嘱中需要给缺乏劳动能力又没有生活来源的继承人保留必要的遗产份额。但是在遗产继承中，因为各种原因，比如被继承人与继承人发生矛盾，从而导致其在处理财产时没有为该类继承人保留必要的份额。但是即使遗嘱人没有为此类主体保留适当的份额，法院在遗产分割时也必须为其留下必要的份额。

第一千一百四十二条　【遗嘱的撤回与变更】

遗嘱人可以撤回、变更自己所立的遗嘱。

立遗嘱后，遗嘱人实施与遗嘱内容相反的民事法律行为的，视为对遗嘱相关内容的撤回。

立有数份遗嘱，内容相抵触的，以最后的遗嘱为准。

本条来源

本条来源于《继承法》第20条和《执行〈继承法〉的意见》第39条。

《继承法》第20条规定了遗嘱的撤销、变更，规定遗嘱人可以撤销、变更自己所立的遗嘱。立有数份遗嘱，内容相抵触的，以最后的遗嘱为准。自书、

① 《中华人民共和国最高人民法院公报》2006年第7期（总第117期）。

代书、录音、口头遗嘱，不得撤销、变更公证遗嘱。

《执行〈继承法〉的意见》第 39 条规定，遗嘱人生前的行为与遗嘱的意思表示相反，而使遗嘱处分的财产在继承开始前灭失、部分灭失或所有权转移、部分转移的，遗嘱视为被撤销或部分被撤销。但是相比《继承法》第 20 条，《民法典》有三处变动：第一，将遗嘱的撤销改为遗嘱的撤回；第二，删除了自书、代书、录音、口头遗嘱，不得撤销、变更公证遗嘱的规定；第三，吸取了《执行〈继承法〉的意见》第 39 条的精神，规定了遗嘱内容撤回的情形。

立法演变

《民法典》与草案相比，没有变化。

学者建议稿与《民法典》相比差别不大，不过《王稿民法典草案》第 606 条依然坚持了公证遗嘱的效力优先，其规定：遗嘱人立有数份形式不同的遗嘱，其内容相抵触的，如果有公证遗嘱的，以最后所立的公证遗嘱为准；没有公证遗嘱的，以最后所立的遗嘱为准。这一《继承法》的规定并没有被民法典所吸收。而《杨稿继承法草案》和《梁稿民法典草案》均是根据最后设立的遗嘱为准。而对于遗嘱的撤回，除了“设立遗嘱后，遗嘱人实施与遗嘱内容相反的民事法律行为，视为对遗嘱相关内容的撤回”外，学者建议稿进行了更为详细的规定，比如《杨稿继承法草案》第 33 条［遗嘱的撤回与变更］规定：“遗嘱人可以另立遗嘱明确表示撤回、变更自己以前所立的遗嘱。遗嘱人故意销毁遗嘱的，视为撤回。设立遗嘱后，遗嘱人实施与遗嘱内容相反的行为，视为对遗嘱相关内容的撤回。立有数份遗嘱，内容相抵触的，以最后的遗嘱为准，前遗嘱抵触部分视为撤回。”在这一条款中，杨立新老师列举出两种撤回遗嘱的情形：另立遗嘱、故意销毁遗嘱。《梁稿民法典草案》第五节专节规范了遗嘱的变更和撤销问题，在第 1881 条规定了遗嘱的变更和撤销原则，遗嘱人可以按照法律规定的遗嘱设立的条件和方式撤销、变更自己所立的遗嘱。下面根据规定将撤销分为明示撤销和推定撤销。第 1882 条［遗嘱撤销的方式之一（明示撤销）］规定，遗嘱人得以任何一种法定遗嘱形式撤销其先前依其他法定形式所设立的遗嘱。第 1883 条［遗嘱撤销的方式之二（推定撤销）］规定，遗嘱人有下列行为之一的，视为其撤销遗嘱：遗嘱人立有数份遗嘱，且内容相抵触的，以最后的遗嘱为准。遗嘱人生前的行为与遗嘱的内容相抵触的，遗嘱就相抵的部分视为撤销。遗嘱人故意销毁遗嘱的，视为撤销遗嘱。”该内容与《杨稿继承法草案》相同，但是进行了不同种类的划分，显然更有逻辑性。但是需要说明，《梁稿民法典草案》依然使用“撤销”一词，不太妥当。前后遗嘱有抵触的，其抵触部分可以视为遗嘱撤回，这一规则在《杨稿继承法草案》中也予以明确。《王稿民法典草案》第604条［遗嘱的明示变更与撤回］规定：“遗嘱人立有数份遗嘱，内容相抵触的，以最后的遗嘱为准。”第605条［遗嘱的默示撤回］规定：“遗嘱人生前对其个人财产的处分行为与其所立遗嘱的意思表示相反，使遗嘱处分的财产在继承开始前灭失、部分灭失或者所有权转移、部分转移的，遗嘱应视为被撤回或者部分被撤回。”与《民法典》相比，差别不大。

条文释义

本条规定了遗嘱的变更和撤回制度。

一、遗嘱的变更和撤回的概念

遗嘱的变更，是指遗嘱人在设立遗嘱后对遗嘱内容进行部分修改。而遗嘱的撤回是指遗嘱人在设立遗嘱后又通过一定的方式取消原来所立的遗嘱。我国《继承法》第20条规定的是遗嘱的“撤销”，但是因为撤销的标的是已经发生法律效力的法律行为，对于没有生效的法律行为不发生撤销的问题。而遗嘱属于无相对人的单方法律行为，自遗嘱人死亡时生效。在遗嘱人死亡前没有生效，所以遗嘱人设立了时间顺序和内容不同的遗嘱，后设立的遗嘱应属于对以前遗嘱的撤回。① 因为遗嘱人再次设立遗嘱的原因是防止之前遗嘱发生效力，实质为撤回。② 我国学者建议稿中有采用“撤回”的，③ 也有学者采用“撤销”一词。④ 当然，在国外继承立法中，“撤销”与“撤回”都有采用，如《日本民法典》第1022条至第1027条就采用了“撤销”的用语，而《德国民法典》第2253条至第2258条则采用了“撤回”的称谓。我国《民法典》为了概念准确，使用了“撤回”一词。

---

① 郭明瑞、房绍坤、关涛：《继承法研究》，中国人民大学出版社2003年版，第123页。

② 史尚宽：《继承法论》，中国政法大学出版社2000年版，第470页。

③ 王利明主持：《中国民法典学者建议稿及立法理由》（人格权编·婚姻家庭编·继承编），法律出版社2005年版，第563页。

④ 梁慧星主编：《中国民法典草案建议稿》，法律出版社2003年版，第379－380页。

遗嘱的变更与撤回虽在一起连用，但是两者存在差异，区别主要在于遗嘱人对原来设立遗嘱内容改变的程度不同。变更仅是遗嘱人部分地改变了原来设立遗嘱的意思表示；而撤回是遗嘱人完全改变原来所设立遗嘱全部的意思表示。

遗嘱在遗嘱人死亡时才发生法律效力，因此我国法律承认遗嘱人在设立遗嘱后，有权撤回或变更遗嘱，尊重了遗嘱人自由处分自己财产的权利。遗嘱人可以自由地设立遗嘱，可以设立不同内容的遗嘱，也可以随时、随地撤回或变更自己之前设立的遗嘱。

二、遗嘱的撤回和变更的要件

遗嘱人可以在遗嘱设立后的任一时间、以任一理由撤回或变更遗嘱，但撤回或变更遗嘱也须具备一定的条件，才能发生遗嘱撤回或变更的效力，否则不发生遗嘱撤回或变更的效力。遗嘱的变更和撤回的条件包括以下三个：

（一）遗嘱人须具有设立遗嘱的能力

只有具有遗嘱能力的人才能设立遗嘱，而对遗嘱的撤回或变更属于重新设立遗嘱，因此，遗嘱人只有具有遗嘱能力才可以撤回或变更遗嘱。若遗嘱人在设立遗嘱后丧失遗嘱能力，则在其遗嘱能力恢复前，属于限制民事行为能力人或者无民事行为能力人，其所立的遗嘱属于无效遗嘱，其对遗嘱所做出的撤回或变更不发生效力，原来的遗嘱仍有效。

（二）撤回或者变更遗嘱属于遗嘱人真实的意思表示

设立遗嘱必须是遗嘱人真实的意思表示，遗嘱的撤回、变更也必须是遗嘱人真实的意思表示。遗嘱人因欺诈、胁迫而撤回、变更遗嘱的，因为不是遗嘱人真实的意思表示，在这种情况下设立的遗嘱属于无效遗嘱，当然不发生遗嘱撤回、变更的效力。原遗嘱仍然有效，利害关系人可以向人民法院主张撤销遗嘱人后面所设的遗嘱。

（三）须由遗嘱人亲自按照法定的程序和方法进行

设立遗嘱必须由遗嘱人亲自进行，对原遗嘱的撤回、变更，也须由遗嘱人亲自按照法定的程序和方法进行。遗嘱是一种要式民事法律行为，遗嘱的撤回或变更必须按照法定程序和方法进行。依据我国《民法典》的规定，遗嘱撤回、变更的方式有明示方式和推定方式两种。

1. 明示方式

遗嘱撤回、变更的明示方式，是指遗嘱人以明确的意思表示撤回、变更遗嘱。遗嘱人依明示方式撤回、变更遗嘱的，须依照法律规定的设立遗嘱的方式作出。不按照法定形式进行的遗嘱撤回、变更遗嘱的，不发生遗嘱撤回、变更的法律效力。遗嘱人得以任何一种法定遗嘱形式撤回其先前依其他法定形式所设立的遗嘱。

2. 推定方式

遗嘱撤回、变更的推定方式，是指遗嘱人虽未以明确的意思表示撤回、变更所设立的遗嘱，但法律根据遗嘱人的行为推定遗嘱人撤回、变更了遗嘱。推定遗嘱人撤回、变更遗嘱的情形主要有以下几种：

第一，立遗嘱后，遗嘱人实施与遗嘱内容相反的民事法律行为的，视为对遗嘱相关内容的撤回。不仅《民法典》对此进行了规定，《执行〈继承法〉的意见》也对此进行了规范，该《意见》第39条规定："遗嘱人生前的行为与遗嘱的意思表示相反，而使遗嘱处分的财产在继承开始前灭失、部分灭失或所有权转移、部分转移的，遗嘱视为被撤销或部分被撤销。"例如，遗嘱人在遗嘱中指定某财物由甲继承，而其后遗嘱人自己却将该财物出卖给乙。遗嘱中有关处分该财物的内容视为被撤回。

第二，遗嘱人立有数份遗嘱，内容相抵触的，推定撤回、变更时间在先的遗嘱。《民法典》第1142条第3款规定："立有数份遗嘱，内容相抵触的，以最后的遗嘱为准。"因为遗嘱人设立了内容相抵触的遗嘱，推定遗嘱人以后一份遗嘱撤回前一份遗嘱，所以应以最后的遗嘱为准。

第三，遗嘱人故意销毁、涂销遗嘱的，推定遗嘱人撤回原遗嘱。例如，遗嘱人在设立遗嘱后，自己将原遗嘱烧毁，这表示遗嘱人废除了自己原来设立的遗嘱。但是，遗嘱不是由遗嘱人自己销毁，而是由他人毁坏的，不能视为遗嘱人撤回遗嘱；遗嘱因意外的原因损毁、丢失而遗嘱人又不知情的，也不能推定遗嘱人撤回遗嘱。

三、遗嘱撤回、变更的效力

遗嘱撤回或变更只要符合撤回或变更的条件，自作出之时即可发生效力。遗嘱撤回或变更的，会使被撤回或变更的遗嘱内容不发生效力。具体来看，遗嘱撤回的，自撤回生效时起，被撤回的遗嘱作废，以新设立的遗嘱来确定遗嘱的效力。遗嘱撤回后遗嘱人未设立新的遗嘱，视为被继承人未设立遗嘱。遗嘱变更的，自变更生效时起，以变更后的遗嘱内容为遗嘱人的真实意思表示，以变更后的遗嘱来确定遗嘱的有效、无效；变更后遗嘱有效的，按照变更后的遗嘱执行。即使变更后的遗嘱内容无效而原遗嘱内容可有效的，也应按变更后的遗嘱内容，确认遗嘱无效或者部分无效。

值得注意的是，遗嘱人撤回的意思表示再次被撤回时，原先被撤回的遗嘱是否恢复其效力？对此，我国《民法典》没有明文规定。但是，如果遗嘱人在被欺诈、胁迫的情形下撤回原先的遗嘱，这种撤回因不是遗嘱人真实的意思表示，在该撤回原先遗嘱的行为被撤回时，应当恢复原先遗嘱的效力。

法条关联

◆《最高人民法院关于贯彻执行〈中华人民共和国继承法〉若干问题的意见》

39. 遗嘱人生前的行为与遗嘱的意思表示相反，而使遗嘱处分的财产在继承开始前灭失、部分灭失或所有权转移、部分转移的，遗嘱视为被撤销或部分被撤销。

◆《最高人民法院关于对分家析产的房屋再立遗嘱变更产权，其遗嘱是否有效的批复》

四川省高级人民法院：

你院［85］川法民字第3号《关于处理张家定、张家铭、张家慧诉张士国房屋产权纠纷一案的请示》收悉。关于建国前已经析产确权，能否再予重新分割或立遗嘱继承等问题，经研究答复如下：张家定之祖父张文卿（张士国之父）于一九四八年将其家中自有房宅，除自己居住的一处外，其余四处均分给四个儿子。建国后由人民政府颁发了产权证。一九五三年张文卿召开有镇政府干部参加的家庭会议，经协商，重新调整各自分得的房产，以清偿分家前的债务，立了经镇政府认可的“房屋分管字据”，均无异议。一九五五年张文卿夫妇将调整给二儿媳的房产，又立遗嘱由四子张士国“继承”。一九六六年巫溪县人民法院按“遗嘱”作了调解。二儿媳的女儿张家定等人不服，提起申诉。据上，我们认为，对张家在一九四八年析产后，经财产所有人共同协商，于一九五三年分家时达成的各自管业且已执行多年的房产协议，应予以维护。张文卿夫妇于一九五五年所立“遗嘱”无效。此复

附：四川省高级人民法院关于张家定、张家铭、张家慧诉张士国房屋产权纠纷一案的请示

最高人民法院：

万县地区中级人民法院受理张家定等三姐妹诉张士国房屋产权纠纷上诉一案，经审理，因适用政策拿不准向我院请示。经查阅案卷，查明：

上诉人（原审原告）张家定、张家铭、张家慧三姐妹与张士国（原审被告）系侄叔关系。张士国的父亲张文卿在巫溪县城厢镇有房屋五幢。1948 年张除留住解放街 67 号（49.7 平方米）外其余房屋分给四个儿子管业。大儿张士鸿（1951 年死亡）分得解放街 63 号（88 平方米）；二儿张鸣九（原告张家定之父）分得解放街 10 号；三儿张士鹏（1948 年死亡）分得解放街 65 号（88.5 平方米）；四儿张士国分得人民街 15 号（157.2 平方米）。分别领取了管业证。1951 年 7 月张鸣九因反革命罪被镇压，并没收解放街 10 号全部房屋，张家定妹妹和其母肖庆兰等四人搬住人民街 15 号原分给张士国（在外工作）的房屋居住。1952 年 9 月土改结束后，除张家定房屋被没收，其他均按 1948 年其父亲主持分家时分得的房屋向政府登记换发了管业证（人民街 15 号房屋由张士国登记）。1953 年张文卿经张士国同意，将人民街 15 号房屋铺面出卖（70 多平方米）。同年 10 月，王春和要张文卿偿还其子张鸣九解放前所欠债务时，张欲将大儿媳和三儿媳的房屋各一半出卖还债，遭拒绝发生纠纷。经镇公所和街道解决，张文卿将 1948 年已经分割，解放后被我政府承认，并已分别登记在各自名下的房屋重新分割，大儿媳杨淑清和三儿媳李美清分解放街 63 号各一半（原分给大儿媳）；二儿媳肖庆兰（张家定之母）分人民街 15 号前屋（原分给张士国）；张士国分人民街 15 号后屋（32.4 平方米）和解放街 67 号（原张文卿居住）；张文卿住解放街 65 号（原分给三儿媳）。张文卿写了分家契，当时除张士国在外工作未参加外，其余均无异议，都签名盖章（镇公所和街道干部均签名）。1955 年 2 月张文卿将放街 65 号房屋出卖。同年 2 月，张文卿夫妻以张家定之母肖庆兰败坏门风为由立遗嘱：人民街 15 号房屋属张士国所有，张家定三姐妹出嫁之前寄居。张文卿夫妇于当年先后死亡。1959 年张士国将解放街 67 号房屋出卖。1964 年张士国要收回人民街 15 号房屋与张家定发生纠纷，向巫溪县人民法院起诉，要求以 1948 年分家管业，1952 年政府发给的管业证，确认房屋产权。张家定要求以 1953 年分管字约管业。

巫溪县人民法院于 1966 年 1 月 27 日主持召集镇、段干部和当事人参加调解，决定：一、人民街 15 号房屋产权属张士国所有；二、私房改造问题除留张士国现住房屋外，其他全部纳入改造。1983 年 7 月，张家定三姐妹以“1966 年 1 月，巫溪县人民法院的处理是极左路线的影响，是政治形势所迫（系反属），要求按 1953 年 10 月分管的房屋明确产权”为由，向巫溪县人民法院起诉。县法院经审理，于 1984 年 5 月 7 日（84）院民字第 11 号民事判决：张家定、张家铭、张家慧与张士国房屋产权以现住况为准，即人民街 15 号房屋前二间半（43.85 平方米）归张士国所有；后两间（42.77 平方米）归张家定、张家铭、张家慧所有。宣判后，双方不服，提出上诉。

万县地区中级人民法院经审理，对适用政策有两种意见：多数同志认为张士国 1948 年分得的祖业房屋于 1952 年经政府换证确认了产权，张文卿重新分割和立遗嘱无效。诉争之房屋产权应属张士国所有。少数同志认为，张文卿 1953 年为偿还 1948 年分家前所欠的债务，对经政府登记换证的房屋重新进行分配，镇政府认可，各方均同意，并行使了所有权，应予有效。

经我们研究，有两种意见：第一，认为张文卿 1948 年将祖业房分给四个儿子，1952 年土改结束后，政府确认了 1948 年的析产，换发了管业证，1953 年张文卿重新对房屋处分，否认了 1952 年土改中的确权，视为无效，应以土改时登记的管业证为准。第二，认为以张文卿 1953 年重新分割确权处理较妥。其理由是，张文卿在 1953 年为偿还 1948 年分家前所欠的债务和其二儿子张鸣九土改时因反革命罪被镇压没收了全部房屋，三个孙女和儿媳无房居住的实际问题（没收全部房屋虽不符合政策规定，但此类问题现无法解决），由镇政府主持认可。张文卿将房屋调整重新分割，写了契书，各方均签字执行。签字时张士国虽在外工作不在场，但事后无异议，并行使了所有权，将 1953 年分得的解放路 67 号房屋（原张文卿居住）出卖。对此，我们没有把握，特此请示。

◆《遗嘱公证细则》

第十五条 两个以上的遗嘱人申请办理共同遗嘱公证的，公证处应当引导他们分别设立遗嘱。

遗嘱人坚持申请办理共同遗嘱公证的，共同遗嘱中应当明确遗嘱变更、撤销及生效的条件。

◆《最高人民法院关于民事诉讼证据的若干规定》

第十条 下列事实，当事人无须举证证明：

（一）自然规律以及定理、定律；

（二）众所周知的事实；

（三）根据法律规定推定的事实；

（四）根据已知的事实和日常生活经验法则推定出的另一事实；

（五）已为仲裁机构的生效裁决所确认的事实；

（六）已为人民法院发生法律效力的裁判所确认的基本事实；

（七）已为有效公证文书所证明的事实。

前款第二项至第五项事实，当事人有相反证据足以反驳的除外；第六项、第七项事实，当事人有相反证据足以推翻的除外。

◆《最高人民法院关于适用〈中华人民共和国民事诉讼法〉的解释》

第九十三条 下列事实，当事人无须举证证明：

（一）自然规律以及定理、定律；

（二）众所周知的事实；

（三）根据法律规定推定的事实；

（四）根据已知的事实和日常生活经验法则推定出的另一事实；

（五）已为人民法院发生法律效力的裁判所确认的事实；

（六）已为仲裁机构生效裁决所确认的事实；

（七）已为有效公证文书所证明的事实。

前款第二项至第四项规定的事实，当事人有相反证据足以反驳的除外；第五项至第七项规定的事实，当事人有相反证据足以推翻的除外。

案例评议

朱某1与朱某2、朱某3继承纠纷案①

◆ **裁判规则**

遗嘱人生前设立数份遗嘱，公证遗嘱有效。其他遗嘱与公证遗嘱的内容存在冲突的，依据公证遗嘱为准。

◆ **评议**

遗嘱人设立数份遗嘱时，如何确定数份遗嘱的效力就成为必须解决的问题。

① 重庆市第一中级人民法院（2017）渝01民终974号。

之前《继承法》确定了公证遗嘱效力优先原则，对这一问题的解决提供了简单粗暴的方法。但是承认公证遗嘱的绝对优先效力，排除了其他遗嘱形式撤销公证遗嘱的可能，不利于保护遗嘱人的意思自由。但是因为民事诉讼法将“已为有效公证文书所证明的事实”作为当事人不需要举证证明的事实，否认公证遗嘱的当事人需要举证证明存有其他遗嘱。而且在数份遗嘱并存在时，还必须确定各自遗嘱的有效性。

第一千一百四十三条 【遗嘱的无效】

无民事行为能力人或者限制民事行为能力人所立的遗嘱无效。

遗嘱必须表示遗嘱人的真实意思，受欺诈、胁迫所立的遗嘱无效。

伪造的遗嘱无效。

遗嘱被篡改的，篡改的内容无效。

本条来源

该条款来源于《继承法》第22条，该条规定了遗嘱的无效的情形：“无行为能力人或者限制行为能力人所立的遗嘱无效。遗嘱必须表示遗嘱人的真实意思，受胁迫、欺骗所立的遗嘱无效。伪造的遗嘱无效。遗嘱被篡改的，篡改的内容无效。”

相比于《继承法》的规定，《民法典》将第（1）项中的“无行为能力人或者限制行为能力人”修改为“无民事行为能力人或者限制民事行为能力人”，增加了“民事”二字，这样的表述更为规范和准确。

立法演变

《民法典》与之前的草案相比，没有什么改变。

学者建议稿与《民法典》差别较大，一般学者将遗嘱的效力分为遗嘱的无效和遗嘱的撤销两大类。而对于遗嘱无效的类型，《王稿民法典草案》将遗嘱无效分为全部无效和部分无效两个条款进行设置。但是《杨稿继承法草案》在一个条款中规定了遗嘱的全部或者部分无效。一般而言，以下遗嘱全部或者部分无效：伪造的遗嘱无效，遗嘱被篡改的内容，遗嘱中违反法律、行政法规强制性规定的内容、[①] 无民事行为能力人所立的遗嘱。另外《梁稿民法典草案》第1885条规定，代理设立的遗嘱无效，遗嘱处分属于国家、集体或者他人所有的财产的部分；违反法律规定对特留份进行处分的部分。[②] 可以撤销的遗嘱类型主要是因受胁迫、受欺诈、乘人之危以及因错误所立的遗嘱，遗产承受权利人可以请求人民法院撤销。[③] 但是《民法典》并没有采纳学者的建议。

条文释义

本条规定了遗嘱无效制度。

一、遗嘱无效概述

遗嘱的无效，是指遗嘱因不符合法律的规定而不能发生被继承人预期的法律效力。遗嘱无效，遗嘱人在遗嘱中处分其财产的意思表示无效，从而也就不能依据遗嘱来处置被继承人的遗产。

二、遗嘱无效的类型

遗嘱无效的情形是多种多样的，根据我国《民法典》的规定，遗嘱的无效主要有以下几种情况：

（一）无民事行为能力人或者限制民事行为能力人所立的遗嘱

无民事行为能力人、限制民事行为能力人属于无遗嘱能力的人，不具有遗

---

① 《杨稿继承法草案》第46条［遗嘱的无效］下列遗嘱全部或部分无效：（一）伪造的遗嘱；（二）遗嘱中违反法律、行政法规强制性规定的内容；（三）遗嘱被篡改的内容；（四）其他依法应当认定无效的情形。

② 《梁稿民法典草案》第1885条［遗嘱的无效］规定，下列情形之一的，遗嘱无效：无民事行为能力人或者限制民事行为能力人所立的遗嘱；代理设立的遗嘱；伪造的遗嘱；被篡改的遗嘱部分；遗嘱处分属于国家、集体或者他人所有的财产的部分；违反法律规定对特留份进行处分的部分。无效的遗嘱不具有执行效力，遗嘱部分无效的不影响其他部分的效力。

③ 《杨稿继承法草案》第47条［遗嘱的撤销］规定，遗嘱必须是遗嘱人的真实意思表示。因受胁迫、受欺诈、乘人之危以及因错误所立的遗嘱，遗产承受权利人可以请求人民法院撤销。请求撤销遗嘱的权利，应当自知道或者应当知道撤销事由之日起1年内行使。《梁稿民法典草案》第1886条［瑕疵遗嘱的撤销］规定，下列遗嘱，继承人、受遗赠人或其他利害关系人可以申请撤销：受胁迫、欺诈所立的遗嘱；遗嘱不符合法律规定的形式要求。遗嘱被撤销的，溯及遗嘱人死亡时起无效，尚未执行的，停止执行；已经执行的，应当返还被执行的遗产，不能返还的，受益人应折价补偿。前款撤销权自权利人知道或者应当知道可撤销事由起经过1年即消灭。《王稿民法典草案》第628条［瑕疵遗嘱的撤销］，遗嘱人因受胁迫、欺诈、错误所立的遗嘱，继承人、受遗赠人或其他利害关系人可以向人民法院申请撤销遗嘱。前款撤销权自权利人知道或者应当知道可撤销事由起经过1年即消灭。

嘱处分的资格。因此无民事行为能力人、限制民事行为能力人设立的遗嘱无效。遗嘱人行为能力的判定，以设立遗嘱时为准。如果无完全民事行为能力人设立遗嘱时具有完全民事行为能力，即使之后为无民事行为能力人，也不影响遗嘱的效力。但是其设立遗嘱时为无民事行为能力或者属于限制民事行为能力人，即使之后其具有了完全民事行为能力，当时所设立的遗嘱也是无效的。

（二）受欺诈、胁迫所立的遗嘱

遗嘱必须是遗嘱人的真实意思，遗嘱人在受欺诈、胁迫的情形下所立的遗嘱，因不是遗嘱人真实的意思表示，欠缺遗嘱的合法要件，应属无效。

受欺诈所立的遗嘱，是指遗嘱人因受他人故意歪曲的、虚假的行为或者言辞的错误导向下而产生错误的认识，作出了与自己真实意愿不相符合的意思表示。受胁迫所立的遗嘱，是指遗嘱人受到他人非法的威胁、要挟，为避免自己或亲人的生命健康或财产遭受侵害，作出与自己真实的意思表示相反的遗嘱。

值得注意的是，根据我国《民法典》和《继承法》的规定，受胁迫、受欺诈设立的遗嘱无效。但随着我国《合同法》将不损害国家利益的受欺诈、受胁迫订立的合同作为可撤销的合同规定，很多学者将此类遗嘱也作为可撤销的类型予以设计。但是《民法典》并没有采纳这一观点，我们应该根据特别法优于一般法的规则，认定此类遗嘱无效。

（三）伪造的遗嘱

伪造的遗嘱，是指以遗嘱人的名义设立的但根本不是其真实意思表示的遗嘱。当事人伪造遗嘱，一般是为了自己或者其他自己亲近的人取得更多的财产，但伪造遗嘱者的动机和目的，并不是伪造遗嘱的构成要件。只要不是遗嘱人真实意思表示而名义上是遗嘱人的遗嘱，都属于伪造的遗嘱。伪造的遗嘱，当然无效。

（四）被篡改的遗嘱内容

被篡改的遗嘱，是指遗嘱的内容被遗嘱人以外的其他人作了更改的遗嘱。比如，非遗嘱人对遗嘱的内容进行修改、补充等。篡改的主体是被继承人以外的人，如果是遗嘱人自己对遗嘱进行修改、补充等，则属于遗嘱人对遗嘱的变更，其是有效的。被篡改的遗嘱，经篡改的内容已经不再是遗嘱人的意思表示，而是篡改人的意思表示，因而其内容就不发生遗嘱的效力，该部分无效。但是遗嘱不能因被篡改而全部无效，遗嘱中未被篡改的内容仍然是遗嘱人真实的意思表示，可以合法有效。

（五）遗嘱中处分不属于遗嘱人自己财产的部分

遗嘱是遗嘱人处分自己财产的意思表示，不能处分他人的财产。《执行〈继承法〉的意见》第38条规定："遗嘱人以遗嘱处分了属于国家、集体或他人所有的财产，遗嘱的这部分，应认定无效。"不过，因遗嘱在遗嘱人死亡后才生效，假如遗嘱人通过遗嘱处分了他人财产，但在遗嘱人死亡时已经被遗嘱人取得的，则可视为事后取得处分权，遗嘱不因此而无效。当然，遗嘱中处分不属于遗嘱人自己的财产，仅仅是该有关不属于遗嘱人自己财产的部分无效，遗嘱的其他部分的效力不受其影响。

法条关联

◆《最高人民法院关于贯彻执行〈中华人民共和国继承法〉若干问题的意见》

38. 遗嘱人以遗嘱处分了属于国家、集体或他人所有的财产，遗嘱的这部分，应认定无效。

41. 遗嘱人立遗嘱时必须有行为能力。无行为能力人所立的遗嘱，即使其本人后来有了行为能力，仍属无效遗嘱。遗嘱人立遗嘱时有行为能力，后来丧失了行为能力，不影响遗嘱的效力。

◆《涉外民事关系法律适用法》

第三十二条 遗嘱方式，符合遗嘱人立遗嘱时或者死亡时经常居所地法律、国籍国法律或者遗嘱行为地法律的，遗嘱均为成立。

第三十三条 遗嘱效力，适用遗嘱人立遗嘱时或者死亡时经常居所地法律或者国籍国法律。

◆《司法部关于印发〈涉台公证工作座谈会会议纪要〉的通知》

4. 去台人员或台胞在台湾立遗嘱处分其在大陆的财产（动产和不动产）时，该遗嘱内容应符合"中华人民共和国继承法"。当事人申办遗嘱继承时，公证处应对遗嘱进行检验。主要包括：确认该遗嘱是否是遗嘱人本人所立，遗嘱人在立遗嘱时是否符合行为地法律；遗嘱人在遗嘱中所处分的财产是否属于本人所有；遗嘱受益人有无变化，遗嘱中有无取消缺乏劳动能力又没有生活来源的继承人的继承权等。

案例评议

张某1、张某2继承纠纷案①

◆ **裁判规则**

无行为能力人或者限制行为能力人所立的遗嘱无效。

◆ **评议**

无行为能力人或者限制行为能力人所立的遗嘱无效，对于这一规则的理解在现实中并不会存在差异。但是在现实生活中，作为被继承人的老年人是否具有民事行为能力，争议较大。除了相关利害关系人向人民法院宣告该老年人为无民事行为能力外，其他情形下怎么证明其不具有相应的民事行为能力，就成为了现实的难题。本案中，法院根据被继承人生前被医院诊断为“认知障碍”和“老年痴呆”，而且根据医生对这一病症只能加重，不能减轻的诊断，并结合其居住时其他主体的确认，得出遗嘱人不具有民事行为能力的结论，较好地兼顾了各方的利益，较为妥当，也为类似案件的处理带来启示。

第一千一百四十四条　【附义务的遗嘱继承或者遗赠】

遗嘱继承或者遗赠附有义务的，继承人或者受遗赠人应当履行义务。没有正当理由不履行义务的，经利害关系人或者有关组织请求，人民法院可以取消其接受附义务部分遗产的权利。

本条来源

《继承法》第21条规定：“遗嘱继承或者遗赠附有义务的，继承人或者受遗赠人应当履行义务。没有正当理由不履行义务的，经有关单位或者个人请求，人民法院可以取消他接受遗产的权利。”

《执行〈继承法〉的意见》第43条规定，附义务的遗嘱继承或遗赠，如义务能够履行，而继承人、受遗赠人无正当理由不履行，经受益人或其他继承人

① 天津市第二中级人民法院（2017）津02民终811号。

请求，人民法院可以取消他接受附义务那部分遗产的权利，由提出请求的继承人或受益人负责按遗嘱人的意愿履行义务，接受遗产。

与《继承法》相比，《民法典》将请求人从“有关单位和个人”修改为“利害关系人或者有关组织”，将“取消其接受遗产的权利”修改为“取消其接受附义务部分遗产的权利”。而后面这一部分的修改，可以认为吸收了《执行〈继承法〉的意见》第43条的相关内容。

立法演变

《民法典》与征求意见稿相比，没有什么变化。

学者建议稿中，与《民法典》最类似的是《杨稿继承法草案》。该草案第36条［附负担的遗嘱继承与遗赠］规定：“遗嘱继承或者遗赠附有负担的，继承人或受遗赠人应当以其所受利益为限履行负担。无正当理由不履行负担的，经其他继承人或受益人请求，可以取消其接受与所附负担相应遗产的权利。该部分遗产及负担由其他继承人接受。无继承人愿意接受的，由受益人取得遗产。”而《梁稿民法典草案》将此类内容规定在附条件的限制中，①《王稿民法典草案》第622条规定了附负担的履行：“附负担的遗嘱继承或遗赠，如负担能够履行，而继承人、受遗赠人无正当理由不履行，经受益人或其他继承人请求，人民法院可以撤销此部分的遗嘱处分，相应的遗产按照法定继承处理。接受该部分遗产的继承人须按遗嘱人的意愿履行负担。”虽然表达不同，但是与《民法典》的规定内容含义相同。

条文释义

本条规定的是附义务的遗嘱继承或者遗赠规则。

一、附义务的遗嘱继承或者遗赠概述

遗嘱人在遗嘱中向遗嘱继承人或受遗赠人附加提出了必须履行义务的要求，

---

① 《梁稿民法典草案》第1878条［遗嘱附条件的限制］规定，遗嘱人可以在遗赠中对遗嘱继承或者遗赠附加一定的条件。遗嘱人对遗嘱继承或遗赠所附的条件不得违反法律规定，不得损害国家、社会、集体或他人的利益。遗嘱人不得对遗嘱继承或者遗赠附加非财产性质的条件。遗嘱人违反上述规定所设立的条件无效。

继承人或者受遗嘱人应当履行。也有学者将之称为遗托。① 在遗嘱人的遗嘱中，指定的义务人必须履行遗嘱中规定的义务，而且有的遗嘱可能仅仅要求义务人履行义务，而不享受权利。因为，没有人可以在他人不同意的情况下，为其设定义务。所以在遗嘱中仅要求义务人履行义务而不享有权利的情况下，遗嘱继承人或受遗赠人可以不履行遗嘱中规定的义务。

二、遗嘱继承人、受遗赠人必须履行遗嘱中规定的义务

既然遗嘱人在遗嘱中为遗嘱继承人、受遗赠人设定了义务，为了达成所愿，遗嘱继承人、受遗赠人就必须履行该义务。如果遗嘱继承人、受遗赠人没有正当理由不履行义务的，经利害关系人或者有关组织请求，人民法院可以取消其接受附义务部分遗产的权利。但是并不是遗嘱人在遗嘱中设定了义务，遗嘱继承人或者受遗赠人就必须履行。如果遗嘱中指定的义务属于下列情形，比如履行指定的义务将违反社会公共利益，违反公序良俗或者有其他违法之处等，其可以不履行该义务，当然如果义务的设定超出了遗嘱继承人、受遗赠人的履行能力，其也可以不履行。如果不存在这些情形，接受了遗产的遗嘱继承人或者受遗赠人就必须履行遗嘱中规定的义务。否则，经利害关系人或者有关组织请求，人民法院可以取消其接受附义务部分遗产的权利。这里的利害关系人或者有关组织应为与遗产的承受有利害关系的单位和个人，如因遗嘱继承人或者受遗赠人履行义务而受有利益的人或其他继承人等。

遗嘱继承人、受遗赠人履行遗嘱中规定的义务是以接受遗嘱继承、遗赠为条件的，如果遗嘱继承人放弃继承权，或者受遗赠人不接受遗赠，则他们就没有履行遗嘱人在遗嘱中为他们所设定义务的义务。

法条关联

◆**《最高人民法院关于贯彻执行〈中华人民共和国继承法〉若干问题的意见》**

43. 附义务的遗嘱继承或遗赠，如义务能够履行，而继承人、受遗赠人无正当理由不履行，经受益人或其他继承人请求，人民法院可以取消他接受附义务那部分遗产的权利，由提出请求的继承人或受益人负责按遗嘱人的意愿履行义务，接受遗产。

① 刘素萍主编：《继承法》，中国人民大学出版社 1988 年版，第 316 页。

案例评议

李某健、李某琦等与李某蔚继承纠纷案[①]

◆ **裁判规则**

遗嘱继承或者遗赠附有义务的，继承人或者受遗赠人应当履行义务。没有正当理由不履行义务的，经有关单位或者个人请求，人民法院可以取消他接受遗产的权利。继承人只履行了遗嘱所附的部分义务，未能履行虽有其客观原因，但未能全部履行遗嘱所附义务却是不争的事实，因此不能完全按照遗嘱的规定接受遗产。

◆ **评议**

遗嘱中规定了继承人接受遗产必须履行相应的义务。如果继承人没有正当的理由完全不履行义务，经利害关系人或者有关组织请求，人民法院可以取消其接受附义务部分遗产的权利。但在现实生活中出现的问题是，当事人不履行义务往往具有一定的理由，比如客观情况发生了变化，继续履行义务变得较为困难，或者履行了遗嘱所附的部分义务，在这种情况下，需要法官判断当事人不再继续履行遗嘱中规定的义务是否具有正当理由，继续按照遗嘱的规定处理遗产是否公平合理，对法官而言，这将是一个巨大的挑战。

---

① 重庆市高级人民法院（2015）渝高法民抗字第00004号。

第四章　遗产的处理

本章概要

本章规定了遗产的处理，而遗产的处理涉及方方面面的事情。被继承人死亡后，首先需要将这一情况通知全体继承人，所以《民法典》规定了继承开始的通知制度，通知发出后，存有遗产的人需要妥善保管被继承人的遗产，因此确立了遗产的临时保管制度。而如果分配遗产，则需要专人负责，《民法典》规定了遗产管理人制度，《继承法》并未规定遗产管理人，这一制度是《民法典》的创新。就遗产管理人，首先需要确定遗产管理人的规则，当遗产管理人的确定有争议时，利害关系人可以向人民法院申请指定。遗产管理人需要履行相应的遗产管理的职责，其履行职责后，也可以按照法律的规定或者当事人的约定获得报酬。在遗产管理人因故意或者重大过失造成继承人、受遗赠人、债权人损失的，其需要承担民事责任。

在分割遗产之前，还需要履行对特殊主体的保护。比如对于胎儿应继份要予以保留，对于夫妻一方再婚的不能影响其继承权。社会生活复杂多变，人们有时可能祸不单行。在遗产分割前，继承人死亡，这时候需要明确继承人的继承人如何继承的问题，为此《民法典》明确规定了转继承制度。法定继承和遗嘱继承外，还有些被继承人在生前与继承人以外的组织或者个人签订了遗赠扶养协议，既然扶养人履行该自然人生养死葬的义务，其遗产自然按照该协议履行。

目前各国都实行限定继承原则，我国也不例外。但是分割遗产前，首先需要确定被继承人的遗产范围，为此，《民法典》专门规定了共有财产的分割制度。遗产的分割不应当影响被继承人债务的履行，所以我国《民法典》规定了遗产分割前应当清偿的债务的范围，并规定执行遗赠不得妨碍债务清偿。而且规定了在法定继承、遗嘱继承、遗赠并存时，遗产债务的清偿规则。清偿被继承人的债务后，需要对遗产进行分割，为此《民法典》规定了遗产的处分原则和方法。

第一千一百四十五条　【遗产管理人的确定】

继承开始后，遗嘱执行人为遗产管理人；没有遗嘱执行人的，继承人应当及时推选遗产管理人；继承人未推选的，由继承人共同担任遗产管理人；没有继承人或者继承人均放弃继承的，由被继承人生前住所地的民政部门或者村民委员会担任遗产管理人。

本条来源

本条为新增条款。

立法演变

《民法典》与征求意见稿相比，没有发生变化。

虽然学者建议稿都规定了遗产管理人的选任制度。但是与《民法典》相比，差别还是较大。比如《杨稿继承法草案》第72条第1款规定了遗产管理人的选任，继承人可以在继承开始后协商推选遗产管理人。有遗嘱执行人的，由遗嘱执行人担任遗产管理人。遗嘱未指定遗嘱执行人，继承人对遗产管理人选任有争议的，由有完全民事行为能力的法定继承人共同管理遗产。《梁稿民法典草案》第1899条前3款规定了遗产管理人的选任，继承开始后2个月内，继承人应当举行会议推选遗产管理人。共同继承人未推选遗产管理人的，由全体继承人共同行使遗产管理人的职责。遗嘱中指定有遗嘱执行人的，由遗嘱执行人行使遗产管理人的职责。总体来看，这两个学者建议稿并没有《民法典》规定得详尽。

条文释义

本条规定了遗产管理人的选任。

一、遗产管理人概述

遗产管理人，是指具有清理遗产并制作遗产清单、处理被继承人的债权债务等职责的人。遗产管理人不仅存在于遗嘱继承中，有遗嘱人指定的遗嘱执行人担任遗产管理人，在法定继承中也存在由承认继承的继承人作为管理人，在无人继承遗产中也可能由人民法院指定遗产管理人。对此，各国继承法都明确规定了遗产管理人的确定规则，我国《民法典》从之。

二、遗产管理人的确定方式

根据《民法典》的规定，可以采取以下四种方式确定遗产管理人：

（一）遗嘱指定遗产管理人

被继承人可以在遗嘱中指定遗产管理人。如果被继承人明确指定了遗产管理人，这属于被继承人根据自己的意思对遗产事项作出的安排，法律应当尊重被继承人的意思，继承人也应当服从。值得注意的是，有的被继承人在遗嘱中只指定了遗嘱执行人，而并未另行指定遗产管理人，这时应当由遗嘱执行人担任遗产管理人。

（二）继承人推选遗产管理人

在继承开始后，继承人没有放弃继承的，则当然继承。所以遗产的权利归属于各继承人。因此，如果继承人为一人时，遗产直接转化为该继承人的个人财产，其对遗产进行的管理就是所有权人的管理。如果继承人为数人时，各继承人均可作为遗产管理人。但是为了更好地管理遗产，全体继承人可以推选一人或数人作为遗产管理人，由其进行遗产的管理活动。

（三）共同担任遗产管理人

在遗嘱未指定遗嘱执行人或者遗产管理人，继承人也没有推选遗产管理人的情况下，应由全体继承人共同担任遗产管理人。

（四）单位作为遗产管理人

如果没有继承人或者继承人均放弃继承的，由被继承人生前住所地的民政部门或者村民委员会担任遗产管理人。

当然，按照上述四种方式确定遗产管理人可能存在争议，如果发生这种情况，利害关系人也可以请求法院予以撤换或者另行指定。

案例评议

向某琼等人诉张某霞等人执行遗嘱代理合同纠纷案[①]

◆ **裁判规则**

遗嘱执行人在遗嘱人没有明确其执行遗嘱所得报酬的情况下，与继承人就执行遗嘱相关事项自愿签订代理协议，并按照协议约定收取遗嘱执行费，不属于《律师法》第34条禁止的律师在同一案件中为双方当事人代理的情形，应认定代理协议有效。

◆ **评议**

在《民法典》没有规定遗产管理人指定之前，我国《继承法》已经规定了遗嘱执行人制度。遗嘱执行人代遗嘱人执行遗嘱事宜，是否可以获得报酬，法律也没有作出规定。但是随着律师制度的实施和律师队伍的发展壮大，有偿服务成为常态，律师在协助被继承人处理遗产事宜中发挥了越来越大的作用。尽管律师在此类案件中的角色名称不同，但是其实际发挥了遗产管理人的职责。可见，《民法典》规定遗产管理人制度，恰逢其时。

第一千一百四十六条　【法院指定遗产管理人】

对遗产管理人的确定有争议的，利害关系人可以向人民法院申请指定遗产管理人。

本条来源

本条为新增款项。

立法演变

没有变化。

学者建议稿中，《杨稿继承法草案》和《梁稿民法典草案》分别规定了人

① 《中华人民共和国最高人民法院公报》2004年第1期（总第87期）。

民法院可以指定遗产管理人的情形。《杨稿继承法草案》规定了一种情形：有证据证明继承人的行为已经或将要损害其他遗产承受权利人、遗产债权人等利害关系人利益的，经利害关系人申请，人民法院可以在继承人之外指定遗产管理人。[①]《梁稿民法典草案》规定以下3种情况下，经利害关系人申请，人民法院可以指定遗产管理人：遗嘱未指定遗嘱执行人，继承人对遗产管理人的选任有争议的；没有继承人或者继承人下落不明，而遗嘱中又未指定遗嘱执行人的；遗产债权人有证据证明继承人的行为已经或者将要损害其利益的。[②]《梁稿民法典草案》第1899条第5款规定，人民法院在指定遗产管理人之前，经利害关系人的申请，可以对遗产进行必要的处分。

条文释义

本条规定了法院指定遗产管理人。

在对遗产管理人的确定有争议的情况下，应当由法院直接指定遗产管理人。国外继承法也有相关规定，如《日本民法典》第952条中规定“家庭法院因利害关系人或者检察官的请求，应选任继承财产管理人”。根据《民法典》的规定，在下列情形下，经利害关系人申请，人民法院可以指定遗产管理人：第一，遗嘱中未指定遗嘱执行人或遗产管理人，继承人对遗产管理人的选任有争议的；第二，在继承人为数人的情况下，利害关系人对其中的一人或者数人担任遗产管理人存在争议；第三，在没有继承人或者继承人均放弃继承的情况下，对被继承人生前住所地的民政部门或者村民委员会担任遗产管理人有争议。

案例评议

李1、钦某某等遗嘱继承纠纷案[③]

◆ 裁判规则

立遗嘱人有权在遗嘱中指定遗嘱执行人，信托的委托人（被继承人）有权指定多个共同受托人，其指定的管理人即为遗嘱执行人和信托受托人。

---

① 《杨稿继承法草案》第72条第2款。

② 《梁稿民法典草案》第1899条第4款。

③ 上海市第二中级人民法院（2019）沪02民终1307号。

◆ **评议**

在《民法典》尚未规定遗产管理人之前，现实中被继承人已经开始指定遗产执行人，并通过信托制度来指定遗产管理人。但是因为继承法没有明确规定，被继承人在遗嘱中指定遗产管理人并执行遗产管理实务问题容易引起纷争。而《民法典》规定了遗产管理人确定制度，将会在一定程度上减少此类纠纷的发生，或者在发生纠纷时给当事人提供救济的途径。当然，确定遗产管理人不仅需要考虑到被继承人的意愿，还需要考虑到遗产管理人的意愿。

第一千一百四十七条　【遗产管理人的职责】

遗产管理人应当履行下列职责：

（一）清理遗产并制作遗产清单；

（二）向继承人报告遗产情况；

（三）采取必要措施防止遗产毁损、灭失；

（四）处理被继承人的债权债务；

（五）按照遗嘱或者依照法律规定分割遗产；

（六）实施与管理遗产有关的其他必要行为。

本条来源

本条为新增条款。

立法演变

第二稿比第一稿增加了2项内容，分别是：（二）向继承人报告遗产情况；（三）采取必要措施防止遗产毁损。修改了一项内容，将第一稿中的“（二）保管遗产”修改为“（六）实施与管理遗产有关的其他必要行为”。

学者建议稿中，只有《杨稿继承法草案》确定了遗产管理人制度，因此只有该草案规定了遗产管理人的职责，但是《杨稿继承法草案》规定的职责与

《民法典》的规定存在较大的差异。[1] 比如《杨稿继承法草案》规定了查明被继承人是否留有遗嘱，并且确定遗嘱是否真实合法；查明并通知遗产承受权利人、被继承人的债权人、债务人；对遗产进行公证；移交遗产等。但是《民法典》并未规定遗产公证制度。而查明遗嘱的真实合法应该属于人民法院的职责，交给遗产管理人好像不妥。通知债权人、债务人并移交遗产应当算作是对遗产管理人管理工作的某一具体要求。

条文释义

关于遗产管理人职责，根据《民法典》的规定，有以下几点：

（一）清理遗产并制作遗产清单

清理遗产是指清查遗产的名称、数量、地点、价值等状况。在对有关遗产清查的基础上，遗嘱管理人应当制作遗产清单，在清单上要全面、准确地载明遗产的具体情况，既要包括对积极财产的记载，也要包括对消极财产的记载。遗产管理人编制遗产清册，可以防止继承人隐匿、转移遗产，并达到保护债权人的目的。

（二）向继承人报告遗产情况

清理遗产并制作遗产清单本身不是目的，而是手段。要通过这一手段了解到被继承人具体的财产状况。遗产管理人制作遗产清单后，还需要向继承人报告遗产情况，便于继承人就遗产的状况及分割做出判断。

（三）采取必要的措施防止遗产毁损、灭失

遗产管理人在管理遗产时，为了足以保护遗产，需要采取必要的措施，如变卖易腐物品、修缮年久失修的房屋、收取到期债权等。这些必要的措施是为了保存遗产而为，防止遗产毁损、灭失。但是这一措施不能超过必要的限度，如果超出限度，则遗产管理人的行为不当，需要对继承人、受遗赠人等受到的损害承担赔偿责任。比如，遗产管理人将遗产无偿赠与他人，将遗产故意毁坏

---

① 《杨稿继承法草案》第74条规定遗产管理人应当勤勉谨慎地履行以下职责：（一）查明被继承人是否留有遗嘱，并且确定遗嘱是否真实合法；（二）查明并通知遗产承受权利人、被继承人的债权人、债务人；（三）管理遗产，制作遗产清单并公证；（四）清偿遗产债务；（五）分割、移交遗产；（六）在管理权限之内，可以采取必要的措施或通过诉讼保全遗产；（七）进行与管理遗产有关的其他必要行为。

等都属于超过必要限度的行为。

（四）处理被继承人的债权债务

遗产管理人在制作遗产清单后，对被继承人的债务人应当发出通知，让被继承人的债务人向自己履行债务。对于被继承人的债权人，也应当进行清偿，当然，清偿以遗产的实际价值为限。对遗产债务的清偿应当按照一定的顺序，对同一顺序的债务无法全部清偿的，可以按一定的比例进行。只有在清偿债务完毕后尚有剩余遗产的，才能按照被继承人的遗嘱执行。

（五）按照遗嘱或者依照法律规定分割遗产

如果被继承人设有遗嘱，而且遗嘱的内容完全有效，则遗产管理人按照遗嘱的规定分割遗产。如果被继承人没有设立遗嘱，或者虽设有遗嘱，但是遗嘱全部或者部分无效，对于无效部分涉及的遗产需要遗产管理人按照法律的规定进行分割。

（六）实施与管理遗产有关的其他必要行为

这一项规定为兜底条款，将遗产管理人履行职责可能涉及的行为予以抽象概括。比如在遗产管理中，如果有必要进行诉讼的，遗产管理人可以向人民法院提起诉讼。在占有遗产的人不是继承人时，请求该占有人将遗产移交给自己等。

法条关联

◆《民法典》

第一百九十四条　在诉讼时效期间的最后六个月内，因下列障碍，不能行使请求权的，诉讼时效中止：

（一）不可抗力；

（二）无民事行为能力人或者限制民事行为能力人没有法定代理人，或者法定代理人死亡、丧失民事行为能力、丧失代理权；

（三）继承开始后未确定继承人或者遗产管理人；

（四）权利人被义务人或者其他人控制；

（五）其他导致权利人不能行使请求权的障碍。

自中止时效的原因消除之日起满六个月，诉讼时效期间届满。

◆《最高人民法院关于审理民事案件适用诉讼时效制度若干问题的规定》

第二十条 有下列情形之一的，应当认定为民法通则第一百三十九条规定的“其他障碍”，诉讼时效中止：

（一）权利被侵害的无民事行为能力人、限制民事行为能力人没有法定代理人，或者法定代理人死亡、丧失代理权、丧失行为能力；

（二）继承开始后未确定继承人或者遗产管理人；

（三）权利人被义务人或者其他人控制无法主张权利；

（四）其他导致权利人不能主张权利的客观情形。

◆《信托法》

第三十九条 受托人有下列情形之一的，其职责终止：

（一）死亡或者被依法宣告死亡；

（二）被依法宣告为无民事行为能力人或者限制民事行为能力人；

（三）被依法撤销或者被宣告破产；

（四）依法解散或者法定资格丧失；

（五）辞任或者被解任；

（六）法律、行政法规规定的其他情形。

受托人职责终止时，其继承人或者遗产管理人、监护人、清算人应当妥善保管信托财产，协助新受托人接管信托事务。

◆《司法部关于办理涉台遗产继承公证若干问题的通知》

三、关于委托代办遗产继承问题

（一）被继承人在台死亡后，其遗产如无人继承或不清楚有无继承人，一般由台湾地方法院选任遗产管理人。大陆继承人要求继承遗产的，须向遗产管理人声明承认继承，并可以委托代理人代为领取遗产。继承人有数人时，可以共同委托其中一名继承顺序在前的合法继承人作为代表人，全权出面办理，其共同委托书需办理公证。如遗产管理人不予受理，大陆继承人则需向台湾地方法院诉请继承。被继承人的全部合法继承人需共同办理委托书公证，委托代理人代为诉讼。同住一地的多名继承人可以合办一份委托书。

◆《外交部办公厅关于“对各地外事处在处理外人在华遗产继承问题中所提出的一些具体问题的答复”的指示》

（三）遗产代理

1. 外人在华遗产继承人在国外者准由被继承人或继承人本国驻华使领馆或在华亲友代该继承人申请继承，但必须办理正式委托代理手续，其委托书须经我驻该国（未建交国人经我驻建交国）使领馆或国内外事处认证。

2. 外人在华财产如委托有代理人，其死后，我对该代理人之代理权不予承认。对外人在华遗产信托人、遗产管理人及长期遗嘱执行人不予承认。

◆《司法部律师公证工作指导司关于印发中国法律服务（香港）有限公司〈关于办理香港遗产继承的程序和应注意问题的介绍〉的通知》

一、办理香港遗产继承的规定和程序

香港遗产继承是由高等法院遗产管理处负责处理。按以下程序办理：

1. 领取死者的死亡证明。如果死者在内地死亡须提供经过公证的死亡公证书。

2. 调查统计死者遗留的财产。包括死者名下的房地产物业记录及价值、在银行的存款本息和保险箱内的财物、所持有的上市公司及私人公司的股票和价值，以及死者所欠的债务。

3. 申报和交纳遗产税。按照死者死亡日期向香港税务局遗产税署申报死者遗产情况。将遗产详细列表并由申请人宣誓呈报遗产署。根据香港法例规定，1982 年初以后死亡的，其遗产未达二百万，不用纳税；

遗产二百万至二百五十万交纳 10% 的税金；

遗产三百万至三百五十万交纳 14% 的税金；

遗产三百五十万至四百万交纳 16% 的税金；

遗产四百万以上交纳 18% 的税金；

死者生前所住的寓所遗留给配偶的，可免交遗产税；

死者对公共慈善机构的捐赠也可以免税；

死者逝世前三年以内的全部馈赠（除海外馈赠外）都计算在其遗产内，需要交税；

死者生前与他人共管的物业，虽然在死者逝世前已自动转移给其共管人，都要交税，只不过以财产购买时的出资比例而决定交税数额；

死者已转移的财产，如果仍保留控制权，也列入遗产的范畴；

死者在香港的所有债务，都从财产中扣除，然后决定税额和税率。死者的丧葬费限于扣除一万港币。

不动产的遗产税，可以分八年缴纳，每半年交一次，如果死者去世后十二个月内承办人不向遗产税署申报税金和利息，可由遗产官视有无合理的拖延理由，而决定是否予以双倍缴纳的处罚。

如果死者和遗产受益人在五年内相继死亡，其物业及生意应缴的遗产税可酌情减少。

遗产额在豁免交税以下的，可获得遗产税署签发豁免遗产税证明书和明细表；如果遗产超过豁免交税额，遗产税署会发出缴税通知书，申请人交妥遗产税后，遗产税署会签发已交遗产税证明书和遗产清单。在任何情况下，遗产税署都可以向遗产管理人追收死者生前所欠的个人入息税或薪俸税。

◆《司法部关于为已故去台老兵的继承人办理遗产继承公证的紧急通知》

二、各地公证处要积极、准确、快速地为已死亡的去台老兵的亲属办理继承遗产的有关公证书。

1. 与当地乡镇法律服务机构密切配合，认真核实有关证据。对于经调查核实确实是去台老兵的合法继承人的，要迅速、准确地出具有关公证书。

2. 原则上去台老兵的遗产继承公证应按照我部司发［1991］085 号《关于办理涉台遗产继承公证若干问题的通知》办理，由于时间紧迫，对于已经死亡的去台老兵遗产的继承公证，可予以适当变通。凡是能够提供死者姓名、性别、籍贯、出生日期、死亡时间、生前住址，以及继承人姓名、性别、出生日期、婚姻状况、与死者的亲属关系等证明文件的，公证处均可为继承人出具亲属关系公证书、委托书等公证书。由于年代久远，对于查不清被继承人父母姓名的，在公证书中可不写其父母姓名、只写明父母死亡即可。

3. 对于有数名继承人，而只查找到其中一个继承人，其他继承人下落不明的，可以由该继承人作为共同遗产管理人发表声明，全权出面办理有关公证事项并委托代理人申请继承。待遗产继承回来后，其他继承人的遗产份额可由公证处以提存方式予以保管。

……

案例评议

林某民与林某东遗嘱继承纠纷案[1]

◆ **裁判规则**

存有遗产的人，应当妥善保管遗产，任何人不得侵吞或者争抢。继承遗产应当清偿被继承人依法应当缴纳的税款和债务。

◆ **评议**

尽管本案不仅涉及公证遗嘱的效力问题，还涉及遗嘱的撤回问题，但是因为本案中各相关利益主体将被继承人的财产委托给保管人保管，保管人应当切实履行保管义务。一旦其主张财产发生变动，必须具备相关的证据予以支持自己的主张，否则就需要承担相应的责任。在司法实践中，遗产管理人并不是专业人士，因失误或者粗心而可能导致其保管的财产遭受损失，在这种情况下均要求其承担责任，有点求全责备。

第一千一百四十八条　【遗产管理人的责任承担】

遗产管理人应当依法履行职责，因故意或者重大过失造成继承人、受遗赠人、债权人损害的，应当承担民事责任。

本条来源

本条款为新增条款。

立法演变

第一稿与第二稿相比，没有变动。

条文释义

本条规定了遗产管理人的责任承担问题。

① 象山县人民法院（2015）甬象石民初字第412号。

遗产管理人应当依法履行职责，在其因故意或者重大过失造成继承人、受遗赠人、债权人损失的，应当依法承担民事责任。需要注意的是，考虑到我国现实中遗产管理人往往是与被继承人关系密切的人士，比如可能是全体共同继承人、继承人中的一人或者数人，他们可能并不具有专业的管理遗产的能力，所以《民法典》强调，只有遗产管理人因故意或者重大过失造成继承人、受遗赠人、债权人损害的，才承担责任。但是因为遗产管理人可以请求报酬，对于可以请求报酬的遗产管理人，只有在故意或者重大过失的情况下承担责任，似有不妥。所以这一条款仅仅为规范遗产管理人责任的一般条款，如果其他法律法规对遗产管理人应当承担的责任及报酬另有规定的，则从其规定。

第一千一百四十九条　【遗产管理人的报酬请求权】

遗产管理人可以依照法律规定或者按照约定获得报酬。

本条来源

本条为新增条款。

立法演变

第一稿与第二稿相比，没有变动。

《梁稿民法典草案》第1900条［遗产管理人的报酬］规定："继承人和遗嘱执行人以外的人担任遗产管理人的，有权请求与其所执行职务相当的报酬。遗产管理人的报酬应当列入继承费用优先受清偿。"与《民法典》相比，其主张只有继承人和遗嘱执行人以外的人担任遗产管理人才可以主张报酬，其认为可以主张报酬请求权的遗产管理人的范围较窄。另外，其明确了遗产报酬的性质为继承费用，在优先清偿之列。

条文释义

本条规定了遗产管理人的报酬请求权。

遗产管理人属于受托人，其可以与全体继承人约定管理遗产事宜并获得报酬。遗产管理人除了按照约定获得报酬外，还可以按照法律规定获得报酬。比如遗嘱人生前设定了遗嘱信托，并在信托文件中约定了受托人的报酬，受托人作为遗产管理人当然可以要求报酬。当然，继承人或者受遗赠人也可能自愿支付报酬。

法条关联

◆《信托法》

第三十五条 受托人有权依照信托文件的约定取得报酬。信托文件未作事先约定的，经信托当事人协商同意，可以作出补充约定；未作事先约定和补充约定的，不得收取报酬。

约定的报酬经信托当事人协商同意，可以增减其数额。

◆**《最高人民法院关于向美琼、熊伟浩、熊萍与张凤霞、张旭、张林录、冯树义执行遗嘱代理合同纠纷一案的请示的复函》**

陕西省高级人民法院：

你院《关于向美琼、熊伟浩、熊萍与张凤霞、张旭、张林录、冯树义执行遗嘱代理合同纠纷一案的请示报告》收悉。经研究认为，目前，《中华人民共和国民法通则》《中华人民共和国继承法》对遗嘱执行人的法律地位、遗嘱执行人的权利义务均未作出相应的规定。只要法律无禁止性规定，民事主体的处分自己私权利行为就不应当受到限制。张凤霞作为熊毅武指定的遗嘱执行人，在遗嘱人没有明确其执行遗嘱所得报酬的情况下，与继承人熊伟浩、熊萍等人就执行遗嘱相关的事项签订协议，并按照该协议的约定收取遗嘱执行费，不属于《中华人民共和国律师法》第三十四条禁止的律师在同一案件中为双方当事人代理的情况，该协议是否有效，应当依据《中华人民共和国合同法》的规定进行审查。只要协议的签订出于双方当事人的自愿，协议内容是双方当事人真实的意思表示，不违反法律和行政法规的禁止性规定，就应认定为有效。如果熊伟浩、熊萍等人以张凤霞乘人之危，使其在违背真实意思表示的情况下签订协议为由，请求人民法院撤销或者变更该协议，应有明确的诉讼请求并提供相应的证据，否则，人民法院不宜主动对该协议加以变更或者撤销。

第一千一百五十条　【继承开始的通知】

继承开始后，知道被继承人死亡的继承人应当及时通知其他继承人和遗嘱执行人。继承人中无人知道被继承人死亡或者知道被继承人死亡而不能通知的，由被继承人生前所在单位或者住所地的居民委员会、村民委员会负责通知。

本条来源

《继承法》第23条规定："继承开始后，知道被继承人死亡的继承人应当及时通知其他继承人和遗嘱执行人。继承人中无人知道被继承人死亡或者知道被继承人死亡而不能通知的，由被继承人生前所在单位或者住所地的居民委员会、村民委员会负责通知。"

《民法典》与《继承法》的条文完全相同。

立法演变

没有变化。

条文释义

本条规定了继承开始的通知问题。

继承开始的通知，是指将被继承人死亡的事实通知继承人和遗嘱执行人，以便继承人和遗嘱执行人能及时地处理有关继承问题。继承开始后，通知继承人是继承的一个必要环节，因此，继承开始后，应当为继承开始的通知。

根据我国《民法典》的规定，负有继承开始通知义务的人，首先是知道被继承人死亡的继承人，即知道被继承人死亡的继承人应当及时将继承开始的事实通知其他继承人和遗嘱执行人。如果继承人中无人知道被继承人死亡，或者虽然知道被继承人死亡却不能通知的（如其为无民事行为能力人），则负有通知义务的人是被继承人生前所在单位或者住所地的居民委员会、村民委员会。负有通知义务的继承人或单位，如果有意隐瞒继承开始的事实，造成其他继承人损失的，应承担相应的责任。

法条关联

◆《最高人民法院关于贯彻执行〈中华人民共和国继承法〉若干问题的意见》

44. 人民法院在审理继承案件时，如果知道有继承人而无法通知的，分割遗产时，要保留其应继承的遗产，并确定该遗产的保管人或保管单位。

第一千一百五十一条 【遗产的临时保管】

存有遗产的人，应当妥善保管遗产，任何组织或者个人不得侵吞或者争抢。

本条来源

《继承法》第24条规定："存有遗产的人，应当妥善保管遗产，任何人不得侵吞或者争抢。"

《民法典》与《继承法》的规定基本相同，仅将"任何人不得侵吞或者争抢"修改为"任何组织或者个人不得侵吞或者争抢"。

立法演变

《民法典》将征求意见稿中"任何人不得侵吞或者争抢"修改为"任何组织或者个人不得侵吞或者争抢"，其他无变化。

条文释义

本条规定了存有遗产的人对遗产的保管义务。

被继承人死亡时，其遗产可能分散在不同的地方、不同的主体手中。在被继承人死亡后，存有遗产的主体必须妥善保管遗产；否则被继承人的遗产可能会遭受损失，所以《民法典》专门对此作出规定。

法条关联

◆《最高人民法院关于贯彻执行〈中华人民共和国继承法〉若干问题的意见》

44. 人民法院在审理继承案件时，如果知道有继承人而无法通知的，分割遗产时，要保留其应继承的遗产，并确定该遗产的保管人或保管单位。

案例评议

郑某与彭某遗嘱继承纠纷案①

◆ **裁判规则**

在遗嘱生效后，遗产保管人应当依照遗嘱的指定，将其持有的被继承人的遗产交付给指定的继承人。

◆ **评议**

遗产保管人负有保管遗产的义务。但是在现实生活中，很多保管人在保管遗产时，因为被继承人的死亡往往认为自己不用归还，把自己作为继承人对待。在遗嘱继承中，如果被继承人没有将遗产或者仅将少量遗产留给遗产保管人，其也可能心生怨气，不将遗产交给被继承人。存有遗产的人对遗产负有保管义务，但是这些遗产并不是其自己的财产，其还需要将遗产交付给继承人或者遗产管理人。

第一千一百五十二条 【转继承】

继承开始后，继承人于遗产分割前死亡，并没有放弃继承的，该继承人应当继承的遗产转给其继承人，但是遗嘱另有安排的除外。

本条来源

《执行〈继承法〉的意见》第52条规定："继承开始以后，继承人没有表示放弃继承，并于遗产分割前死亡的，其继承遗产的权利移转给他的合法继承人。"《民法典》变化了一下顺序，并增加了但书条款："但是遗嘱另有安排的除外"。

立法演变

第一稿与第二稿相比，没有变化。

---

① 西安市中级人民法院（2018）陕01民终11624号。

条文释义

一、转继承的概念

转继承是指继承开始后，继承人没有放弃继承，但于遗产分割前死亡的，其所应继承的遗产份额转由其继承人承受的一种继承制度。《执行〈继承法〉的意见》第52条规定：“继承开始以后，继承人没有表示放弃继承，并于遗产分割前死亡的，其继承遗产的权利转移给他的合法继承人。”这一规定与《民法典》相比，仅仅是少了但书条款。从性质上看，转继承是将被转继承人应继承的遗产份额转由其继承人承受，转继承所移转的不是继承权，而是遗产所有权。转继承关系的客体是被转继承人应取得的遗产份额，而不是被转继承人应取得的全部遗产份额。其实质是发生了又一次继承，可以称为连续继承或者二次继承。①

二、转继承的要件

作为一项独立的继承制度，转继承无论在法定继承中还是在遗嘱继承中都可能发生，但都必须具备一定的要件。

（一）须在被继承人死后、遗产分割前继承人死亡

这是转继承发生的时间要件。只有在被继承人死后、遗产分割前，继承人死亡的，才会发生转继承，也就是在被继承人死后至遗产分割前这一时间范围内。这是因为如果被继承人没有死亡，继承就无法开始，无论是法定继承还是遗嘱继承，均不存在转继承问题。如果继承人先于被继承人死亡，只会发生代位继承，而不是转继承。如果继承人在遗产分割后死亡，则该继承人的继承人可以直接继承其遗产，而不必参与被继承人遗产的分割，此时也不存在转继承。

（二）须继承人没有丧失或放弃继承权

如果继承人因法定事由丧失了继承权或者放弃了继承权，则因其不能继承被继承人的遗产，即使其于被继承人死亡后、遗产分割前死亡，因为其本来没有继承份额的能力，也不发生转继承。

（三）须由死亡继承人的继承人继承其应继承的遗产份额

在转继承中，虽然继承人死亡，但是其应继份额并不归属于被继承人的其

① 郭明瑞、房绍坤编著：《继承法》，法律出版社1996年版，第132－133页。

他继承人，而是归属于自己的继承人。至于具体的应继份额以及死亡继承人的继承人的应得份额，需要根据法定继承与遗嘱继承情形分别予以判定。

（四）须遗嘱没有另有安排

这是转继承适用的一个前提条件，如果被继承人死亡时在遗嘱中对继承人另行作出安排，则要遵循遗嘱规定，而不能直接适用转继承。

三、转继承的效力

在适用转继承时，根据死亡的被转继承人的继承方式的不同而有不同。如果死亡的被转继承人依据法定继承方式进行继承，则其应继份额为依据法定继承取得的份额；如被转继承人为遗嘱继承人时，则依据被继承人的遗嘱取得的应继份额。同时，在转继承中，转继承人取得的份额也根据继承方式的不同而不同。转继承人存在合法有效遗嘱时，依据遗嘱继承取得被转继承人的遗产份额；没有有效遗嘱，依据法定继承取得被转继承人的遗产份额。

法条关联

◆《最高人民法院关于贯彻执行〈中华人民共和国继承法〉若干问题的意见》

52. 继承开始后，继承人没有表示放弃继承，并于遗产分割前死亡的，其继承遗产的权利转移给他的合法继承人。

案例评议

解某与刘某1、刘某2等继承纠纷案①

◆ **裁判规则**

继承人符合在继承被继承人遗产开始后，实际接受被继承人遗产前死亡的情形，根据法律规定，继承人的法定继承人应代其实际接受其有权继承的遗产。

◆ **评议**

转继承案件在现实中也时有发生。当大家都陷在被继承人死亡的痛苦中，在遗产还没有分割前，有的继承人因为伤心过度而去世，悲剧再次发生。转继承的实质是两次继承，在这两次继承中，需要理顺各自的继承人的顺序，而且

① 徐州市中级人民法院（2016）苏03民终6969号。

还需要查看是否存在遗嘱继承。在有遗嘱时，先适用遗嘱继承而不是法定继承，是此类案件需要特别强调的地方。

第一千一百五十三条　【遗产的认定】

夫妻共同所有的财产，除有约定的外，遗产分割时，应当先将共同所有的财产的一半分出为配偶所有，其余的为被继承人的遗产。

遗产在家庭共有财产之中的，遗产分割时，应当先分出他人的财产。

本条来源

《继承法》第26条规定："夫妻在婚姻关系存续期间所得的共同所有的财产，除有约定的以外，如果分割遗产，应当先将共同所有的财产的一半分出为配偶所有，其余的为被继承人的遗产。遗产在家庭共有财产之中的，遗产分割时，应当先分出他人的财产。"

与《继承法》相比，《民法典》删除了"在婚姻关系存续期间所得的"这一限定共同所有的财产的来源的用语，并将"如果分割遗产"修改为"分割遗产"。

立法演变

《民法典》将征求意见稿中的"分割遗产的"修改为"遗产分割时"，其他没有变化。

条文释义

在现实生活中，夫妻财产共有和家庭财产共有属于普遍的现象。被继承人死亡后，必须将遗产与他人的财产区分开，才能正确分割遗产，保护继承人和其他财产所有人的合法权益。

一、遗产同夫妻共有财产的区分

夫妻共有财产是指夫妻在婚姻关系存续期间共同所得的财产。根据本条规定，夫妻共同所有的财产，除有约定的以外，分割遗产的，应当先将共同所有的财产的一半分出为配偶所有，其余的为被继承人的遗产。因此，在存在夫妻共有财产的情况下，确定遗产时，必须首先分出一半归生存的配偶所有，另一半才是被继承人的遗产。

我国《民法典》第1062条规定："夫妻在婚姻关系存续期间所得的下列财产，为夫妻的共同财产，归夫妻共同所有：（一）工资、奖金、劳务报酬；（二）生产、经营、投资的收益；（三）知识产权的收益；（四）继承或者受赠的财产，但是本法第一千零六十三条第三项规定的除外；（五）其他应当归共同所有的财产。夫妻对共同财产，有平等的处理权。"

《最高人民法院关于适用〈中华人民共和国婚姻法〉若干问题的解释（二）》第11条规定："婚姻关系存续期间，下列财产属于婚姻法第十七条规定的'其他应当归共同所有的财产'：（一）一方以个人财产投资取得的收益；（二）男女双方实际取得或者应当取得的住房补贴、住房公积金；（三）男女双方实际取得或者应当取得的养老保险金、破产安置补偿费。"第12条规定："婚姻法第十七条第三项规定的'知识产权的收益'，是指婚姻关系存续期间，实际取得或者已经明确可以取得的财产性收益。"第14条第1款规定："人民法院审理离婚案件，涉及分割发放到军人名下的复员费、自主择业费等一次性费用的，以夫妻婚姻关系存续年限乘以年平均值，所得数额为夫妻共同财产。"第19条规定："由一方婚前承租、婚后用共同财产购买的房屋，房屋权属证书登记在一方名下的，应当认定为夫妻共同财产。"

《最高人民法院关于适用〈中华人民共和国婚姻法〉若干问题的解释（三）》第5条规定："夫妻一方个人财产在婚后产生的收益，除孳息和自然增值外，应认定为夫妻共同财产。"第7条第2款规定："由双方父母出资购买的不动产，产权登记在一方子女名下的，该不动产可认定为双方按照各自父母的出资份额按份共有，但当事人另有约定的除外。"

对于上述财产，在夫妻一方死亡时，都应当分出一半为配偶所有，其余的才属于被继承人的遗产。

《民法典》第1063条规定："下列财产为夫妻一方的个人财产：（一）一方的婚前财产；（二）一方因受到人身损害获得的赔偿或者补偿；（三）遗嘱或者赠与合同中确定只归一方的财产；（四）一方专用的生活用品；（五）其他应当归一方的财产。"根据《最高人民法院关于适用〈中华人民共和国婚姻法〉若干问题的解释（一）》第19条的规定，上述夫妻一方所有的财产，不因婚姻关系的延续而转化为夫妻共同财产，但当事人另有约定的除外。《最高人民法院关于适用〈中华人民共和国婚姻法〉若干问题的解释（二）》第13条规定："军人的伤亡保险金、伤残补助金、医药生活补助费属于个人财产。"

可见，上述财产都属于夫或妻一方的个人财产，在夫妻一方死亡时，应当作为死者的遗产。

二、遗产同家庭共有财产的区分

在家庭成员中，除夫妻之外，可能还有子女、父母、祖父母和外祖父母以及兄弟姐妹等其他家庭成员，这样就不仅会形成夫妻共有财产，还会形成家庭共有财产。因此在遗产分割前，先分割夫妻共同财产外，还必须分割家庭共同财产，将他人的财产分出去，剩下的才是被继承人的遗产。

家庭共有财产是指家庭成员在家庭共同生活关系存续期间，共同创造、共同所得的财产。家庭成员在家庭共同财产中的份额，应当按照家庭成员的贡献大小等因素加以确定。但是在处理家庭财产分割中，涉及私营企业所有权、经营权、生产资料，以及股权、股票、知识产权等无形资产的，既要坚持有利于生产经营、方便生活的原则，又要充分考虑财产积累过程中贡献大小，按照实际情况，合理确定其财产份额或者遗产的类型。①

在确定家庭共有财产时，应当注意不能将家庭成员的个人财产当作家庭共同财产，比如家庭成员没有投入家庭共同生活的财产，个人继承、获赠的财产等。这些财产都属于个人财产，当其死亡时，可以作为遗产。

三、遗产同其他共有财产的区分

财产共有关系，除夫妻共有财产、家庭共有财产之外，还存在着其他形式的财产共有，如合伙共有财产等。比如《最高人民法院关于适用〈中华人民共和国婚姻法〉若干问题的解释（一）》第15条规定："被宣告无效或被撤销的婚姻，当事人同居期间所得的财产，按共同共有处理。但有证据证明为当事人一方所有的除外。"因此，被宣告无效或被撤销的婚姻，在当事人同居期间所得的财产也属于共有财产。在一方死亡时，应当将生存一方的份额分出，其余的才是死者的遗产。

---

① 最高人民法院副院长李国光在全国民事审判工作会议上的讲话（2000）。

法条关联

◆《民法典》

第一千零六十二条 夫妻在婚姻关系存续期间所得的下列财产，为夫妻的共同财产，归夫妻共同所有：

（一）工资、奖金、劳务报酬；

（二）生产、经营、投资的收益；

（三）知识产权的收益；

（四）继承或者受赠的财产，但是本法第一千零六十三条第三项规定的除外；

（五）其他应当归共同所有的财产。

夫妻对共同财产，有平等的处理权。

第一千零六十三条 下列财产为夫妻一方的个人财产：

（一）一方的婚前财产；

（二）一方因受到人身损害获得的赔偿或者补偿；

（三）遗嘱或者赠与合同中确定只归一方的财产；

（四）一方专用的生活用品；

（五）其他应当归一方的财产。

◆《最高人民法院关于适用〈中华人民共和国婚姻法〉若干问题的解释（一）》

第十五条 被宣告无效或被撤销的婚姻，当事人同居期间所得的财产，按共同共有处理。但有证据证明为当事人一方所有的除外。

第十九条 婚姻法第十八条规定为夫妻一方所有的财产，不因婚姻关系的延续而转化为夫妻共同财产。但当事人另有约定的除外。

◆《最高人民法院关于适用〈中华人民共和国婚姻法〉若干问题的解释（二）》

第十一条 婚姻关系存续期间，下列财产属于婚姻法第十七条规定的“其他应当归共同所有的财产”：

（一）一方以个人财产投资取得的收益；

（二）男女双方实际取得或者应当取得的住房补贴、住房公积金；

（三）男女双方实际取得或者应当取得的养老保险金、破产安置补偿费。

第十二条 婚姻法第十七条第三项规定的“知识产权的收益”，是指婚姻关系存续期间，实际取得或者已经明确可以取得的财产性收益。

第十三条 军人的伤亡保险金、伤残补助金、医药生活补助费属于个人财产。

第十四条 人民法院审理离婚案件，涉及分割发放到军人名下的复员费、自主择业费等一次性费用的，以夫妻婚姻关系存续年限乘以年平均值，所得数额为夫妻共同财产。

前款所称年平均值，是指将发放到军人名下的上述费用总额按具体年限均分得出的数额。其具体年限为人均寿命七十岁与军人入伍时实际年龄的差额。

第十九条 由一方婚前承租、婚后用共同财产购买的房屋，房屋权属证书登记在一方名下的，应当认定为夫妻共同财产。

第二十二条 当事人结婚前，父母为双方购置房屋出资的，该出资应当认定为对自己子女的个人赠与，但父母明确表示赠与双方的除外。

当事人结婚后，父母为双方购置房屋出资的，该出资应当认定为对夫妻双方的赠与，但父母明确表示赠与一方的除外。

◆《最高人民法院关于适用〈中华人民共和国婚姻法〉若干问题的解释（三）》

第五条 夫妻一方个人财产在婚后产生的收益，除孳息和自然增值外，应认定为夫妻共同财产。

第七条 婚后由一方父母出资为子女购买的不动产，产权登记在出资人子女名下的，可按照婚姻法第十八条第（三）项的规定，视为只对自己子女一方的赠与，该不动产应认定为夫妻一方的个人财产。

由双方父母出资购买的不动产，产权登记在一方子女名下的，该不动产可认定为双方按照各自父母的出资份额按份共有，但当事人另有约定的除外。

◆《最高人民法院关于无充分证据否定产权登记的纠纷应如何处理的复函》

广东省高级人民法院：

你院“关于陈1、陈2与李1房屋租赁纠纷一案的请示报告”收悉。

经研究认为：你院提出的两种意见均有各自的道理，在尚不能充分证明李1确系代表其他共有人进行产权登记的情况下，即改变终审判决根据不足，以按你院审判委员会的倾向性意见处理为宜。

◆《广东省高级人民法院关于陈1、陈2与李1房屋租赁一案的请示报告》

最高人民法院：

我院审理的陈1、陈2与李1房屋租赁纠纷申诉案（案情详见案情报告）。案经我院1989年第59次审判委员会讨论，有两种不同的处理意见。第一种意见认为：李1办理了补立继承契证，其母叶xx和堂兄作为见证人，并登报通告后作为产权登记，手续比较完备，合法，李2表示放弃，李3于1965年才死亡，生前均无提出异议，现无充分依据否定李1的产权登记，不应变更原审的处理，应驳回申诉人的申诉，第二种意见认为：李4死后，继承开始发生，补立继承契证由叶XX见证，可以认定叶XX对由李1继承无异议，李2表示放弃，但李3没有明确表示放弃。原审的处理没有保护李3的继承权，应按照《继承法》规定的法定继承原则处理。审判委员会多数委员倾向于第一种意见，但你院1987年6月15日（1987）民他字第16号对我院批复：对于遗产虽然以个人名义领取了产权证，仍可视为代表共有人登记取得的产权证明。故此案按登记确权还是按你院批复视为代表共有人登记处理，把握不大，特请示你院，请予复示。

关于陈1、陈2与李1因房屋租赁纠纷申诉一案的案情报告

一、当事人情况

申诉人（一审被告、二审上诉人）：陈1。

申诉人：陈2（系陈1之父）。

对方当事人（一审原告、二审被上诉人）：李1，男。

二、争议情况

李1和陈1是舅甥关系。广州西华路将佳里XX号房屋是李1的父亲，陈1的外祖父李4的遗产。李4、叶xx夫妇生有5个子女，即李3（即陈1之母），李2（又名李2），李1，其他2个子女早年夭折。李4于1937年5月28日死亡，生前无遗嘱。1951年10月1日，李1办理了补立继承契证，见证人有母亲叶xx和堂兄李bb。1952年6月14日，南方日报刊登了李1申请转移将佳里xx号房屋登记的通告。1952年7月3日，李1以产权人的名义领取了房产所有证。该屋自解放后一向由叶xx、李3、李1及其家人居住使用，其中头厅头房由李3一家使用，厨房共用。1961年叶xx死亡，1965年李3死亡。从1967年起至1986年双方发生纠纷时的房地产税的税款由两家分摊，由李1经手交纳，1986

年12月18日，李1向荔湾区法院提交的起诉，以自己的住房不够居住为由，要求收回借出30多年的房屋自用。陈1答辩并反诉，认为该屋以李1的名义领取产权证，只是作为全家的代表，不能认为该屋的产权就属李1一人。认为他一家人一向在该屋居住，并修缮过房屋及交纳房地产税，在事实上已继承了部分产权，故不同意搬迁。案经荔湾区法院审理认为：中山七路将佳里XX号房产虽是李4的，但原告于1951年在母亲、堂兄的见证下，办了继承立契手续，并向房管局登记。登报移转契证，被告母亲在原告补立继承契证和登报期限内没有提出异议，故原告于1952年领有房地产所有证对该屋进行管业至1961年叶XX死亡前，被告母亲亦无提出要求，该屋应是原告的房产。现被告提出反诉要求继承析产原告的房产权理由不足，并以此拒绝搬迁退房无理。被告居住该屋已30多年，无明确关系，现原告因居住有困难，提出收回房屋是有理由的，被告应积极腾退房屋，交还原告管业使用。但考虑到被告一时无法找到房屋搬迁，原告应予体谅，给被告一段时间找房，至于被告提出缴纳的房地产不止153.60元，因提不出证据，不予认定。被告居住该屋已30多年，向无交纳过房租给原告，根据住房权利义务对等原则，被告对该屋维修所出资的费用，不应收回，原告同意被告在搬迁时，自行拆除自设的水、电分表及铺设的阁楼板和自愿免收被告居住该屋至搬迁时止的全部房屋租金以及退回房地产税153.60元给被告，可按此意见处理。为此，根据现行有关房屋政策规定，结合本案实际情况，特判决如下：

一、被告陈1（包括其家属及户籍人员）自本判决发生法律效力之日起3年内迁出中山七路将佳里xx号房屋，并将房屋交还原告管业使用，被告搬迁时，自行拆除自设的水、电分表及头厅上方铺置的阁楼板，不得损坏房屋。

二、准原告免收被告居住该屋至搬迁时止的全部房屋租金，被告对该屋出资过修缮的费用，由被告自行负责承担。

三、同意原告自本判决发生法律效力之日起1个月内一次将被告代缴纳的房地产税153.60元全部退回给被告。

四、驳回被告要求继承析产原告的该房产之诉。

判决后，陈1不服，仍以一审时的答辩及反诉理由，提出上诉。陈1之父，即李3的丈夫陈2，以该屋从未析产，他也是权利人之一，一审未通知其参加诉讼，剥夺了他的诉讼权利，也提出了上诉。李1认为一审判决3年内搬迁，时间太长，要求短期内收回房屋，其他同意一审判决。案经广州市中级人民法院二审认为：将佳里xx号房屋产权原来虽属李4的遗产，但该屋已于1952年7月3日由房管部门通告后，将产权转移登记为李1所有，而且陈1之母李3生前从无提出异议，因此，该屋产权应属李1所有。陈1在该屋居住已有几十年，现李1要求收回自用是有一定理由的。关于陈1认为该屋是李4的遗产，不承认该屋产权已转移为李1所有，要求继承析产的问题，查该屋产权转移已经30多年，现陈1又旧事重提，已是不对；还以此作为拒绝搬迁的理由，更属不当，本院不予支持。考虑到陈1目前无其他房屋居住，短期内搬迁退房有困难，李1应予谅解，将房屋继续给陈1居住一段时间，陈1应积极找房屋搬迁，将现居住的房屋早日退回李1使用。关于李1同意陈1搬迁时，自行拆除自设的水、电分表及铺设阁楼板，同时自愿免收陈1在该屋居住期间的房屋租金及退回房地产税153.60元给陈1是可行的，应予准许。判决驳回上诉，维持原判。

该案一、二审时案由均定房屋租赁。

三、复查情况

二审判决后，陈1，陈2不服，持上诉时的理由向我院提出申诉，我院已决定调卷复查。经查：李4于1937年5月死后，该屋由叶xx及子女居住使用。在抗战期间，叶xx同李2、李1及李3的丈夫陈2去增城逃难，李3曾留在广州看守房屋一段时间。抗战胜利前后，全家人陆续从增城返回广州居住，1949年李2从该屋迁出。该屋的部分房屋曾由叶xx出租给他人。1950年以后李3夫妇及子女使用该屋头厅头屋、厨房共用。1951年10月1日，李1补立了继承契证。该契证由其母叶xx、堂兄李5作为见证人，1952年6月14日，《南方日报》上刊登了李1申请转移房屋的通告。1952年7月3日，李1领取了房地产所有证。1961年叶xx死亡。1965年李3死亡。李3死亡后，陈2迁出与妾杜xx共同生活。陈1兄妹及颜1（世居）继续在该屋头厅头房居住。从1967年，该屋的房地产税的税款由李1、陈1两家分摊，由李1经手交纳。现该屋头厅头房的常住人口是陈1、陈3（陈1之妹）、颜1（世居）。其余房屋由李1夫妇和3个儿子居住。

关于1952年李1办理移转房产的登记，是其他继承人已表示放弃，还是约定由李1作为全家的代表进行登记的问题，现说法不一，李1认为，当时母亲去世，父亲生前也嘱咐要将房产留给他，两个姐姐均表示同意由他来继承该房产。李2表示，父亲去世前（当时李27岁），表示要将房屋留给李1。母亲也征求过她和李3的意见，她们都同意由李1来继承。陈2、陈1认为，解放后，房屋重新进行登记，全家人商量由李1作为代表进行登记，不等于李1一人为产权人，而且他们一向在该居住，并尽了修缮房屋及交纳房地产税的义务，实际上已继承了部分产权，所以也无所谓提出异议。

从现在证据来看，以上关于由李1一人继承，是经过家庭协商或经家庭协商由李1作为全家代表的说法均无充分的依据。

四、处理意见

合议庭对本案的处理有两种不同意见。一种意见认为李1办理移转登记时，李4的其他合法继承人叶xx、李3、李2均在世，且李3居住该屋，都无提出异议，而且还有叶xx作为补立继承契证的见证人。因此，李1取得产权是合法的。原审判决虽将案由定为房屋租赁不妥，应该是房屋搬迁纠纷。但处理上是正确的。应通知驳回申诉人申诉。另一种意见认为，李1是因继承而取得产权，虽然叶xx为李1继承作见证，李2放弃继承，但李3并无明确放弃继承，所以由李1一人继承剥夺了李3的继承权利。认为原审判决是错误的，且案由也不应是房屋租赁纠纷，而应是产权纠纷，应该按照审判监督程序，指令下级法院再审。

案例评议

唐某诉李某某、唐某乙法定继承纠纷案①

◆ **裁判规则**

夫妻之间达成的婚内财产分割协议是双方通过订立契约对采取何种夫妻财产制所作的约定，是双方协商一致对家庭财产进行内部分配的结果，在不涉及婚姻家庭以外第三人利益的情况下，应当尊重夫妻之间的真实意思表示，按照双方达成的婚内财产分割协议履行，优先保护事实物权人，不宜以产权登记作为确认不动产权属的唯一依据。

◆ **评议**

在遗产分割前，需要先进行夫妻或者家庭及其他共同财产的划分，这是分

① 《中华人民共和国最高人民法院公报》2014年第12期（总第218期）。

割遗产的前提条件。但是调整财产关系的法律之间并不是无缝衔接，如何确定相关法律之间的优先次序，成为了必须解决的问题。本案的法官认为，调整婚姻家庭领域内的财产关系，以优先适用婚姻法的规定处理为宜。下面是其论述婚姻法优先和物权法公示原则在婚姻领域不具有强制适用的理由，逻辑清晰，论证层层推进，非常精彩，摘录如下，敬请读者阅读。

“婚姻家庭的团体性特点决定了婚姻法不可能完全以个人为本位，必须考虑夫妻共同体、家庭共同体的利益，与物权法突出个人本位主义有所不同。在调整夫妻财产关系领域，物权法应当保持谦抑性，对婚姻法的适用空间和规制功能予以尊重，尤其是夫妻之间关于具体财产制度的约定不宜由物权法过度调整，应当由婚姻法去规范评价。

物权法上的不动产登记公示原则在夫妻财产领域中并不具有强制适用的效力。因为在实践中，由于法律的例外规定、错误登记的存在、法律行为的效力变动、当事人的真实意思保留以及对交易习惯的遵从等原因，存在大量欠缺登记外观形式，但依法、依情、依理应当给予法律保护的事实物权。物权法第28条至第30条对于非基于法律行为所引起的物权变动亦进行了例示性规定，列举了无需公示即可直接发生物权变动的情形。当然，这种例示性规定并未穷尽非因法律行为而发生物权变动的所有情形，婚姻法及其司法解释规定的相关情形亦应包括在内。

在夫妻财产领域，存在大量夫妻婚后由一方签订买房合同，并将房屋产权登记在该方名下的情形，但实际上只要夫妻之间没有另行约定，双方对婚后所得的财产即享有共同所有权，这是基于婚姻法规定的法定财产制而非当事人之间的法律行为。因为结婚作为客观事实，已经具备了公示特征，无须另外再为公示。而夫妻之间的约定财产制，是夫妻双方通过书面形式，在平等、自愿、意思表示真实的前提下对婚后共有财产归属作出的明确约定。此种约定充分体现了夫妻真实意愿，系意思自治的结果，应当受到法律的尊重和保护，故就法理而言，亦应纳入非依法律行为即可发生物权变动效力的范畴。因此，当夫妻婚后共同取得的不动产物权归属发生争议时，应当根据不动产物权变动的原因行为是否有效、有无涉及第三人利益等因素进行综合判断，不宜以产权登记作为确认不动产权属的唯一依据，只要有充分证据足以确定该不动产的权属状况，且不涉及第三人利益，就应当尊重夫妻之间的真实意思表示，按照双方达成的婚内财产分割协议履行，优先保护事实物权人。需要指出的是，此处的第三人主要是相对于婚姻家庭关系外部而言，如夫妻财产涉及向家庭以外的第三人处分物权，就应当适用物权法等调整一般主体之间财产关系的相关法律规定。而对于夫妻家庭关系内的财产问题，应当优先适用婚姻法的相关规定。”①

第一千一百五十四条　【法定继承的适用范围】

有下列情形之一的，遗产中的有关部分按照法定继承办理：

（一）遗嘱继承人放弃继承或者受遗赠人放弃受遗赠；

（二）遗嘱继承人丧失继承权或者受遗赠人丧失受遗赠权；

（三）遗嘱继承人、受遗赠人先于遗嘱人死亡或者终止；

（四）遗嘱无效部分所涉及的遗产；

（五）遗嘱未处分的遗产。

本条来源

《继承法》第27条规定：“有下列情形之一的，遗产中的有关部分按照法定继承办理：（一）遗嘱继承人放弃继承或者受遗赠人放弃受遗赠的；（二）遗嘱继承人丧失继承权的；（三）遗嘱继承人、受遗赠人先于遗嘱人死亡的；（四）遗嘱无效部分所涉及的遗产；（五）遗嘱未处分的遗产。”

与《继承法》相比，《民法典》在第（2）项增加了“或者受遗赠人丧失受遗赠权”，呼应了之前“受遗赠人丧失受遗赠权”，从逻辑上更为周延。第（3）项考虑到我国继承人或者受遗赠人可能是组织，而组织只可能终止，而不是死亡，所以《民法典》增加了“或者终止”一词。

立法演变

《民法典》与历次草案相比，没有发生变化。

① 本案的二审法官论述在夫妻财产问题应优先适用婚姻法，物权法的公示原则在夫妻财产领域中并不具有强制适用的效力，非常精彩，完全可以作为审判此类案件的典范。具体见《中华人民共和国最高人民法院公报》2014年第12期（总第218期）。

学者建议稿中，《梁稿民法典草案》第1847条规定了法定继承的适用范围，除了第（3）项没有规定“或者终止”之外，与《民法典》完全相同。《杨稿继承法草案》[①] 与《梁稿民法典草案》本质上相同，只是将《梁稿民法典草案》第（2）项设计成两项。

条文释义

本条规定了法定继承的适用范围。

一、法定继承的适用范围概述

法定继承的适用范围，是指在何种情形下适用法定继承。从各国的继承法来看，虽然各有不同，但在法定继承与遗嘱继承的关系上，都承认遗嘱继承优于法定继承。在继承开始后，应当首先适用遗嘱继承，只有不能适用遗嘱继承时，才按照法定继承方式继承。我国《民法典》第1123条也确立了这一原则，明确规定：“继承开始后，按照法定继承办理；有遗嘱的，按照遗嘱继承或者遗赠办理；有遗赠扶养协议的，按照协议办理。”

二、本条涉及法定继承的适用情形

需要说明的是，虽然遗嘱继承优先于法定继承，但遗嘱继承必须以合法有效遗嘱的存在为前提，如果被继承人生前根本没有设立遗嘱，则被继承人的全部遗产应当按照法定继承处理。下面根据本条对我国法定继承的具体适用范围进行分析。

（一）遗嘱继承人放弃继承或者受遗赠人放弃受遗赠

继承开始后，遗嘱继承人可以放弃继承，受遗赠人也可以放弃受遗赠。如果遗嘱继承人放弃继承和受遗赠人放弃受遗赠的，则其放弃继承和受遗赠的遗产部分，适用法定继承处理。如果仅是部分遗嘱继承人放弃继承或部分受遗赠人放弃受遗赠，而其他未放弃遗嘱的继承人或其他未放弃受遗赠的受遗赠人继续继承或者接受遗赠，此类主体接受的遗产部分，不适用法定继承。

---

① 《杨稿继承法草案》第62条［法定继承的适用范围］规定，继承开始后，没有遗赠扶养协议和遗嘱的，按照法定继承办理。有下列情形之一的，遗产中的有关部分按照法定继承办理，但法律另有规定或遗嘱另有安排的除外：（一）遗嘱继承人放弃继承或者受遗赠人放弃受遗赠的；（二）遗嘱继承人丧失继承权的；（三）受遗赠人丧失受遗赠权的；（四）遗嘱继承人、受遗赠人先于遗嘱人死亡的；（五）遗嘱无效部分所涉及的遗产；（六）遗嘱未处分的遗产。

（二）遗嘱继承人丧失继承权或者受遗赠人丧失受遗赠权

遗嘱继承人和受遗赠人在发生《民法典》规定的丧失继承权或者丧失受遗赠权的法定事由时，其继承权和受遗赠权会丧失。相应地，丧失了继承权的继承人不得为继承人，丧失受遗赠权的受遗赠人也不得作为受遗赠人。因此，在遗嘱继承人丧失继承权或者受遗赠人丧失受遗赠权的情况下，遗嘱中指定由其继承或受遗赠的遗产部分，适用法定继承。

（三）遗嘱继承人、受遗赠人先于遗嘱人死亡或者终止

只有于继承开始之时生存或者存在的主体，才能作为继承人或受遗赠人。因为只有于继承开始时生存的继承人或者受遗赠人才有继承能力和受遗赠能力。受遗赠人为组织的，若该组织在遗嘱人死亡时已经终止，则其不具有受遗赠能力。因此，遗嘱继承人、受遗赠人先于被继承人死亡或者终止的，则其因不具有继承能力或受遗赠能力而不能继承、受遗赠，遗嘱中指定由其继承、受遗赠的财产部分应当适用法定继承。

（四）遗嘱无效部分所涉及的遗产

遗嘱必须依法设立，否则会因违反法律的规定而无效。根据我国《民法典》第 1143 条的规定，无民事行为能力人或者限制民事行为能力人所立的遗嘱无效。遗嘱必须表示遗嘱人的真实意思，受欺诈、胁迫所立的遗嘱无效。伪造的遗嘱无效。遗嘱被篡改的，篡改的内容无效。遗嘱的无效可分为全部无效和部分无效。如果遗嘱全部无效，则被继承人的所有遗产都适用法定继承；如果遗嘱部分无效，则遗嘱无效部分所涉及的遗产适用法定继承。

（五）遗嘱未处分的遗产

有的被继承人虽然生前设有遗嘱，但是该遗嘱只是对其所拥有的部分财产进行了处分，并未对全部财产予以处分，对于遗嘱未处分的部分遗产适用法定继承。

法条关联

◆《涉外民事关系法律适用法》

第三十一条 法定继承，适用被继承人死亡时经常居所地法律，但不动产法定继承，适用不动产所在地法律。

◆《办理继承公证的指导意见》

第十六条　除《公证法》和《公证程序规则》规定的不予办理公证的情形外，有下列情形之一的，公证机构不予办理法定继承公证：

（一）根据法律规定法定继承人丧失继承权的；

（二）被继承人生前所立遗嘱或者签订的遗赠扶养协议已经处分了法定继承人申请继承的遗产的；

（三）法定继承人中有人未提出公证申请且又未作出放弃继承表示的；

（四）法定继承人不能协助公证机构完成核实或者有关单位及个人拒绝协助公证机构进行核实的；

（五）法定继承人之间对法定继承人的范围、遗产的权属或者是否有适用《中华人民共和国继承法》第十二条、第十四条规定的人有争议的。

◆《最高人民法院关于周勤丽、刘巽坡申诉案的请示的复函》

上海市高级人民法院：

你院（88）沪高民申字第71号《关于周勤丽、刘巽坡申诉案的请示报告》收悉。经研究认为，刘聘三1964年8月所立“聘三赠与手续”既不能确定为赠与，也不能确定为遗嘱，该案以依法定继承处理较为合适。据此，我们倾向于维持原判。

附：上海市高级人民法院关于周勤丽、刘巽坡申诉案处理意见的请示报告

（88）沪高民申字第71号

最高人民法院：

周勤丽、刘巽坡、刘碧城对上海市中级人民法院（83）沪中民字第63号继承案的判决不服，通过中共上海市委统战部向我院提出申诉，鉴于本案政策性较强和周勤丽在旅法华人中有一定影响。特报告请示。

申诉人（原审被告）周勤丽，女，56岁，法国籍人，现住法国巴黎。

申诉人（原审第三人）刘巽坡，男，36岁，法国籍人，现住法国巴黎。

申诉人（原审第三人）刘碧城，女，34岁，法国籍人，现住法国巴黎。

被申诉人（原审原告）刘有照，男，62岁，美国籍人，现住美国密西根州。

被申诉人（原审原告）刘有筠，女，69岁，浙江省镇海县人，现住本市吴江路61弄20号。

被申诉人（原审原告）刘有娟，女，67岁，英国籍人，现住美国加利福尼

亚州。

被申诉人（原审原告）刘有鞠，男，59岁，美国籍人，现住美国伊利诺斯州。

被申诉人（原审原告）刘有明，女，58岁，美国籍人，现住美国得克萨斯州。

被申诉人（原审原告）刘有燮，男，56岁，美国籍人，现住美国纽约市。

被申诉人（原审原告）刘有芬，女，53岁，巴西国籍人，现住巴西R.S省。

被申诉人（原审原告）刘有睿，男，49岁，美国籍人，现住巴西R.S省。

上列被申诉人与申诉人周勤丽的丈夫刘有煌系兄弟姐妹。申诉人刘巽坡、刘碧城是刘有煌与周勤丽的子女，被申诉人之父刘聘三、母张素贞先后于1974年、1970年死亡。

周丽勤于1979年在上海领取了包括刘聘三名下的抄家财产发还款计人民币20余万元，被申诉人一方遂向上海市中级人民法院起诉，提供"聘三赠与"书，认为这笔落实政策款都是父亲刘聘三的遗产，要求周勤丽交出领取的人民币200377元及字画53幅，按父"赠与书"继承。周勤丽则认为，落实政策发还的财产中存款、珠宝、金银饰品和部分生活用品折价款是刘有煌和她本人的财产，不能作为刘聘三的遗产处理。

查明：被申诉人的父亲刘聘三是前上海劝工银行总经理，1950年去香港，将留在上海和浙江镇海的全部动产和不动产委托长子刘有煌代管，刘聘三的其他8个子女同去香港或国外。1956年对私改造，刘聘三在本市吴江路61弄19号房屋，当时由其侄和刘有�子女居住；同弄20号房屋，当时由刘有煌夫妇及子女居住。除这两幢楼房没有合营外，同弄其余15幢房屋都被改造。1962年刘有煌去香港，不久猝死。1964年8月，刘聘三在香港召集8个子女和周勤丽，立下"聘三赠与手续"书。将上述两幢未改造的房屋分别赠与刘有筠和刘巽坡，浙江镇海贵驷桥私房分别赠与刘有照、刘有燮、刘有睿、刘巽坡；其余已经改造的房屋和已被没收的土地也分别赠与9个子女名下，写明"万一有物归原主之一日，决照以下方法分别赠与余之各儿女孙"，如"不能收回，各听幸运，不得争执，亦不得要求补偿"；还处分了一些股票、存款、首饰及生活用品等。当时各子女签名表示受赠，周勤丽代受赠继承人刘巽坡签名。嗣后，各当事人均无提出异议。

原审法院审理后认为：刘聘三在1964年立的分家书，把已经社会主义改造的房屋、股权及已收归国有的土地仍作为自己的财产，预分给各子女，是不合法的，因此分赠书全部无效，属于刘聘三名下的其他财产按法定继承处理，包括吴江路61弄19号、20号房屋，浙江省镇海的房屋以及刘聘三户名的存款由各继承人共同继承。判决后，双方当事人均未提出上诉。

1988年3月，周勤丽、刘巽坡提出申诉，认为原审法院判决认定分赠书无效缺乏法律依据，刘聘三早已将吴江路61弄20号房屋赠与刘巽坡，要求按刘聘三分赠书将此房屋产权判归自己。

对于刘聘三所立赠与书的效力问题，我院审判委员会有两种意见，多数同志认为：1964年8月刘聘三所立的分赠书，其中对已经社会主义改造和收归国有的财产进行处分，是非法的，无效的；但对仍属刘聘三所有的财产作出赠与的处分并为受赠人接受，应确认为有效，且系争本市吴江路61弄19号、20号房屋在赠与时已为受赠人或其亲属占有使用，双方当事人对受赠的事实并无异议。据此，原审法院判决认定刘聘三的分赠书全部无效，是缺乏法律依据的，应裁定中止原判决执行，进行再审。少数同志认为：分赠书预分了已经社会主义改造的房地产是违法的，对这种分赠书很难确定部分有效部分无效，如果在判决书中予以确认，会在海外引起对我国对私改造的政策的不良反应，倾向于维持原审法院判决，驳回申诉。

应当如何正确认定分赠书的效力，请予批示。

◆《最高人民法院关于周祖德、周祖明等诉周祖华、周祖荣等房屋纠纷案的函》

贵州省高级人民法院：

你院1992年1月13日关于周祖德、周祖明等诉周祖华、周祖荣等房屋纠纷一案的请示报告收悉。经研究，答复如下：

原、被告双方争议的街面房屋系其祖父母周树堂（1943年故）、周邱氏（1980年故）于1936年购置。1951年土改时确定，周家房屋不进不出。周邱氏在去世前一直居住此房，双方当事人都不能证明已分家析产。周祖华等所持土地房产证系其父周先富1954年自报的，证上无周邱氏的名字，却有土改后出生的周祖华、周祖荣的名字，所以该证没有真实反映周家土改时的实际情况。据此，我们同意你院审判委员会的第二种意见，即争议的房屋应认定为周邱氏夫妇的遗产，并按法定继承处理为宜。

以上意见，供参考。

案例评议

李某1与李某2、李某3继承纠纷案[①]

◆ **裁判规则**

继承人提交的被继承人所立的遗嘱无效，故应按法定继承办理，由其第一顺序继承人继承。

◆ **评议**

在遗嘱继承和法定继承并存时，适用遗嘱继承。但是如果遗嘱无效，无效遗嘱或者部分无效遗嘱所涉及的遗产就要按照法定继承处理。所以继承案件中，如果一方当事人主张法定继承，而另一方主张遗嘱继承，主张法定继承的当事人为了维护自己的继承利益，就有必要提出对方所提出的遗嘱无效的主张。受遗赠人放弃受遗赠权的案件较多，因为法律规定受遗赠人必须在知道受遗赠之日起60内接受，否则推定其放弃。现实中，很多受遗赠人因为各种原因而过了这一期间未作出接受表示，丧失了受遗赠权。

第一千一百五十五条　【胎儿预留份】

遗产分割时，应当保留胎儿的继承份额。胎儿娩出时是死体的，保留的份额按照法定继承办理。

本条来源

《继承法》第28条规定："遗产分割时，应当保留胎儿的继承份额。胎儿出生时是死体的，保留的份额按照法定继承办理。"

《民法典》与该条基本相同，仅是将《继承法》中"胎儿出生时是死体的"修改为"胎儿娩出时是死体的"，将"出生"二字替换为"娩出"，也与民法典

① 昆明市五华区人民法院（2018）云0102民初5206号。

总则编保持了一致。

立法演变

《民法典》与历次草案相比，没有变化。

《杨稿继承法草案》第65条［胎儿应继份的保留制度］规定："遗产分割时，应当保留胎儿的法定应继份。胎儿出生后死亡的，该份额由胎儿的继承人继承。胎儿出生时是死体的，保留的份额由被继承人的继承人继承。未保留胎儿应继份的，应从继承人所继承遗产中扣回。"与《民法典》相比，《杨稿继承法草案》分别增加了"胎儿出生后死亡"和"未保留胎儿应继份"的两种法律处理规则，这一规定属于继承法律条款的应有之义，在处理此类问题时可予以借鉴。

条文释义

本条款规定了胎儿预留份制度。

这一制度是为了保护胎儿的继承利益。对于保护胎儿的继承利益，各国规定并不相同。有些国家采取在胎儿出生前不得分割遗产的办法来保护胎儿的继承利益。比如《德国民法典》第2043条第（1）项规定："由于共同继承人之一的期待中的出生，继承份不确定的，到不确定性被除去为止，不得分割遗产。"《瑞士民法典》第605条第（1）项规定："胎儿的权利须加考虑时，应将分割推迟至其出生时。"但是我国并没有采取这一立法例。

本条借鉴我国《继承法》第28条的规定，允许遗产分割，但是要为其保留相应的继承份额。根据《执行〈继承法〉的意见》第45条的规定："应当为胎儿保留的遗产份额没有保留的应从继承人所继承的遗产中扣回。为胎儿保留的遗产份额，如胎儿出生后死亡的，由其继承人继承；如胎儿出生时就是死体的，由被继承人的继承人继承。"结合这些规定，在理解本条时应注意以下三点：

第一，本条并没有规定继承方式，所以无论法定继承还是遗嘱继承，在分割遗产时，继承人都应当为胎儿保留继承份额，该份额应按法定继承的遗产分配原则确定。在胎儿为多胞胎的情况下，如果只保留了一份继承份额，应从继承人继承的遗产中扣回其他胎儿的继承份额。

第二，为胎儿保留的继承份额，如果胎儿出生时为活体的，则该份额由其母亲（法定代理人）代为保管。胎儿出生后死亡的，则为胎儿保留的继承份额成为他的遗产，应由他的法定继承人按照法定继承的方式继承。

第三，胎儿娩出时是死体的，则为胎儿保留的继承份额仍属于被继承人的遗产，应当由被继承人的继承人再行确定份额进行分割。如果没有为胎儿保留份额，则原分割有效。

应当指出，我国虽然允许在存在胎儿的情况下，继承人分割遗产，但为防止继承人之间串通，损害母亲及胎儿的合法权益，特别是在存在多胞胎的情况下，采用在胎儿出生后分割遗产的方法可能更为合适。

法条关联

◆《最高人民法院关于贯彻执行〈中华人民共和国继承法〉若干问题的意见》

45. 应当为胎儿保留的遗产份额没有保留的，应从继承人所继承的遗产中扣回。

为胎儿保留的遗产份额，如胎儿出生后死亡的，由其继承人继承；如胎儿出生时就是死体的，由被继承人的继承人继承。

◆《民法典》

第十六条 涉及遗产继承、接受赠与等胎儿利益保护的，胎儿视为具有民事权利能力。但是，胎儿娩出时为死体的，其民事权利能力自始不存在。

案例评议

杨某等诉文某等继承纠纷案①

◆ **裁判规则**

当事人与被继承人同居生活期间致孕，其腹中胎儿享有继承权，按照法律规定，在分割遗产时应保留其胎儿的财产份额。

◆ **评议**

为胎儿保留必要的份额，这一规则应该说已经非常明确易懂了。但是在现实生活中，往往有人纠结于胎儿的婚生与否及性别，否定其婚生子女的身份或

① 秀山土家族苗族自治县人民法院（2013）秀法民初字第00856号。

者认为女子没有继承权。需要明确，只有确认该胎儿与被继承人不具有血缘关系或者不应当视其为被继承人的子女时，才能不给其保留必要的份额。其次，现实中往往有人争议孩子的母亲是否怀孕的问题，这也是这一条款带来的问题。在现实生活中，法院可以等胎儿出生再分割遗产。当然，如果法律规定等胎儿出生后再进行遗产分割，就不会存在这一问题。

第一千一百五十六条 【遗产分割的规则和方法】

遗产分割应当有利于生产和生活需要，不损害遗产的效用。

不宜分割的遗产，可以采取折价、适当补偿或者共有等方法处理。

本条来源

《继承法》第29条规定了遗产分割的规则和方法。规定："遗产分割应当有利于生产和生活需要，不损害遗产的效用。不宜分割的遗产，可以采取折价、适当补偿或者共有等方法处理。"

《民法典》与《继承法》的规定完全相同。

立法演变

《民法典》与历次草案相比，没有变化。

《梁稿民法典草案》第1918条规定了遗产分割的原则和方法，与《民法典》相比，其首先确定了遗嘱分割方式优先，即："遗产的分割应当依照遗嘱中指定的遗产分割方法进行。"只有遗嘱中未指定遗产的分割方法时，才应当有利于生产和生活需要，不损害遗产的效用。不宜分割的遗产，可以采取折价、适当补偿或者共有等方法处理。[①]《杨稿继承法草案》第87条规定了遗产的分割方式："遗产的分割应当依照遗嘱中的遗产分割方式进行。遗嘱中没有分割方式或者没有遗嘱的，依照《物权法》第一百条的规定分割。遗产分割时有个别继承人下落不明的，由其财产管理人代管分得的遗产。没有财产管理人的，应依照本法第九十二条发出寻找继承人公告，公告期满后继承人没有出现的，其

① 参见《梁稿民法典草案》第1918条。

遗产份额由其他继承人继承。遗产分割后该继承人出现的，自继承开始时起五年内，可以请求已取得遗产的继承人移交其应继承的遗产。”在该条款中也首先确定了遗嘱指定的分割方式优先的规则，没有遗嘱或者遗嘱没有指定的分割方式的，按照《物权法》规定的方式分割。《杨稿继承法草案》还在本条款规定了个别继承人下落不明的处理规则。《王稿民法典草案》设计两个条款来分别规定遗产分割的方法和原则。第 646 条［遗产分割的方法］规定，遗产的分割应按照下列方法进行：（一）按遗嘱确定的方法；（二）按遗嘱指定的第三人确定的方法；（三）全体继承人协商。全体继承人不能协商确定的，由利害关系人或者继承人申请人民法院裁判分割。第 647 条［遗产分割原则］规定，遗产分割应当有利于继承人、受遗赠人的生活需求和经营活动，不损害遗产的效用。可见，《王稿民法典草案》也确定了遗嘱优先原则。但是我国《民法典》依然遵从《继承法》的规定，从经济合理性方面限制遗产分割的自由原则。

条文释义

本条规定了遗产分割的原则和方法。

一、遗产分割的物尽其用原则

本条第 1 款规定，遗产分割应当有利于生产和生活需要，不损害遗产的效用。这一原则有学者将其称为物尽其用原则。① 也有学者称其为不损害遗产效用原则。② 尽管原则的名称不同，但是含义基本相同。物尽其用原则是指在具体分割属于遗产的各标的物时，应当从有利于生产和生活的需要出发，注意发挥遗产的实际效用。大陆法系的许多国家在遗产分割时都规定了这一原则。如《日本民法典》第 906 条［分割的基准］规定：“遗产的分割，应考虑属于遗产的物或权利的种类及性质、各继承人的年龄、职业、身心状态、生活及其他有关情事而进行。”《法国民法典》第 815 条、《瑞士民法典》第 611－616 条也对遗产分割的物尽其用原则进行了规定。《民法典》在原则上确定了这一原则，对其具体使用，还需要参照《执行〈继承法〉的意见》的相关规定。该意见第 58 条规定：“人民法院在分割遗产中的房屋、生产资料和特定职业所需要的财

① 郭明瑞主编：《民法》，高等教育出版社 2003 年版，第 622 页。

② 杨立新、朱呈义：《继承法专论》，高等教育出版社 2006 年版，第 302 页。

产时，应依据有利于发挥其使用效益和继承人的实际需要，兼顾各继承人的利益进行处理。”这一规定说明，在进行遗产分割时，应当考虑遗产的种类是否属于房屋、生产资料等各方面的情况，再结合继承人的职业、年龄、性别、文化程度、居住状况、经营管理能力等具体情况，确定具体遗产标的物的归属。按照物尽其用原则分割遗产，有利于发挥遗产的实际效用，有利于满足继承人的生产和生活需要，从而促进整个社会财富的增加。在我国司法实践中，法院一般都按照这一原则进行裁判，考量有关情形，确定遗产的分配。

二、遗产分割的方法

遗产分割的方法是指继承人取得遗产应继份的具体方法。尽管学者建议稿中确定了遗嘱指定分割等方法，而且大陆法系中的许多国家也对此作了规定，如《德国民法典》第2048条、《日本民法典》第908条、《意大利民法典》第984条等。但是按照遗嘱中指定的方法分割遗产，本质上属于遗嘱的执行。遗嘱的指定属于遗嘱继承，但是遗产的分割是在法定继承中进行的，因此，遗产分割的方法不包括遗嘱指定分割的方法。本条主要规定了四种：

（一）实物分割

遗产分割在不违反分割原则的情况下，可以采取实物分割的方式。适用实物分割的遗产可以是可分物。对可分物可以进行数量分割。如对粮食可划分出每个继承人应继承的数量。对不可分物不能作实物分割的，应当采取折价补偿的办法，即补偿分割。

（二）变价分割

如果遗产不宜进行实物分割，或者继承人都不愿取得该种遗产，则可以将遗产变卖，换取价款。然后，由继承人按照自己应继份的比例对价款进行分割。使用变价分割的方式分割遗产，实际上是对遗产的处分，所以，遗产的变价应当经过全体继承人的同意。

（三）补偿分割

对于不宜实物分割的遗产，如果继承人中有人愿意取得该遗产的所有权，则由该继承人取得遗产的所有权。然后，由取得遗产所有权的继承人按照其他继承人应继份的比例，分别补偿给其他继承人相应的价款。应当指出的是，如果继承人中有多人愿意取得遗产的所有权，而又达不成协议，则应当根据继承人的实际需要和发挥遗产的效用，确定给某个继承人。或者按照竞卖规则，由出价最高的人取得遗产的所有权。

（四）保留共有的分割

遗产不宜进行实物分割，继承人又都愿意取得遗产的；或者继承人基于某种生产或生活目的，愿意继续保持遗产的共有状况的，则可以采取保留共有的分割方式，由继承人对遗产享有共有权。但是，在共有分割之后，继承人之间就不再是原来的遗产共同共有关系，而变成了普通的财产按份共有关系。

需要明确的是，如果当事人已经协商确定了遗产的分割方法，则需要按照其协商的结果分割遗产。本条这一规则虽然确立了物尽其用原则，但是各个继承人拒绝采用这一原则而在他们之间实际上已经分割遗产。因为他们没有向人民法院提起诉讼，所以人民法院无法按照这一原则来裁决具体的案件。

法条关联

◆《最高人民法院关于贯彻执行〈中华人民共和国继承法〉若干问题的意见》

58. 人民法院在分割遗产中的房屋、生产资料和特定职业所需要的财产时，应依据有利于发挥其使用效益和继承人的实际需要，兼顾各继承人的利益进行处理。

◆《最高人民法院关于适用〈中华人民共和国婚姻法〉若干问题的解释（三）》

第十五条 婚姻关系存续期间，夫妻一方作为继承人依法可以继承的遗产，在继承人之间尚未实际分割，起诉离婚时另一方请求分割的，人民法院应当告知当事人在继承人之间实际分割遗产后另行起诉。

◆《最高人民法院关于父母的房屋遗产由兄弟姐妹中一人领取了房屋产权证并视为己有发生纠纷应如何处理的批复》

广东省高级人民法院：

你院粤法民字（1987）31号关于惠阳地区中级人民法院请示的上诉人钟秋香、钟玉妹诉钟寿祥房屋纠纷一案的报告及卷宗收悉。

据你院报告称：钟和记（1941年故）与妻子苏衬（1926年故）、继妻王细（1984年故）先后生有四个儿女，即：钟妙（1976年故）、钟秋香、钟玉妹、钟秋胜（1981年故）。1940年钟和记与王细夫妇收养了钟寿祥（当时12岁）。1939年、1940年钟和记和王细购置房屋六间，钟和记死后，由王细、钟玉妹、钟秋香、钟寿祥等长期居住。1973年钟秋香将自己居住的那部分房屋进行了改建。钟寿祥曾以自己的名字，于1947年、1953年、1960年先后领取了六间房屋所有权证。王细于1984年死后，钟寿祥便在1985年将部分房屋拆除改建，并将其中部分房屋宅基地给其子使用，为此，双方发生纠纷。

经研究，同意你院审判委员会的意见。即根据该房产的来源及使用等情况，以认定该屋为钟和源、王细的遗产，属钟秋香、钟玉妹、钟寿祥、钟妙、钟秋胜5人共有为宜。钟寿祥以个人名义领取的产权证，可视为代表共有人登记取得的产权证明。钟妙、钟秋胜已故，其应得部分由其合法继承人继承。

以上意见供你院批复时参考。

案例评议

潘某1、潘某2等与潘某8法定继承纠纷案①

◆ 裁判规则

需要分割的遗产是房屋，房屋的所有权归其中一个法定继承人所有，有利于生产和生活需要，且不损害遗产的效用，现继承人之一主张涉案房屋的所有权归其所有并愿意对其他继承人作出适当补偿，于法有据，且对于补偿金额的合理性已提交相关的证据予以证明，本院予以支持。

◆ 评议

对于遗产的分割，特别是房屋等不动产，因为在继承人发生纠纷时，其已经处于矛盾的激化状态，共有往往不太可能。这时候只能是选择出售房屋将房款分配给各个继承人，或者将房屋归某一继承人所有，该继承人向其他继承人给予补偿。如果继承人均不主张房屋等不动产的所有权，则将涉案房屋出售是满足所有继承人意愿的做法。如果全体继承人或者数个继承人主张房屋等不动产的所有权，而房屋等不动产因为无法分割，只能将其归于其中一个继承人所有的，则需要确定房屋等不动产的归属。对此可以采取竞价策略，由出价最高者获得房屋所有权。

① 佛山市顺德区人民法院（2019）粤0606民初10171号。

第一千一百五十七条　【再婚时对所继承遗产的处分权】

夫妻一方死亡后另一方再婚的，有权处分所继承的财产，任何组织或者个人不得干涉。

本条来源

《继承法》第30条规定了再婚时对所继承遗产的处分权。规定：“夫妻一方死亡后另一方再婚的，有权处分所继承的财产，任何人不得干涉。”

《民法典》与《继承法》基本一致，仅将“任何人不得干涉”修改为“任何组织或者个人不得干涉”。

立法演变

《民法典》将征求意见稿中“任何人不得干涉”修改为“任何组织或者个人不得干涉”，其余条款没有变化。

条文释义

本条规定了再婚时对所继承遗产的处分权。

继承人继承遗产后，对该遗产享有所有权或者处分权，任何人不得干涉，这是物权所具有的不可侵犯性的体现。在现实生活中，比如女方到男方家生活后，男方死亡，女方如果再嫁，其婆家人往往干涉其对遗产的处分权。而在男方作为上门女婿，其妻子死亡后，男方再娶，女方家庭成员或者家族人员也往往横加干涉，不让其处分该遗产。如果是老年配偶的一方死亡，另一方再婚压力更大。而限制他们对遗产的处分权往往是这些人的惯常做法。为了解决这一问题，《民法典》专门作此规定。需要强调两点：第一，夫妻一方死亡后再婚的，有权处分所继承的遗产。对于死亡配偶为男性或是女性，在现实生活中是男方到女方家生活还是女方到男方家生活，抑或是双方共同选择一处新的生活场所，均不影响其处分遗产的权利。第二，在此强调的生存配偶处分遗产的权利，任何组织和个人不得干涉。其他主体不能因为与死者具有父母、子女关系或者其他关系，就认为自己有干涉或者劝阻的义务。

案例评议

王某、吴某甲与白某甲、郑某等继承纠纷案①

◆ **裁判规则**

夫妻一方死亡后另一方再婚的，有权处分所继承的财产，任何人不得干涉，所以被继承人的妻子即使再婚，也对被继承人的遗产享有继承权。

◆ **评议**

植根于内心的传宗接代的理念，使得再嫁妻子获得遗产的权利在现实生活中屡屡受阻。如果丈夫死后，妻子没有改嫁还好，如果改嫁的话，夫家的阻拦就会出现。特别是妻子改嫁还是带着孩子，而且孩子还更改了姓的话，在中国很多农村被认为是犯了不可饶恕的错误。这一观念深深地烙印在中国广大农村之中，纠纷不可避免，诉讼成为必然。即使知道这样必然败诉，他们也乐此不疲。

第一千一百五十八条 【遗赠扶养协议】

自然人可以与继承人以外的组织或者个人签订遗赠扶养协议。按照协议，该组织或者个人承担该自然人生养死葬的义务，享有受遗赠的权利。

本条来源

《继承法》第31条是关于遗赠扶养协议的规定。规定："公民可以与扶养人签订遗赠扶养协议。按照协议，扶养人承担该公民生养死葬的义务，享有受遗赠的权利。公民可以与集体所有制组织签订遗赠扶养协议。按照协议，集体所有制组织承担该公民生养死葬的义务，享有受遗赠的权利。"

《民法典》与《继承法》存在两点不同：第一，对扶养人的范围进行了扩张，《继承法》只是允许自然人和集体所有制组织作为扶养人，而《民法典》

① 泰安市岱岳区人民法院（2015）岱民初字第2718号。

允许继承人以外的组织和个人均可作为扶养人。第二，将被扶养人从“公民”修改为“自然人”。

立法演变

《民法典》与历次草案相比，没有变化。

条文释义

本条规定了遗赠扶养协议。

遗赠扶养协议是指遗赠人和扶养人在协议中明确相互间遗赠和扶养的权利义务关系。在遗赠扶养协议中，需要他人扶养并愿将自己的合法财产全部或部分遗赠给扶养人的为遗赠人，也称为受扶养人，而对遗赠人尽扶养义务并接受遗赠的人为扶养人。接受扶养的遗赠人只能是自然人，而进行扶养的扶养人既可以是自然人，也可以是有关组织。值得注意的是，作为扶养人的自然人不能是法定继承人范围内的人，因为法定继承人与被继承人之间本来就有法定的扶养权利义务。

按照协议，扶养人承担受扶养人的生养死葬，在受扶养人死后，扶养人享有受遗赠的权利。因此遗赠扶养协议有两方面的内容，一为扶养，二为遗赠，二者缺一不可。在现实生活中，需要区分遗赠扶养协议与遗赠的不同。遗赠扶养协议是一种双方法律行为，具有有偿性，而遗赠是单方法律行为，是一种无偿行为。从生效的时间上看，遗赠扶养协议是诺成协议，自扶养人与被扶养人双方意思表示达成一致时发生效力，而遗赠是死因行为，在遗嘱人死亡时才发生法律效力。从适用方面看，遗赠扶养协议优先于遗赠，在遗赠与遗赠扶养协议并存时，应当先执行遗赠扶养协议。

我国《继承法》第31条明确规定了遗赠扶养协议。其后，1991年司法部发布的《遗赠扶养协议公证细则》对遗赠扶养协议作了专门规定，2015年的《老年人权益保障法》第36条规定：“老年人可以与集体经济组织、基层群众性自治组织、养老机构等组织或者个人签订遗赠扶养协议或者其他扶助协议。负有扶养义务的组织或者个人按照遗赠扶养协议，承担该老年人生养死葬的义务，享有受遗赠的权利。”这些规定都体现了遗赠扶养协议的独立地位，也对其在我国的具体运用提供了更详尽的制度指导。

我国已经步入老年社会，《民法典》特别关注这一问题，扩大了扶养人的范围，这将促进社会化的家庭养老行业的发展，给老年人的晚年生活提供另一种选择。

法条关联

◆《最高人民法院关于贯彻执行〈中华人民共和国继承法〉若干问题的意见》

54. 由国家或集体组织供给生活费用的烈属和享受社会救济的城市居民，其遗产仍应准许合法继承人继承。

55. 集体组织对"五保户"实行"五保"时，双方有扶养协议的，按协议处理；没有扶养协议，死者有遗嘱继承人或法定继承人要求继承的，按遗嘱继承或法定继承处理，但集体组织有权要求扣回"五保"费用。

56. 扶养人或集体组织与公民订有遗赠扶养协议，扶养人或集体组织无正当理由不履行，致协议解除的，不能享有受遗赠的权利，其支付的供养费用一般不予补偿；遗赠人无正当理由不履行，致协议解除的，则应偿还扶养人或集体组织已支付的供养费用。

◆《老年人权益保障法》

第三十六条 老年人可以与集体经济组织、基层群众性自治组织、养老机构等组织或者个人签订遗赠扶养协议或者其他扶助协议。

负有扶养义务的组织或者个人按照遗赠扶养协议，承担该老年人生养死葬的义务，享有受遗赠的权利。

◆《司法部关于印发〈遗赠扶养协议公证细则〉的通知》

第一条 为规范遗赠扶养协议公证程序，根据《中华人民共和国民法通则》《中华人民共和国继承法》《中华人民共和国公证暂行条例》《公证程序规则（试行）》，制订本细则。

第二条 遗赠扶养协议是遗赠人和扶养人为明确相互间遗赠和扶养的权利义务关系所订立的协议。

需要他人扶养，并愿将自己的合法财产全部或部分遗赠给扶养人的为遗赠人；对遗赠人尽扶养义务并接受遗赠的人为扶养人。

第三条 遗赠扶养协议公证是公证处依法证明当事人签订遗赠扶养协议真实、合法的行为。

第四条 遗赠人必须是具有完全民事行为能力、有一定的可遗赠的财产、并需要他人扶养的公民。

第五条 扶养人必须是遗赠人法定继承人以外的公民或组织，并具有完全民事行为能力、能履行扶养义务。

第六条 遗赠扶养协议公证，由遗赠人或扶养人的住所地公证处受理。

第七条 办理遗赠扶养协议公证，当事人双方应亲自到公证处提出申请，遗赠人确有困难，公证人员可到其居住地办理。

第八条 申办遗赠扶养协议公证，当事人应向公证处提交以下证件和材料：

（一）当事人遗赠扶养协议公证申请表；

（二）当事人的居民身份证或其他身份证明；

（三）扶养人为组织的，应提交资格证明、法定代表人身份证明，代理人应提交授权委托书；

（四）村民委员会、居民委员会或所在单位出具的遗赠人的家庭成员情况证明；

（五）遗赠财产清单和所有权证明；

（六）村民委员会、居民委员会或所在单位出具的扶养人的经济情况和家庭成员情况证明；

（七）扶养人有配偶的，应提交其配偶同意订立遗赠扶养协议的书面意见；

（八）遗赠扶养协议；

（九）公证人员认为应当提交的其他材料。

第九条 符合下列条件的申请，公证处应予受理：

（一）当事人身份明确，具有完全民事行为能力；

（二）当事人就遗赠扶养协议事宜已达成协议；

（三）当事人提交了本细则第八条规定的证件和材料；

（四）该公证事项属于本公证处管辖。

对不符合前款规定条件的申请，公证处应作出不予受理的决定，并通知当事人。

第十条 公证人员接待当事人，应按《公证程序规则（试行）》第二十四条规定制作笔录，并着重记录下列内容：

（一）遗赠人和扶养人的近亲情况、经济状况；

（二）订立遗赠扶养协议的原因；

（三）遗赠人遗赠财产的名称、种类、数量、质量、价值、座落或存放地点，产权有无争议，有无债权债务及处理意见；

（四）扶养人的扶养条件、扶养能力、扶养方式，及应尽的义务；

（五）与当事人共同生活的家庭成员意见；

（六）遗赠财产的使用保管方法；

（七）争议的解决方法；

（八）违约责任；

（九）公证人员认为应当记录的其他内容。

公证人员接待当事人，须根据民法通则和继承法等有关法律，向当事人说明签订遗赠扶养协议的法律依据，协议双方应承担的义务和享有的权利，以及不履行义务承担的法律责任。

第十一条 遗赠扶养协议应包括下列主要内容：

（一）当事人的姓名、性别、出生日期、住址，扶养人为组织的应写明单位名称、住址、法定代表人及代理人的姓名；

（二）当事人自愿达成协议的意思表示；

（三）遗赠人受扶养的权利和遗赠的义务；扶养人受遗赠的权利和扶养义务，包括照顾遗赠人的衣、食、住、行、病、葬的具体措施及责任田、口粮田、自留地的耕、种、管、收和遗赠财产的名称、种类、数量、质量、价值、座落或存放地点、产权归属等；

（四）遗赠财产的保护措施或担保人同意担保的意思表示；

（五）协议变更、解除的条件和争议的解决方法；

（六）违约责任。

第十二条 遗赠扶养协议公证，除按《公证程序规则（试行）》第二十三条规定的内容审查外，应着重审查下列内容：

（一）当事人之间有共同生活的感情基础，一般居住在同一地；

（二）当事人的意思表示真实、协商一致，协议条款完备，权利义务明确、具体、可行；

（三）遗赠的财产属遗赠人所有，产权明确无争议；财产为特定的、不易灭失；

（四）遗赠人的债权债务有明确的处理意见；

（五）遗赠人有配偶并同居的，应以夫妻共同为一方签订协议；

（六）扶养人有配偶的，必须征得配偶的同意；

（七）担保人同意担保的意思表示及担保财产；

（八）公证人员认为应当查明的其他情况。

第十三条 符合下列条件的遗赠扶养协议，公证处应出具公证书：

（一）遗赠人和扶养人具有完全民事行为能力；

（二）当事人意思表示真实、自愿；

（三）协议内容真实、合法，条款完备，协议内容明确、具体、可行，文字表述准确；

（四）办证程序符合规定。

不符合前款规定条件的，应当拒绝公证，并在办证期限内将拒绝的理由通知当事人。

第十四条 订立遗赠扶养协议公证后，未征得扶养人同意，遗赠人不得另行处分遗赠的财产，扶养人也不得干涉遗赠人处分未遗赠的财产。

第十五条 无遗赠财产的扶养协议公证，参照本细则办理。

第十六条 本细则由司法部负责解释。

第十七条 本细则自一九九一年五月一日起施行。

◆《江苏省司法厅关于遗赠扶养协议公证管辖问题的复函》

盐城市司法局：

你局《关于盐都（2004）民内字第59号遗赠扶养协议公证管辖权事宜的请示》（盐司公［2006］12号）收悉。经研究，现就有关遗赠扶养协议公证管辖规定的理解、执行问题，提出以下答复意见：

遗赠，是指自然人以遗嘱的方式将其个人合法财产赠与国家、集体或者法定继承人以外的人，而于其死亡后发生效力的民事行为。遗赠扶养协议，则是指自然人（遗赠人、受扶养人）与扶养人之间就扶养人扶养受扶养人，受扶养人将财产遗赠给扶养人的协议。因此，遗赠扶养协议公证，应当属于与遗嘱行为相关的公证事项。据了解，你市盐都县公证处出具的“（2004）盐都证民内字第59号”遗赠扶养协议公证书，涉及了不动产遗赠，故根据司法部2002年6月8日颁行并于同年8月1日起施行的《公证程序规则》（司法部令第72号）

第十二条第一、二款之规定，该事项由“当事人住所地、法律行为或者事实发生地的公证处管辖”。

司法部于1991年4月3日下发的《遗赠扶养协议公证细则》(司法部司发[1991]047号)第六条规定“遗赠扶养协议公证，由遗赠人或扶养人的住所地公证处受理”，此一规定的具体内容，确与上述2002年《公证程序规则》相关规定不相一致。但我们认为，《遗赠扶养协议公证细则》虽然是办理该类公证事项的特别规定，但作为司法部制定的规范性文件，其效力等级应在作为司法部规章的《公证程序规则》之下，当规章与规范性文件的规定不一致时，应适用规章的相关规定。由于《遗赠扶养协议公证细则》出台于《公证程序规则》之前，今后尚待司法部按照2006年5月18日发布的《公证程序规则》(司法部令第103号)予以修订、完善。

以上意见，供你们参考。

◆ **《公证程序规则》**

第十四条 公证事项由当事人住所地、经常居住地、行为地或者事实发生地的公证机构受理。

涉及不动产的公证事项，由不动产所在地的公证机构受理；涉及不动产的委托、声明、赠与、遗嘱的公证事项，可以适用前款规定。

案例评议

毛某清、龙某臣诉梅某仙遗赠扶养协议纠纷抗诉案①

◆ **裁判规则**

受遗赠人在接受遗赠财产的同时必须承担对被扶养人的生养死葬义务，从受遗赠人对被扶养人所赠与的房屋进行修建需征求被扶养人同意的事实表明，受遗赠人虽然占有了被扶养人的财产，但房屋的所有权没有过户，其产权的合法转移应在受遗赠人对被扶养人尽了生养死葬义务后才得以实现，据此，双方协议的真实意思表示应为遗赠扶养的法律关系。受遗赠人对被扶养人没有完全履行生养死葬义务，在当地造成不良影响，不能依法享有受遗赠财产的权利。

---

① 《最高人民检察院公报》2000年第5号(总第58号)。

◆ **评议**

在遗赠扶养协议中，只有受遗赠人履行了对被扶养人生养死葬的义务后，才能享有受遗赠的权利。这一点必须与赠与区分开来，否则会因双方当事人权利的失衡而导致纠纷的发生。一般而言，如果受遗赠人履行了对被扶养人的生养死葬的义务就会获得遗赠。但是需要注意的是，因为对被扶养人的生养义务可能处于一个持续的期间，如果受遗赠人在履行了相当长时间的生养义务后，因为各种原因不再履行这一义务，比如因受遗赠人不想继续履行，或者因为被扶养人不愿受遗赠人继续履行。在这种情况下，怎么解决受遗赠人已经履行的义务，就往往成为争议的问题。这种情况的解决，一方面需要双方当事人在签订合同时必须谨慎、慎重选择；另一方面需要双方在协议中明确这一现象可能出现时的解决方法，以便在发生纠纷后公平合理地解决双方的争议。

第一千一百五十九条　【遗产分割与债务清偿】

分割遗产，应当清偿被继承人依法应当缴纳的税款和债务；但是，应当为缺乏劳动能力又没有生活来源的继承人保留必要的遗产。

本条来源

《继承法》第 33 条规定，继承遗产应当清偿被继承人依法应当缴纳的税款和债务，缴纳税款和清偿债务以他的遗产实际价值为限。超过遗产实际价值部分，继承人自愿偿还的不在此限。继承人放弃继承的，对被继承人依法应当缴纳的税款和债务可以不负偿还责任。《执行〈继承法〉的意见》第 61 条规定，继承人中有缺乏劳动能力又没有生活来源的人，即使遗产不足清偿债务，也应为其保留适当遗产，然后再按《继承法》第三十三条和《民事诉讼法》第一百八十条的规定清偿债务。

本条可以认为将《继承法》第 33 条第 1 款的一部分与《执行〈继承法〉的意见》第 61 条相结合。与《继承法》相比，《民法典》将“继承遗产”修改为“分割遗产”。

立法演变

《民法典》将征求意见稿中“遗产分割前，应当支付丧葬费、遗产管理费，清偿被继承人的债务，缴纳所欠税款”修改为“分割遗产，应当清偿被继承人依法应当缴纳的税款和债务”，将征求意见稿中的丧葬费、遗产管理费删除，并调整了债务和税款的顺序。但是条款没有变化。

条文释义

本条款规定了遗产费用和债务的清偿问题。

在遗产分割前，需要支付遗产费用，并对遗产债务进行清偿，这样才能最终确定遗产的范围。本条将遗产费用和遗产债务并列规定，而且强调要为缺乏劳动能力又没有生活来源的继承人保留适当的遗产。根据该条款，遗产分割前，需要清偿以下费用和债务：

一、被继承人生前所欠的债务

被继承人的债务是指被继承人生前因自己的行为所欠下的债务，包括被继承人因合同、侵权行为、无因管理、不当得利以及其他原因所欠债务。除了一般债务外，还有以下两项费用是否需要列入遗产债务，存有争议。

第一，丧葬费用。丧葬费应当列入遗产债务，还是列入继承费用，各国的规定并不相同。日本有学者将丧葬费用列入继承费用，用被继承人的遗产支付丧葬费。[①] 但是与日本的规定相反，《德国民法典》第 1968 条规定了由继承人负担被继承人的丧葬费用。在《民法典》出台之前，我国有学者认为，无论从法律上讲，还是从社会道德上讲，继承人都有义务殡葬已故被继承人。为此而支出的费用，应当由负有殡葬义务的继承人承担。当然，如果被继承人生前所在单位负责被继承人的丧葬费用，则继承人无须负担丧葬费用。[②] 这一观点符合目前我国很多单位依然支付丧葬费的惯例，笔者予以赞同。

第二，遗产管理费。遗产管理费是为了全体利害关系人的利益所支付的费用，包括遗产管理人的报酬和遗产管理人对遗产进行管理、清算、保全、分割

① 史尚宽：《继承法论》，中国政法大学出版社 2000 年版，第 164 页。
② 郭明瑞、房绍坤：《继承法》（第二版），法律出版社 2004 年版，第 201 页。

等所支出的费用。在继承进行中，为完成一定的事项，必须要支出一定的费用。这些费用属于必须支出的范畴，大多数国家和地区规定应从遗产中开支，而且将遗产费用作为享有优先权的债权，如《日本民法典》第885条规定了有关继承财产的费用："（一）有关继承财产的费用，从该财产中支付。但是，因继承人过失而消费的费用，不在此限；（二）前款费用，无需从特留分权利人因扣减赠与而得的财产中支付。"我国台湾地区"民法"第1150条规定："关于遗产管理、分割及执行遗嘱之费用，由遗产中支付之。但因继承人之过失而支付者，不在此限。"这一费用因为对所有的利害关系人有益，也被称为共议费用。一般在支付完丧葬费后，优先于普通债权人从遗产中支付。但是，因继承人过失而支出的费用不属于继承费用，应当由负有过失的继承人承担；如果遗产管理人因故意或者重大过失支出了相关费用，这部分费用由遗产管理人自己负担。

二、被继承人生前所欠的税款

如果被继承人生前有税款尚未缴纳，即使其死亡，其所欠的税费也应当从其遗产中予以支付。

三、必要份额保留制度

对于缺乏劳动能力又没有生活来源的继承人，我国《民法典》建立了三重保护制度。在法定继承中，要给此类人员多分；在遗嘱继承中，遗嘱要给此类主体保留必要的份额。而在遗产分割时，需要给此类主体保留适当的遗产。即使遗产不足清偿被继承人的债务，也应为其保留适当遗产。

法条关联

◆《最高人民法院关于贯彻执行〈中华人民共和国继承法〉若干问题的意见》

61. 继承人中有缺乏劳动能力又没有生活来源的人，即使遗产不足清偿债务，也应为其保留适当遗产，然后再按继承法第三十三条和民事诉讼法第一百八十条的规定清偿债务。

◆《财政部、国家税务总局关于个人无偿受赠房屋有关个人所得税问题的通知》

一、以下情形的房屋产权无偿赠与，对当事双方不征收个人所得税：

（一）房屋产权所有人将房屋产权无偿赠与配偶、父母、子女、祖父母、外祖父母、孙子女、外孙子女、兄弟姐妹；

（二）房屋产权所有人将房屋产权无偿赠与对其承担直接抚养或者赡养义

务的抚养人或者赡养人；

（三）房屋产权所有人死亡，依法取得房屋产权的法定继承人、遗嘱继承人或者受遗赠人。

◆《财政部、国家税务总局关于个人金融商品买卖等营业税若干免税政策的通知》

二、个人无偿赠与不动产、土地使用权，属于下列情形之一的，暂免征收营业税：

（一）离婚财产分割；

（二）无偿赠与配偶、父母、子女、祖父母、外祖父母、孙子女、外孙子女、兄弟姐妹；

（三）无偿赠与对其承担直接抚养或者赡养义务的抚养人或者赡养人；

（四）房屋产权所有人死亡，依法取得房屋产权的法定继承人、遗嘱继承人或者受遗赠人。

◆《国家税务总局关于继承土地、房屋权属有关契税问题的批复》

河南省财政厅：

你厅《关于继承土地房屋权属是否征收契税的请示》（豫财农税〔2004〕21号）收悉，现批复如下：

一、对于《中华人民共和国继承法》规定的法定继承人（包括配偶、子女、父母、兄弟姐妹、祖父母、外祖父母）继承土地、房屋权属，不征契税。

二、按照《中华人民共和国继承法》规定，非法定继承人根据遗嘱承受死者生前的土地、房屋权属，属于赠与行为，应征收契税。

案例评议

谢某与刘某、张某1、张某2、肖某被继承人债务清偿纠纷案[①]

◆ 裁判规则

只有同时符合缺乏劳动能力且没有生活来源两个条件的继承人才有资格要求为其保留适当遗产。当事人虽然是年老残疾人，但其本人有房产、有租金收

① 娄底市中级人民法院（2017）湘13民再7号。

入，并非无生活来源，因此，其不具备要求保留适当遗产的资格。而另一当事人在被继承人死亡时系未成年人，尽管有母亲抚养，且也保留了夫妻共同财产的一半的房产价值未作处理，但考虑到除本案所涉债务外，还有被继承人生前所欠的大量其他债务需要清偿，故应为两个未成年人保留适当的遗产份额。

◆ **评议**

在遗产分割前，应当清偿被继承人生前所欠的债务。对这一规定的理解，往往没有问题。但是在这一类纠纷中，往往会涉及两个问题的争议。第一，被继承人生前欠下大额的债务的真伪问题。因为被继承人已经死亡，在其他继承人对此不知情的情况下，怎么确定其真假，尽管笔迹鉴定可以在一定程度上解决这一问题，但是并不能解决全部问题，特别是大额借款问题。对于被继承人的债权人来说，为了保护其债权，大额借款最好进行银行转账，留下相关凭证。对于继承人而言，可能只能借助于笔迹鉴定了。第二个问题是继承人是否属于缺乏劳动能力又没有生活来源的继承人，如果未成年人的父母均死亡，显然属于此类主体。但是在夫妻一方死亡而另一方尚存时，其是否属于此类主体，则需要考虑具体情况。

第一千一百六十条　【无人继承的遗产】

无人继承又无人受遗赠的遗产，归国家所有，用于公益事业；死者生前是集体所有制组织成员的，归所在集体所有制组织所有。

本条来源

《继承法》第32条规定，无人继承又无人受遗赠的遗产，归国家所有；死者生前是集体所有制组织成员的，归所在集体所有制组织所有。

《民法典》与《继承编》的区别是，《民法典》规定了归国家所有那部分无人继承又无人受遗赠的遗产的用途为“用于公益事业”。

立法演变

《民法典》与历次草案相比，没有变化。

条文释义

继承开始后，一般由继承人、受遗赠人承受遗产。但在某些情形下，继承人或受遗赠人不存在或者无法承受遗产，此时就会出现无人继承又无人受遗赠的遗产问题。

一、无人继承又无人受遗赠的遗产的概念

无人继承又无人受遗赠的遗产，是指在被继承人死亡后，存有遗产；但是在法定期限内没有人接受继承又没有人接受遗赠的遗产。至于造成这种情况的原因可能包括：没有法定继承人、遗嘱继承人和受遗赠人；法定继承人、遗嘱继承人全体放弃继承，受遗赠人全体放弃受遗赠；法定继承人、遗嘱继承人丧失继承权，受遗赠人丧失受遗赠权。

需要注意，无人继承又无人受遗赠的遗产，并不是无主财产。该财产的原所有人较为明确，只是被继承人死亡，因某些原因形成了遗产无人继承又无人受遗赠的状况，该遗产根据我国《民法典》的规定，确定归属于国家或者集体所有制组织，无须经过人民法院审判程序予以解决；而无主财产的处理，必须按照民事诉讼法有关认定无主财产的特别程序予以解决。另外，我国《执行〈继承法〉的意见》第 57 条规定了两类主体可以请求分得适当遗产，而在无主财产中不可能存在这一问题。

二、无人继承又无人受遗赠的遗产的归属及利用

我国《民法典》是按照死者的身份来确定无人继承又无人受遗赠的遗产归属的。死者生前是集体所有制单位职工，或者村民的，其无人承受的遗产归死者生前所在的集体所有制组织所有。如果死者不具有集体所有制组织成员的身份，其财产归国家所有；但是国家必须将该遗产用于公益事业。

另外，《执行〈继承法〉的意见》第 57 条规定："遗产因无人继承收归国家或集体组织所有时，按继承法第十四条规定可以分给遗产的人提出取得遗产的要求，人民法院应视情况适当分给遗产。"但是我国《民法典》已经对《继承法》第 14 条进行了修改，但是考虑到这一规则本质上是两类主体分得适当的遗产，所以根据这一规定，在处理无人继承遗产时，如果有继承人以外的依靠被继承人扶养的人，或者继承人以外的对被继承人扶养较多的人，则可以分给他们适当的遗产。

法条关联

◆《最高人民法院关于贯彻执行〈中华人民共和国继承法〉若干问题的意见》

57. 遗产因无人继承收归国家或集体组织所有时，按继承法第十四条规定可以分给遗产的人提出取得遗产的要求，人民法院应视情况适当分给遗产。

◆《中国人民银行关于执行〈储蓄管理条例〉的若干规定》

第四十条 储蓄存款的所有权发生争议，涉及办理过户或支付手续，应慎重处理。

（一）存款人死亡后，合法继承人为证明自己的身份和有权提取该项存款，应向储蓄机构所在地的公证处（未设公证处的地方向县、市人民法院－－下同）申请办理继承权证明书，储蓄机构凭以办理过户或支付手续。该项存款的继承权发生争执时，由人民法院判处。储蓄机构凭人民法院的判决书、裁定书或调解书办理过户或支付手续。

（二）存款人已死亡，但存单持有人没有向储蓄机构申明遗产继承过程，也没有持存款所在地法院判决书，直接去储蓄机构支取或转存存款人生前的存款，储蓄机构都视为正常支取或转存，事后而引起的存款继承争执，储蓄机构不负责任。

（三）在国外的华侨和港澳台同胞等在国内储蓄机构的存款或委托银行代为保管的存款，原存款人死亡，其合法继承人在国内者，凭原存款人的死亡证明向储蓄机构所在地的公证处申请办理继承权证明书，储蓄机构凭以办理存款的过户或支付手续。

（四）在我国定居的外国公民（包括无国籍者），存入我国储蓄机构的存款，其存款过户或提取手续，与我国公民存款处理手续相同，按照上述规定办理。与我国订有双边领事协定的外国侨民应按协定的具体规定办理。

（五）继承人在国外者，可凭原存款人的死亡证明和经我国驻该国使、领馆认证的亲属证明，向我国公证机关申请办理继承权证明书，储蓄机构凭以办理存款的过户或支付手续。继承人所在国如系禁汇国家，按上述规定办理有困难时，可由当地侨团、友好社团和爱国侨领、友好人士提供证明，并由我驻所在国使领馆认证后，向我国公证机关申请办理继承权证明书，储蓄机构再凭以办理过户或支付手续。继承人所在国如未与我建交，应根据特殊情况，特殊处理。居住国外的继承人继承在我国内储蓄机构的存款，能否汇出国外，按我国外汇管理条例的有关规定办理。

（六）存款人死亡后，无法定继承人又无遗嘱的，经当地公证机关证明，按财政部门规定，全民所有制企事业单位、国家机关、群众团体的职工存款，上缴国库收归国有。集体所有制企事业单位的职工，可转归集体所有。此项上缴国库或转归集体所有的存款都不计利息。

◆《中国人民银行、最高人民法院、最高人民检察院等关于查询、停止支付和没收个人在银行的存款以及存款人死亡后的存款过户或支付手续的联合通知》

（五）存款人死亡后，无法定继承人又无遗嘱的，经公证部门的证明，暂按财政部规定：全民所有制企、事业、国家机关、群众团体的职工存款，上缴财政部门入库收归国有。集体所有制企、事业单位的职工，可转归集体所有。此项上缴国库或转归集体所有的存款都不计利息。

◆《涉外民事关系法律适用法》

第三十五条 无人继承遗产的归属，适用被继承人死亡时遗产所在地法律。

案例评议

雷某申请宣告财产无主案①

◆ 裁判规则

人民法院受理认定财产无主申请后，经审查核实，发出财产认领公告满1年无人认领的，判决认定财产无主，收归国家或者集体所有。被继承人死亡后，其财产为其遗产，但在案证据显示被继承人的父母、祖父母、外祖父母均已先于被继承人死亡，被继承人生前一直独居，无配偶、子女、兄弟姐妹等其他继承人情况，亦无证据表明被继承人留有遗嘱。在申请人提出申请后，法院发出财产认领公告期满无人认领，故可以认定被继承人的上述财产无主，应收归国家所有。

◆ 评议

尽管在理论上，无人继承又无人受遗赠的遗产归属于国家或者集体所有制

① 黄石市黄石港区人民法院（2018）鄂0202民特9号。

组织，在本质上其不是无主财产，被继承人死之前属于被继承人所有，死之后属于国家或者集体所有制组织所有，二者在时间上已经无缝连接。但是在现实生活中，法院为了避免可能出现继承人或者受遗赠人，往往采取无主财产的特殊诉讼程序来解决这一问题。这即是理论与现实的背离。

第一千一百六十一条　【限定继承原则】

继承人以所得遗产实际价值为限清偿被继承人依法应当缴纳的税款和债务。超过遗产实际价值部分，继承人自愿偿还的不在此限。

继承人放弃继承的，对被继承人依法应当缴纳的税款和债务可以不负清偿责任。

本条来源

《继承法》第 33 条规定了继承遗产与清偿债务，规定了继承遗产应当清偿被继承人依法应当缴纳的税款和债务，缴纳税款和清偿债务以他的遗产实际价值为限。超过遗产实际价值部分，继承人自愿偿还的不在此限。继承人放弃继承的，对被继承人依法应当缴纳的税款和债务可以不负偿还责任。

《民法典》只是将《继承法》中“继承遗产应当清偿被继承人依法应当缴纳的税款和债务，缴纳税款和清偿债务以他的遗产实际价值为限”换成“继承人以所得遗产实际价值为限清偿被继承人依法应当缴纳的税款和债务”。其余条款未发生变化。

立法演变

《民法典》将征求意见稿中“继承遗产应当清偿被继承人的债务、缴纳所欠税款，清偿债务、缴纳税款以所得遗产实际价值为限。超过遗产实际价值部分，继承人自愿偿还的不在此限。继承人放弃继承的，对被继承人的债务和所欠税款可以不负偿还责任”修改为“继承人以所得遗产实际价值为限清偿被继承人依法应当缴纳的税款和债务。超过遗产实际价值部分，继承人自愿偿还的不在此限。继承人放弃继承的，对被继承人依法应当缴纳的税款和债务可以不负清偿责任”。规范内涵相同，但是《民法典》的用语避免了重复，更为精练。

条文释义

本条规定了有限继承规则。

在遗产债务清偿问题上，存在两种立法例，分别是继承人的无限责任规则和有限继承规则。无限责任是指继承人继承的利益不足清偿所继承的债务时，该继承人必须以自身的财产予以补足。有限继承是指继承人对被继承人的遗产债务的清偿只以遗产的实际价值为限，超过遗产实际价值的部分，继承人不负清偿责任。无限责任原则这种父债子还的模式，与个人责任原则的现代法责任相违背，在现代各国继承法律中已经遭到了废弃。而有限责任原则保护了继承人的利益，使继承人可以通过限定继承来免除对遗产承担无限责任，该原则已经成为当今社会的主流。

我国民法典的该条规定，要求继承人继承遗产应当清偿被继承人的债务、缴纳所欠税款。但是强调清偿债务、缴纳税款以所得遗产的实际价值为限，这说明我国法律在被继承人债务的清偿问题上，也采取了有限继承原则。按照这一原则，对超过遗产实际价值的部分，只有继承人自愿偿还的不受有限继承原则的限制，继承人对遗产债务负有限责任。任何组织和个人都不能强迫继承人偿还超过遗产实际价值的遗产债务。即使共同继承人中的某一继承人愿意就被继承人的全部债务承担责任，这一意愿也不对其他继承人发生效力。

法条关联

◆《最高人民法院关于适用〈中华人民共和国民事诉讼法〉的解释》

第四百七十五条　作为被执行人的公民死亡，其遗产继承人没有放弃继承的，人民法院可以裁定变更被执行人，由该继承人在遗产的范围内偿还债务。继承人放弃继承的，人民法院可以直接执行被执行人的遗产。

◆《最高人民法院关于民事执行中变更、追加当事人若干问题的规定》

第二条　作为申请执行人的公民死亡或被宣告死亡，该公民的遗嘱执行人、受遗赠人、继承人或其他因该公民死亡或被宣告死亡依法承受生效法律文书确定权利的主体，申请变更、追加其为申请执行人的，人民法院应予支持。

作为申请执行人的公民被宣告失踪，该公民的财产代管人申请变更、追加其为申请执行人的，人民法院应予支持。

第十条 作为被执行人的公民死亡或被宣告死亡，申请执行人申请变更、追加该公民的遗嘱执行人、继承人、受遗赠人或其他因该公民死亡或被宣告死亡取得遗产的主体为被执行人，在遗产范围内承担责任的，人民法院应予支持。继承人放弃继承或受遗赠人放弃受遗赠，又无遗嘱执行人的，人民法院可以直接执行遗产。

作为被执行人的公民被宣告失踪，申请执行人申请变更该公民的财产代管人为被执行人，在代管的财产范围内承担责任的，人民法院应予支持。

案例评议

康某、周某乙等与周某甲、管某法定继承纠纷案①

◆ **裁判规则**

继承人应当清偿被继承人依法应当缴纳的税款和债务，缴纳税款和清偿债务以他的遗产实际价值为限，超过遗产实际价值的部分，继承人自愿偿还的不在此限。继承人在继承了被继承人的遗产后，并不影响继承人对被继承人所负税款以及债务以其所继承遗产的实际价值为限继续承担清偿责任。

◆ **评议**

继承人应当清偿被继承人的债务和税款，这一规定已经成为共识。但是被继承人死亡后，是先清偿被继承人的债务，还是确定各自继承人的继承份额，然后再清偿被继承人的债务和税费，对这一问题有不同回答，不仅会在继承人之间产生纷争，而且可能深刻地影响到债权人的利益。我国已经在《民法典》中明确规定，遗产分割前必须清偿被继承人的债务和税费，这将在一定程度上解决此类纠纷。

第一千一百六十二条 【遗赠与债务清偿】

执行遗赠不得妨碍清偿遗赠人依法应当缴纳的税款和债务。

① 吉安市中级人民法院（2016）赣08民终200号。

本条来源

《继承法》第34条规定："执行遗赠不得妨碍清偿遗赠人依法应当缴纳的税款和债务。"《民法典》与《继承法》的规定完全相同。

立法演变

《民法典》将征求意见稿中"执行遗赠不得妨碍清偿遗赠人的债务、缴纳所欠税款"重新变成《继承法》的规定。

条文释义

本条款规定了遗赠不得妨碍债务清偿。

债权人的债权优于受遗赠人的受遗赠权，因此，遗赠执行人不能先以遗产用于执行遗赠，而必须在清偿完被继承人（遗赠人）的债务、缴纳所欠税款后，才在遗产剩余的部分中执行遗赠。如果在清偿被继承人的债务、缴纳所欠税款后没有剩余的遗产，则遗赠就无法执行，受遗赠人的权利消灭。如果遗赠人是以特定物为遗赠物的，如果该物已经不存在，则遗赠也因此失去效力。

法条关联

◆ **《上海市高级人民法院对贯彻最高人民法院关于执行继承法若干意见的意见》**

四、对《意见》第5条、第55条的理解。集体组织对"五保户"实行"五保"时，双方无遗赠协议，而"五保护"生前又将财产遗赠给他人，受遗赠人要求受赠时，集体组织有权要求扣回"五保"费用。剩余的遗产可按遗嘱执行遗赠。

案例评议

原告王某诉方某芳、方某旭二被告被继承人债务清偿纠纷案①

◆ **裁判规则**

继承人放弃继承的，对被继承人依法应当缴纳的税款和债务可以不负偿还

① 兴城市人民法院（2013）兴东民初字第01066号。

责任。执行遗赠不得妨碍清偿遗赠人依法应当缴纳的税款和债务。继承人之一要求放弃继承遗产，同时也不偿还被继承人所欠的债务，其诉求符合法律规定。另一继承人要求继承遗产，同时偿还被继承人所欠的债务，故此债务应由其偿还。

◆ **评议**

受遗赠人的权利并不是债权，所以一旦遗产上既存在被继承人的债权人，又存在受遗赠人的权利时，往往需要先清偿被继承人的债权。但是在现实生活中，当事人也有自己的考量。接受遗产意味着清偿债务，如果遗产的价值与债务的价值相比，相差不大时，其可能理智地放弃继承或者放弃接受遗赠，则法院可能需要变更程序。

第一千一百六十三条　【既有法定继承又有遗嘱继承，遗赠时的债务清偿】

既有法定继承又有遗嘱继承、遗赠的，由法定继承人清偿被继承人依法应当缴纳的税款和债务；超过法定继承遗产实际价值部分，由遗嘱继承人和受遗赠人按比例以所得遗产清偿。

本条来源

《执行〈继承法〉的意见》第62条规定：“遗产已被分割而未清偿债务时，如有法定继承又有遗嘱继承和遗赠的，首先由法定继承人用其所得遗产清偿债务；不足清偿时，剩余的债务由遗嘱继承人和受遗赠人按比例用所得遗产偿还；如果只有遗嘱继承和遗赠的，由遗嘱继承人和受遗赠人按比例用所得遗产偿还。”

《民法典》与之相比，存在以下不同：第一，《民法典》删除了《执行〈继承法〉的意见》第62条中“遗产已被分割而未清偿债务时”的条件。第二，《民法典》没有规定“如果只有遗嘱继承和遗赠的，由遗嘱继承人和受遗赠人按比例用所得遗产偿还”。第三，《民法典》不限于债务，还包括应缴纳的税款。其他仅为用词的变化，不影响规范内涵的相同。但是《民法典》的适用范围更广，没有将其限于遗产已被分割而未清偿债务这一条件，遗产是否分割不影响本条款的适用，另外，用词更为简洁。

立法演变

《民法典》将征求意见稿中“由法定继承人清偿被继承人的债务、缴纳所欠税款”修改为“由法定继承人清偿被继承人依法应当缴纳的税款和债务”，其余条款没有改变。

条文释义

本条规定了法定继承、遗嘱继承、遗赠并存时的债务清偿规则。

如果有法定继承又有遗嘱继承和遗赠的，首先由法定继承人用其所得的遗产清偿被继承人的债务、缴纳所欠税款。超过法定继承遗产实际价值部分，由遗嘱继承人和受遗赠人按比例以所得遗产清偿。

法条关联

◆《最高人民法院关于贯彻执行〈中华人民共和国继承法〉若干问题的意见》

62. 遗产已被分割而未清偿债务时，如有法定继承又有遗嘱继承和遗赠的，首先由法定继承人用其所得遗产清偿债务；不足清偿时，剩余的债务由遗嘱继承人和受遗赠人按比例用所得遗产偿还；如果只有遗嘱继承和遗赠的，由遗嘱继承人和受遗赠人按比例用所得遗产偿还。

案例评议

梁某甲与梁某乙遗赠纠纷案①

◆ **裁判规则**

执行遗赠不得妨碍清偿遗赠人依法应当缴纳的税款和债务。如果只有遗嘱继承和遗赠的，由遗嘱继承人和受赠人按比例用所得遗产偿还。本案中，分别由甲、乙按遗嘱及遗赠取得遗产，但考虑到甲按遗嘱取得大部分遗产，乙仅取得8万元存款，故本案所涉债务由甲在其取得遗产范围内偿还。

◆ **评议**

法定继承、遗嘱继承、遗赠并存时的债务清偿问题，不仅涉及法定继承人、

---

① 珠海市香州区人民法院（2015）珠香法民一初字第77号。

遗嘱继承人和受遗赠人的利益，也关涉被继承人的债权人的利益。如何处理这一问题，我国法律采取尊重被继承人意思表示的立法规则，首先由法定继承人在其继承的遗产范围内予以清偿，超过法定继承遗产实际价值的部分，由遗嘱继承人和受遗赠人按照比例清偿。但是在实际的案件审理过程中，法官并不会机械地遵守严格的比例规则，而会发挥自由裁量权，考虑到各自所得利益的大小，按照公平原则予以裁决。

图书在版编目（CIP）数据

民法典继承编释论：条文缕析、法条关联与案例评议／王仰光，朱呈文著．—北京：中国法制出版社，2020

ISBN 978-7-5216-1074-1

Ⅰ．①民… Ⅱ．①王…②朱… Ⅲ．①继承法-法律解释-中国 Ⅳ．①D923.55

中国版本图书馆 CIP 数据核字（2020）第 080175 号

责任编辑：赵　燕　　　　封面设计：李　宁

民法典继承编释论：条文缕析、法条关联与案例评议

MINFADIAN JICHENGBIAN SHILUN：TIAOWEN LÜXI、FATIAO GUANLIAN YU ANLI PINGYI

著者／王仰光，朱呈文

经销／新华书店

印刷／三河市国英印务有限公司

开本／710 毫米×1000 毫米　16 开　　　　印张／17.25　字数／232 千

版次／2020 年 9 月第 1 版　　　　2020 年 9 月第 1 次印刷

中国法制出版社出版

书号 ISBN 978-7-5216-1074-1　　　　定价：52.00 元

北京西单横二条 2 号

邮政编码 100031　　　　传真：010-66031119

网址：http：//www.zgfzs.com　　　　**编辑部电话：010-66066627**

市场营销部电话：010-66033393　　　　**邮购部电话：010-66033288**

（如有印装质量问题，请与本社印务部联系调换。电话：010-66032926）